FIRST LADYS

ARMIN STROHMEYR
FIRST LADYS

DIE FRAUEN DER DEUTSCHEN BUNDESPRÄSIDENTEN
ELF PORTRÄTS

Für Claudia und Franz

INHALT

Eine Position ohne Amt 6
Elly Heuss-Knapp 10
Wilhelmine Lübke 34
Hilda Heinemann 56
Mildred Scheel 74
Veronica Carstens 92
Marianne von Weizsäcker 108
Christiane Herzog 126
Christina Rau 146
Eva Luise Köhler 166
Bettina Wulff 186
Daniela Schadt 206

Anmerkungen 224
Ausgewählte Literatur 243
Bildnachweis 246

EINE POSITION OHNE AMT

Das Grundgesetz der Bundesrepublik Deutschland regelt in mehreren Artikeln Wahl, Aufgaben, Rechte und Pflichten des Bundespräsidenten. Die Mütter und Väter der 1949 verabschiedeten Verfassung bedachten jedoch nicht, dass ein gewählter Bundespräsident in der Regel auch eine Ehefrau an seiner Seite hat. Der amerikanische Politjargon kennt seit langem den Begriff der »First Lady«. Er hat sich auch hierzulande für die Frau oder die Lebensgefährtin des deutschen Bundespräsidenten eingebürgert. Dass sich hingegen kein eigener deutscher Terminus entwickelte, zeugt von der Unsicherheit, mit der man der Position einer First Lady (nicht ihr selbst) lange Zeit begegnete. Es ist eine Position ohne verfassungsrechtlich gestütztes Amt. Dennoch werden der First Lady hohe Erwartungen entgegengebracht: Sie soll an der Seite des Bundespräsidenten einerseits repräsentieren, andererseits sich sozial-karitativ engagieren und somit auch vorbildlich fungieren.

Altbundespräsident Richard von Weizsäcker umriss das in seinen Erinnerungen *Vier Zeiten* so:

»Die Frau des Bundespräsidenten [...] ist in der Verfassung sozusagen gar nicht vorgesehen. Dennoch empfindet sie dieselbe Verpflichtung und trägt sie bereitwillig mit, weniger spektakulär, dafür genauso verantwortungsvoll und zuweilen entsagungsreicher. Sie ist hilfsbereit gegenüber den vielen, die ihre Hoffnungen zuletzt auf sie setzen, weil ihnen sonst niemand im Land zu helfen wußte. Bei jedem Gast oder jeder eigenen Reise informiert sie sich gründlich und gewissenhaft über Land und Leute, über die Geschichte und die aktuellen Probleme, die zur Sprache kommen.«

Diese Vorstellung nährte sich ursprünglich aus dem konservativen Weltbild eines Bürgertums, das sich zu Beginn der 1950er Jahre noch als gesellschaftstragende und -prägende Schicht verstand: Es sah die Frau als Zierde von Haus und Familie, als geistreiche (aber nicht intellektuelle!) Konversationspartnerin, als nützliches und wohltätiges Glied der Gesellschaft. Doch sosehr sich diese konventionellen Vorstellungen in den Funktionen der First Lady bis heute widerspiegeln, so sehr haben die Frauen der Bundespräsidenten ihren Aufgabenbereich auch selbst gestaltet, mit Leben erfüllt, und innerhalb der Grenzen des präsidialen Protokolls auch eigene Ideen und Interessen eingebracht. Zu Beginn der Reihe der First Ladys stand die umfassend gebildete, humanistisch gesinnte, beruflich erfahrene, von der Emanzipation geprägte Elly Heuss-Knapp. Bis heute müssen sich alle First Ladys – gewollt oder ungewollt – an ihr messen und messen lassen. Doch kann sich ein Nacheifern nicht in bloßer Nachahmung erschöpfen und bescheiden: Alle First Ladys haben es bislang verstanden, ihr eigenes Wesen, ihre Fähigkeiten, ihre Prägungen, ihre persönlichen und beruflichen Erfahrungen in ihre Position einzubringen, die unversehens doch zu einem »Amt« wurde – mit eigenem Büro und einem kleinen Mitarbeiterstab. Nach der charismatischen Elly Heuss-Knapp verstand es Wilhelmine Lübke wie keine andere, ihre Position auch mit repräsentativem Glanz zu umgeben. Mit First Ladys wie Mildred Scheel oder Bettina Wulff kam ein lockerer Umgang in den Amtssitz (und auch Kinderlachen, denn beide waren in ihrer Amtszeit junge Mütter). Die Frauen der Bundespräsidenten brachten auch einen reichen Erfahrungsschatz als Berufstätige mit, etwa als Werbefachfrau, Schriftstellerin, Politikerin, Lehrerin, Ärztin, PR-Referentin, Zeitungsredakteurin. In *einem* Fall war eine First Lady sogar so frei (und diszipliniert), mit ihrem Amt den Beruf *nicht* aufzugeben: Veronica Carstens führte ihre Praxis für Naturheilkunde in Meckenheim weiter. Und während ihr Mann nach dem Ausscheiden aus dem Präsidentenamt in den wohlverdienten Ruhestand ging, blieb sie in ihrem Beruf, bis zum siebenundachtzigsten Lebensjahr! So haben die First Ladys nicht nur die anfänglich konservativen, altbürgerlichen Erwartungshaltungen repräsentativ und karitativ erfüllt, sondern ihre Aufgaben individuell geprägt, erweitert und abgewandelt. Die Frauen der Bundespräsidenten sind damit auch Spiegel der Veränderungen der Gesellschaft der Bundesrepublik Deutschland von ihren Anfängen bis zu Gegenwart. Sie leisteten und leisten einen wichtigen Beitrag zur Identifikation der Bürgerinnen und Bürger mit der Politik, ihrer Polis, und verleihen gerade einem Staat, dem es – anders als Monarchien – an Beständigkeit der Repräsentation zu mangeln scheint, ein eigenes, menschliches Gesicht – nämlich *ihr* Gesicht. England hat seine Queen, Deutschland seine First Ladys: Der Vergleich ist keineswegs weit hergeholt. Auch in einer parlamentarischen Demokratie bleibt das Bedürfnis vieler Menschen nach Identifikation mit einem Individuum präsent. Einfacher gesagt: Es fällt vielen Menschen leichter, einer First Lady einen Brief mit der Bitte um Hilfe zu schreiben als einem anonymen Ausschuss. Rein äußerlich mag das Präsidentenamt heute nobler, repräsentativer, herrschaftlicher sein. Das äußert sich auch architektonisch: In der alten Bundesrepublik war die Villa Hammerschmidt in Bonn (ehemals das Domizil eines Kaufmanns und Zuckerbarons) der ständige Sitz des Bundespräsidenten; nach der Wiedervereinigung Deutschlands und der Verlegung von Regierung und Parlament nach Berlin zog auch das Bundespräsidentenpaar an die Spree und residiert nun herrschaftlich in Schloss Bellevue, einem ehemaligen Sommerdomizil der Hohenzollern. Dass das Bild des Präsidentenamts in der Öffentlichkeit dennoch nicht in präsidialer Steifheit und Herrlichkeit erstarrte, ist Verdienst der letzten Bundespräsidenten und ihrer Frauen, die ihr Amt bürgernah und offen hielten.

Die Position der First Lady ist ein Ehrenamt. Von der Frau des Bundespräsidenten wird viel verlangt, vielfach auch ein Verzicht auf Privatsphäre, auf berufliche und persönliche Selbstverwirklichung. Es ist ein Amt ohne Gehalt. Der Lohn wird nicht in klingender Münze ausbezahlt, sondern in der Chance, Neues anzustoßen, Initiativen zu gründen, aber auch darin, Anregung, Zuspruch und vielfach auch Dank aus den Reihen der Bürgerinnen und Bürger zu erhalten. Es ist kein Amt für eitle, ruhmsüchtige Selbstdarstellerinnen, eben weil es Verzicht, Rücknahme und Selbstbeherrschung erfordert. Auch in diesem Sinne kann das »Amt« der First Lady zum Prüfstein einer Gesellschaft werden, in der individuelle Selbstverwirklichung und öffentliche Bewertung über Kategorien wie Geld und Karriere anscheinend immer wichtiger geworden sind.

Gleichwohl stellt sich die Frage, ob sich die Positionen der First Lady und des Bundespräsidenten in einer mehr und mehr durchlässigen, liberalen Gesellschaft als wandlungsfähig erweisen werden: Wird in Zukunft ein Bundespräsident, der ledig oder verwitwet ist, auch ohne Partnerin an seiner Seite bei den Bürgern beliebt sein? Wie wird sich ein »First Sir« an der Seite einer Bundespräsidentin ausnehmen? Wie wird das mit dem Protokoll vereinbar sein? Und was, wenn ein Bundespräsident den Mann an seiner Seite, eine Bundespräsidentin die Frau an ihrer Seite präsentierte? Erst dann wird sich erweisen, ob kollektive Vorstellungen von einer First Lady auch wandlungsfähig sein werden, oder ob sie sich nicht doch in erster Linie aus Projektionen und Klischees speisen. Unsere Gesellschaft ist offen und lebendig, die Formen der Repräsentation müssen es ebenso bleiben, wollen sie nicht erstarren und unglaubwürdig werden.

Elly Heuss-Knapp

1881–1952

Die Geschichte der First Ladys der Bundesrepublik Deutschland begann alles andere als spektakulär oder gar repräsentativ: Als am 12. September 1949 der Politiker und Publizist Theodor Heuss zum ersten Bundespräsidenten der jungen, noch nicht vollständig souveränen Republik gewählt wurde, war man sich keineswegs darüber im Klaren, welche Position seine Frau Elly Heuss-Knapp einnehmen soll. Sie war zunächst »nur« seine Gattin. Ein Protokoll für die erste Frau im Staat gab es nicht. Die damals noch als Provisorium gedachte Verfassung, das Grundgesetz, erwähnt die Frau des Bundespräsidenten nicht einmal – bis auf den heutigen Tag. Die Zeiten waren nicht danach, einer Frau eine bedeutende Rolle in der Gesellschaft zuzuweisen. Auch hierin hatten die Nationalsozialisten mit ihrem antiquierten und rigiden Frauenbild ganze Arbeit geleistet.
Dass der liberale Publizist Theodor Heuss zum ersten Bundespräsidenten gewählt wurde, ist selbst nach über sechs Jahrzehnten noch als Glücksfall zu bewerten. Er war nicht nur ein Mann nach dem Sinn der Alliierten, der in der NS-Zeit im inneren Exil ausgeharrt und ein weitgehendes Berufs- und Publikationsverbot zu erdulden gehabt hatte, sondern tatsächlich ein freier Geist. Zudem war er ein Intellektueller von altem, humanistischem Format, ein protestantischer Württemberger, der seine literarischen Neigungen noch aus dem Geiste der schwäbischen Romantik nährte; und im katholischen Bonn, wo der erste Bundeskanzler Konrad Adenauer seine Regierung ansiedelte, war Heuss ein konfessioneller Gegenspieler.

EIN AMT OHNE RESSORT ❱ Doch welche Position konnte in all diesen Überlegungen und Erwägungen die Ehefrau des Bundespräsidenten einnehmen? Es gab keine Vorbilder, keine Weisungen durch das Grundgesetz, keine Konvention, keine Etikette, kein Protokoll. Die Frau des Bundespräsidenten war ganz auf sich gestellt. Noch heute mag es wie ein kleines Wunder erscheinen, dass es Elly Heuss-Knapp gelang, diese Leerstelle einzunehmen und zu einer eigenständigen Position im Staate zu machen. Elly Heuss erfüllte dieses Amt ohne Ressort, diese Aufgabe ohne Statuten kraft ihrer wachen Geistigkeit, ihres Intellekts, ihrer Herzlichkeit, ihrer tiefgläubigen Humanität. Sie war nur knapp drei Jahre First Lady, und das unter sehr eingeschränkten Bedingungen: zunächst in einer provisorischen Unterkunft auf der Viktorshöhe über Bonn, zudem schwer herzkrank. Dennoch schärfte und schuf sie mit ihrer wachen Menschennähe und ihrem Pflichtbewusstsein gegenüber sozialen Belangen das Profil einer First Lady. Ausnahmslos alle nachfolgenden First Ladys der Bundesrepublik Deutschland nahmen sich Elly Heuss hinsichtlich des sozial-karitativen Engagements zum Vorbild und mussten sich an diesem Vorbild messen lassen. Ob und inwieweit ihnen das gelungen ist, mag der Einzelne für sich entscheiden. Die Verbindung von Intellekt und Herzlichkeit, von gelebter Religiosität und politisch wacher Bürgerlichkeit indes dürfte in dieser Form in der Reihe der First Ladys einzig dastehen.

Freilich war sich Elly Heuss der gewaltigen Aufgabe, die sie mit der Wahl ihres Mannes zum Bundespräsidenten erwartete, selbst nicht recht bewusst, als sie am 24. Oktober 1949 in einem ihrer üblichen Rundbriefe an die Freunde jenen denkwürdigen Tag folgendermaßen beschrieb – wobei man ihr protokollarisch noch keineswegs einen eigenen Rang zugestand: »Jetzt ist es bereits einige Wochen her, daß wir das neue Amt angetreten haben. Es fing sehr feierlich an mit einer Kundgebung auf dem Rathausplatz in Bonn, die aber sehr viele unserer Freunde durch den Rundfunk übertragen bekamen. Das war wirklich ein merkwürdiger Eindruck: Man sah keine Menschengesichter mehr, sondern von meinem ersten Stock, wo ich nahe dem Rathaus postiert worden war, sah alles aus wie ein Stiefmütterchenbeet. Dazu die Fackelbeleuchtung und zuletzt, als ich auf einmal das bange Gefühl bekam: ›Ja, was singt man denn als Nationalhymne, wenn man keine hat«, kam das Lied *Großer Gott, wir loben dich*, das ganz überwältigend aus den Tausenden von Kehlen klang. Plötzlich hielt der Rundfunkgehilfe meinem Mann das Mikrophon vor den Mund, so daß man ihn beinah allein singen hörte. Dann fuhren wir im offenen Wagen zurück (auf dem Hinweg, als es noch ganz feierlich war, durfte ich nicht im gleichen Wagen fahren), direkt nach Godesberg, in unsere Interimswohnung auf der Viktorshöhe, in der wir heute noch leben.«[1]

STRASSBURG – SYMBOLTRÄCHTIGE STADT ❱ Das Hineinwachsen in die erst noch zu formende Rolle der First Lady, in eine noch junge Staatsform passte insofern gut zu der achtundsechzigjährigen Elly Heuss, als sie in ihrem gesellschaftlichen Selbstverständnis dort angekommen war, wo sie von ihrer bürgerlichen und geistigen Herkunft hingehörte: in der Republik. Dass Bonn am Rhein liegt, mag für sie Symbolkraft besessen haben, denn rund zweihundertfünfzig Kilometer weiter südlich, in unmittelbarer Nähe des länder- und völkerverbindenden Stroms, lag ihr Vaterhaus, in einer Stadt, die gleichermaßen bürgerlich und reichsstädtisch, katholisch und evangelisch, deutsch und französisch war, die jahrhundertelang Zankapfel der Nationen gewesen war und in heutiger Zeit als Sitz des Europaparlaments Symbol des friedlichen Miteinanders geworden ist: Straßburg. Dort, »im Schatten des Münsterzipfels«,[2] wie die Straßburger liebevoll den Turm des gotischen Doms bezeichnen, kam Elly Knapp am 25. Januar 1881 zur Welt. Der Vatername war ihr zeitlebens von besonderer Bedeutung, auch deshalb trugen ihre späteren Veröffentlichungen ihn – auch *nach* ihrer Heirat mit Theodor Heuss. In Elly Knapps Kindheit und Jugend war Straßburg alles andere als die »europäische« Stadt von heute. 1871, nach dem Krieg gegen Frankreich, kam das Elsass erneut zu Deutschland, nachdem es in blutigen Kriegen unter Ludwig XIV. an Frankreich gegangen war. Das gesellschaftliche Miteinander im Elsass war in der wilhelminischen Kaiserzeit verkrampft. Die Alteingesessenen, vor allem auf dem Land, sprachen Elsässer Dialekt, die Bürgerlichen in den Städten französisch. Hinzu kamen Tausende von Beamten und deren Familien, die seit 1871 in das Reichsland, das über kein Parlament verfügte und von einem kaiserlichen Statthalter verwaltet wurde, entsandt wurden, um es nach und nach zu »germanisieren«. Diese sogenannten Altdeutschen kapselten sich vielfach ab, lebten in den vornehmen neuen Gründerzeitsiedlungen am Rande Straßburgs, außerhalb der Altstadt. Anders der Nationalökonom Georg Friedrich Knapp (1842–1926), der 1873 als einer der ersten Professoren an die neu gegründete Universität von Straßburg berufen worden war und dort das Staatswissenschaftliche Seminar leitete. Knapp bezog eine Wohnung am Sandplätzchen, in der Altstadt, in unmittelbarer Nähe zum gotischen Münster. Er machte sich mit seinem Standardwerk *Theorie des Geldes* (1905) einen Namen und wurde 1907 Rektor der Universität. Knapp stammte aus Gießen, er sprach, so Elly Heuss, das »beste Deutsch«[3], er »redete nicht vom Deutschtum, er lebte es«[4]. Er war nicht nur ein umfassend gebildeter Mann, er verkörperte auch das alte, humanistische Gelehrtenideal. Alle wilhelminische Deutschtümelei war ihm fremd und zuwider. In solch einem geistig freien, regen familiären und universitären Klima wuchsen Elly und ihre anderthalb Jahre ältere Schwester Marianne auf. Vielleicht wäre aus Elly Knapp eine rein intellektuelle Frau geworden, wäre nicht auch das künstlerische Element der Mutter gewesen: Lydia von Karganow (1848–1925), eine Russin aus Georgien, lernte ihren Mann an der Universität Leipzig kennen, wo sich die dilettierende Pianistin für das Fach Nationalökonomie eingeschrieben hatte. Elly Heuss-Knapp bildete sich auf diesen exotischen Ahnenstrang etwas ein: »Meine Mutter stammte aus dem Kaukasus. Ich war später in der Schule immer sehr stolz darauf, daß ihre Geburtsstadt am Fuß des Ararat lag, auf dessen Gipfel die Arche Noah festfuhr.«[5]

Früh lernte Elly Knapp lesen, sie brachte es sich weitgehend selbst bei. Später gestand sie: »Mir sind Menschen immer unverständlich, die aus ihrer Schulzeit eine Tragödie machen. Das Wichtigste lernt man ja nicht bei den Lehrern, man lernt es von den Mitschülern, nämlich Menschenkenntnis.«[6] Der Vater versuchte nicht, die begabte Tochter zu einem Wunderkind zu trimmen. Sie sei, so Elly Heuss-Knapp, in Freiheit dressiert worden und habe keine Erziehung erhalten, sondern nur Unterricht.

Vielleicht interessierte sie sich früh für das Unterrichten, weil sie Lernen und Lehren als Befreiung empfand, nicht als Einengung. Dem pädagogischen Umgang mit jungen Menschen galt zeitlebens ihre ganze Leidenschaft, nicht nur, um Wissen zu vermitteln, sondern vor allem, um ihnen den Weg ins Leben zu ebnen. Hinter Elly Heuss-Knapps Engagement stand immer ein menschenfreundlicher Impetus. Nie wollte sie – wie es vor 1918 noch üblich war – Untertanen heranziehen, sondern selbständig denkende, verantwortungsbewusste Individuen. Auch deshalb passte sie später als First Lady so gut in das Wesen einer zukunftsorientierten Demokratie mündiger Bürger.

1899 legte sie das Lehrerinnenexamen ab und gründete kurz darauf eine eigene kleine Schule in Ruprechtsau bei Straßburg. Im Jahr darauf war sie an der Gründung der »Fortbildungsschule für Mädchen« in Straßburg beteiligt. Unterrichten bedeutete für Elly Knapp Beglückung und persönlicher Reichtum.

Beruf und moderne Ehe ❱ Im Hause des Nationalökonomen Lujo Brentano, mit dessen Tochter Sissi sie befreundet war, lernte Elly Knapp den evangelischen Theologen, Sozialreformer und Politiker Friedrich Naumann kennen.[7] Er wurde ihr väterlicher Vertrauter. Mit dem nationalliberalen Gedankengut der von ihm herausgegebenen Wochenzeitschrift *Die Hilfe* hatte sie sich bereits vorher bekannt gemacht. »Naumann«, so Elly Heuss-Knapp, »war ein Mann unserer Tage, man lernte bei ihm neues Fragen. Gottesdienst hieß auch, dem eigenen Volk dienen, und plötzlich stand es als selbstverständliche Forderung vor mir, daß ich Lehrerin werden müsse, um eine Fortbildungsschule für Volksschülerinnen zu gründen.«[8]

Im Kreis um Naumann lernte Elly Knapp auch den Mann kennen, mit dem sie den größten Teil ihres Lebens und ihres Wirkens teilen sollte: Theodor Heuss. Das geschah in Berlin, wohin Elly Knapp 1905 – nach anfänglichen Studien in Grenoble und Freiburg im Breisgau – gezogen war, um sich an der Universität für das Fach Volkswirtschaft einzuschreiben. Von dem hübschen jungen Mann, der in der Redaktion der *Hilfe* arbeitete und eben den Doktorgrad erworben hatte, war die junge, tatkräftige Frau zunächst wenig angetan. Hingerissen von einem vermeintlichen Auslandspfarrer, der im Hause Naumanns von seiner Arbeit schwärmte, ärgerte sich Elly Knapp »über den jungen *Hilfe*-Redakteur, Theodor Heuss, der kühl und schweigsam dabei saß. So lernte ich meinen Mann kennen.«[9]

Im betriebsamen, kulturell anregenden, aber auch sozial angespannten Berlin fand Elly Knapp rasch neue Aufgaben. Besonders hatte es ihr das Schicksal der zahllosen Heimarbeiterinnen und arbeitenden Kinder angetan, die ohne soziale, rechtliche und tarifliche Absicherung zu Hungerlöhnen schufteten. Sie engagierte sich in einer von den Gewerkschaften kuratierten Ausstellung über die Lage der Heimarbeiterinnen. »Ganz Deutschland«, so erinnerte sie sich, »wurde damals überrascht von der Enthüllung der Not, der schlechten Löhne, der langen Arbeitszeit, der Ausbeutung der Kinder. Die ausgestellten Fabrikate trugen keine Preise, sondern Angaben über Arbeitszeit und Lohn. Die Gewerkschaften aller Richtungen waren die Aussteller. Ich wurde als eine Art freiwilliger Adjutant von einem zum andern geschickt und lernte unglaublich viele Menschen und Zustände kennen.«[10] Einen besonderen Erfolg konnte Elly Knapp verbuchen, als sie den Lederindustriellen und Reichstagsabgeordneten Baron Heyl zu Herrnsheim, der für die miserablen Arbeitsbedingungen in seinen Fabriken verschrien war und auch Heimarbeiterinnen als billige, rechtlose Arbeitskräfte ausbeutete, durch die Ausstellung führte. Es gelang ihr, ihm die Augen zu öffnen und sich ihm nicht als Agitatorin darzustellen, sondern als gebildete Frau, die sich um eine differenzierte Betrachtung bemühte. Die Überraschung war perfekt, als Heyl ihr anderntags die Abschrift seiner jüngsten Reichstagsrede schickte, worin er sich zur Heimarbeiterinnenfrage ganz im Sinne der Gewerkschaften äußerte. Aus dem Saulus war ein Paulus geworden. Im sozialdemokratischen *Vorwärts* war wenig später süffisant zu lesen: »Auch Heyl zu Herrnsheim hat lichte Momente.«[11]
Berlin war – so glaubte sie – nur ein Intermezzo in ihrem Leben, und tatsächlich kehrte Elly Knapp im Jahre 1906 in ihre Vaterstadt Straßburg zurück. Der neue, noch junge Bürgermeister Rudolf Schwander wurde auf sie aufmerksam und berief sie in sein Projekt einer neuen Konzeption der städtischen Armenfürsorge. »Hier lernte man«, so Elly Knapp, »dem Volk ins Herz zu schauen. Neben den Fällen wirtschaftlicher und sittlicher Verkommenheit, die man immer in der Wohlfahrtspflege trifft, habe ich auch Beispiele gesehen von fast unbegreiflich treuem Zusammenhalt des Familienlebens.«[12] Sie bewährte sich, in der städtischen »Armenverwaltung«, aber auch als Rednerin vor Gewerkschaften und Sozialverbänden. Dabei

beging sie nie den Fehler, die Dinge nur aus *einer* Perspektive zu betrachten und versuchte stets, sich selbst ein Bild von einem Sachverhalt zu machen. Sie scheute sich nicht, nach Mülheim an der Ruhr zu reisen, die dortigen Hochöfen und Arbeitersiedlungen zu besichtigen und auch den von den Gewerkschaften angefeindeten Großindustriellen Hugo Stinnes zu treffen und mit ihm über die soziale Frage zu diskutieren – wobei Stinnes, so Elly Knapp, das »sozialpolitische Problem sofort in all seinen Auswirkungen überschaute«.[13] Dies veranschaulicht Elly Heuss-Knapps Stärke: Sie polarisierte nie, sondern blieb – auch mit Gegnern – stets im produktiven Austausch und versuchte, im Gespräch Vorurteile abzubauen.

Der zweieinhalb Jahre jüngere Theodor Heuss ließ unterdessen nicht locker. Von Berlin aus hielt er Kontakt zu Elly Knapp, die immer öfter als Rednerin auftrat. Sie hielt den Verehrer, von dessen bürgerlicher Nützlichkeit sie nicht restlos überzeugt war, in Briefen auf dem Laufenden: »Ich bin unterdessen zur Wanderrednerin avanciert (wenn es nicht ein Rückgang ist). Ich bin vorengagiert bis zum November und werde steinreich bei der Sache. Ist es nicht lustig?«[14] Das war übertrieben. Dennoch machte sich Elly Knapp in jener Zeit einen Namen, nicht nur als Rednerin, sondern auch als Journalistin. Der Zufall – oder vielleicht Theodor Heuss' Einfluss – bewirkte, dass Friedrich Naumann ihr im Sommer 1906 das Angebot unterbreitete, bei der *Hilfe* mitzuarbeiten.

Berlin holte sie also wieder ein: Elly Knapp arbeitete nicht nur bei Naumanns *Hilfe* mit, schrieb Artikel, schärfte ihren journalistischen Verstand und lernte den Redakteur Heuss immer näher kennen, sie ging auch ihren pädagogischen Ambitionen erneut nach und unterrichtete an der von dem Liberalen August Lette gegründeten Fortbildungsschule und an der Viktoria-Fortbildungsschule, zudem an Alice Salomons Sozialer Frauenschule – alles Institute für Mädchen und junge Frauen. Freilich musste zuvor das Private geregelt werden: Elly Knapp und Theodor Heuss heirateten am 11. April 1908 in Straßburg. Getraut wurden sie von Albert Schweitzer, mit dem das Ehepaar zeitlebens freundschaftlichen Umgang hatte.

Die Eheleute zogen nach Berlin-Schöneberg, in ein gewöhnliches Mietshaus gegenüber dem Zwölf-Apostel-Friedhof. Ein Rückzug ins Hausfrauendasein stand für die selbstbewusste Elly Heuss-Knapp nie zur Disposition. Ihr Name war inzwischen eine Marke geworden, sie war einem breiten Publikum bekannt als Journalistin, Vortragsreisende und Pädagogin. Unter dem Aspekt gerechter Rollen- und Aufgabenverteilung führten Elly und Theodor Heuss eine Vorzeigeehe: Theodor Heuss akzeptierte stets den individuellen Berufsweg seiner Frau, umgekehrt hielt sie ihm in seiner Karriere den Rücken frei und gab ihm – selbst in seiner Zeit als Bundespräsident – selbstbewusst und lebenserfahren Hinweise und Ratschläge. Sie scheute nicht einmal davor zurück, ihm erkennbare Fehler im politischen Umgang vorzuhalten, Reden und Aufsätze zu redigieren und auf taktische Unklugheiten dezent, aber mit Nachdruck hinzuweisen. In diesem Wechselspiel von Harmonie und Herausforderung bewegten sich die Eheleute. Nicht immer lief das reibungslos ab, doch gerade die Spannung bewahrte sie, zu erschlaffen, in ihrer Ehe, in ihrer Liebe, auch gegenüber den Forderungen von Alltag und Beruf. Sie wurden in Jahren und Jahrzehnten ein gut eingespieltes Team.

Für Elly Heuss schien eine Synthese von Mutterschaft, Ehe und Beruf möglich, sie verabscheute ideologische Vereinfachungen und wollte mit eigenem Beispiel vorangehen. Entsprechend weitete sie ihre Tätigkeitsfelder aus, gab volkswirtschaftlichen Unterricht für angehende Armen- und Waisenpflegerinnen und wirkte an der Konzeption einer Ausstellung mit dem Titel »Die Frau in Haus und Beruf« mit. Dafür behandelte sie das Thema »soziale Arbeit« und stellte unter anderem das karitative Wirken von Nonnenklöstern dar. Das Spannungsfeld von Familie, Haus und Beruf begleitete Elly Heuss-Knapp ein Leben lang. In den 1920er und 1930er Jahren sollte sie noch eine ganze Reihe von Feuilletons und Artikeln zu diesem Problemkreis verfassen.[15]

Dass sie über Familie und Mutterschaft nicht nur theoretisierend schrieb und vortrug, konnte sie bald unter Beweis stellen: Im August 1910 kam der Sohn Ernst Ludwig zur Welt. Es war eine schwere Geburt: »Ich war sehr nahe am Tod gewesen, seine Sichel streifte mich.«[16]

Elly Heuss-Knapp selbst empfand sich als moderne, als »neue Frau«[17]. Ihren eigenen Weg sah sie als größtenteils gelungen an, wusste aber, dass dieser Balanceakt von Beruf und Familienleben nicht selbstverständlich war und nicht nur vom Einverständnis des Ehemanns abhing, sondern auch von einer vielfach noch in Konventionen denkenden Gesellschaft misstrauisch beäugt wurde. »Bei uns«, so schrieb sie selbstkritisch, »ging das Experiment gut aus, aber ein Idealzustand ist es nicht, wenn eine junge Frau sofort eigene berufliche Wege geht.«[18]

SCHWÄBISCHE PROVINZ UND REVOLUTION ❭ Dann jedoch wurden die Eheleute Heuss aus Berlin erneut »abberufen« – wieder von Friedrich Naumann. Der hatte sich 1912 bei den Wahlen zum Reichstag in seinem Wahlkreis Heilbronn nicht durchsetzen können. Nun wollte er das verlorene Terrain zurückerobern, zunächst publizistisch: Die *Neckar-Zeitung* sollte ihm hierfür das Podium bieten, und der Schwabe Theodor Heuss sollte den Boden bereiten.

Heuss ergriff das Angebot – und Elly Heuss-Knapp ging mit, nicht ohne zu murren. »Mir wurde es furchtbar schwer«, bekannte sie, »aus unserem verwöhnend reichen Leben in Berlin fortzugehen. Einen Punkt hatten wir nämlich in jener Tagung übersehen. Er ist sehr wichtig und heißt: Die Frau und der Beruf ihres Mannes.«[19] Sie fügte sich: in die Karriere ihres Mannes, in die schwäbische Provinz, in veränderte Lebens- und Gesellschaftsverhältnisse. Anfänglich stieß die selbstbewusste Frau aus der Großstadt auf viel Widerstand bei der konservativen einheimischen Bevölkerung. »Wir brauchen hier keine Suffragetten«,[20] so schallte es ihr bisweilen entgegen. Ihr Ruf war bis in die Provinz vorgedrungen, und er war in den Augen des konservativen Bürgertums nicht der beste.

Der Erste Weltkrieg offenbarte Verwerfungen, nicht nur politischer, sondern auch sozial-familiärer Art. Viele Arbeiten mussten nun von Frauen erledigt werden. Die Mangelwirtschaft stürzte zahlreiche Familien in Not. Elly Heuss-Knapp wollte dem entgegenwirken. Im August 1914 gründete sie eine Arbeitsvermittlungsstelle für Frauen von Soldaten. Ihre Idee war es, diesen Frauen Heimarbeit zu vermitteln. So mussten sie nicht in Munitionsfabriken arbeiten und konnten sich zu Hause weiterhin um ihre Kinder kümmern. Über neunhundert Frauen fanden auf diese Weise ein Auskommen. In Heimarbeit nähten sie Hemden und anderes für das Heer, selbst die Nähmaschinen wurden ihnen von der Vermittlungsstelle gestiftet. Das Ehepaar Heuss erlebte das Ende des Krieges, den Zusammenbruch der alten Ordnung und den schwierigen, von Revolution und Putschversuchen begleiteten Aufbruch in die Republik im Zentrum des politischen Geschehens, in Berlin. Dorthin waren sie im Frühjahr 1918 zurückgezogen. Theodor Heuss wurde Redakteur der Wochenschrift *Deutsche Politik* und Geschäftsführer des Werkbundes. Auch Elly Heuss fand eine neue Aufgabe: Der überparteiliche Ausschuss der deutschen Frauenverbände übertrug ihr im November 1918 das Ressort »Propaganda«, damals ein noch unbelasteter Begriff (heute würde man schlicht von einer PR-Abteilung sprechen). Elly Heuss entdeckte ihre pointierte journalistische Feder wieder und reimte munter einige Verse, die für das Frauenwahlrecht warben. Bald waren auf Litfaßsäulen und Anschlagswänden in ganz Deutschland Sprüche wie dieser zu lesen: »Frauen, werbt und wählt, | Jede Stimme zählt! | Jede Stimme wiegt, | Frauenwille siegt!«[21] Das mag heute unfreiwillig komisch klingen, damals waren die Mechanismen der Werbung und des Wahlkampfs noch weit einfacher und einfältiger. Zudem lernte auch Elly Heuss im Laufe der Zeit dazu. In den 1930er und 1940er Jahren galt sie in der Werbebranche als führende Pionierin.

Es blieb nicht bei »Propaganda« und mehr oder weniger geglückter Lyrik für Litfaßsäulen. Theodor und Elly Heuss betraten das Podium der Politik. Für die damals neu gegründete Deutsche Demokratische Partei (DDP), die bürgerliche, liberale Ansichten vertrat und unter anderem Privatwirtschaft, Mittelstand und Handwerk stützen und die Solidarität innerhalb der Gesellschaft fördern wollte, gingen die Eheleute ins Rennen um einen Sitz in der Weimarer Nationalversammlung (1919) und im Reichstag (1920). Frauen in der hohen Politik waren damals noch eine Rarität, ein absolutes Novum hingegen die Kandidatur eines Paares. Während im Januar 1919 die Spartakisten in Berlin Barrikaden errichteten, ganze Stadtteile im Chaos versanken, eilte Elly Heuss-Knapp von einem Versammlungsort zum nächsten, um für die DDP und die junge Republik zu werben. Aufgeregt schrieb sie ihrem Mann: »Ich bin fast in alle Versammlungen gegangen, manchmal zu Fuß, wenn die Elektrischen streikten. Nur in Lichterfelde fiel der Vortrag aus, denn da versagten gerade Wasser und Licht. Nach Tempelhof fuhr ich vorgestern Abend, während die Kanonen dröhnten, und unser Auto wurde dreimal angehalten und nach Waffen untersucht am Tempelhofer Feld. [...]

Am Dienstag ging ich zu einer Vorstandssitzung der Partei in den Reichstag, da kam ich in eine Schießerei hinein, wurde von der Welle der Flüchtenden in die Dorotheenstraße mitgerissen, wollte im Hausflur des Hansabundes Schutz suchen und wurde wie ein Kaninchen am Kragen gepackt und hinausgeworfen von dem Portier in Uniform.«[22] Aller Einsatz von Leib und Leben reichte nicht aus, frühzeitig erkannte sie: »Meine Wahl halte ich für sehr unwahrscheinlich, besonders, weil wir ohne Presse waren.«[23] Ihre Befürchtungen bewahrheiteten sich. Weder Elly noch Theodor Heuss konnten in ihren Wahlkreisen in Berlin und Württemberg einen Sitz erringen. Beiden fehlten nur wenige Stimmen. Immerhin, beide Eheleute hatten ihr Handwerk als Redner gelernt. Zu einem Schlagabtausch auf dem Podium kam es wenige Wochen später, am 1. Mai 1919, dem Tag der Arbeit: In Heilbronn sprach auf einer Veranstaltung der Unabhängigen Sozialisten die Vorkämpferin der revolutionären Arbeiterbewegung Clara Zetkin. Elly Heuss-Knapp war von den Bürgerlichen ausersehen, der sprachgewaltigen Arbeiterführerin eine christlich-liberale Position entgegenzuhalten. Sie erinnerte sich:

»Klara Zetkin war eine vorzügliche Rednerin. Sie sprach zwei Stunden lang, zuletzt sträubten sich ihre weißen Haare, sie stand auf den Stock gebückt, sie hatte buchstäblich Schaum vor dem Mund. Es war erschütternd zu sehen, was die politische Hetze aus einer Frau gemacht hatte, deren Triebfeder ursprünglich die Gerechtigkeitsliebe war. [...] Ich erzählte, was ein schwäbischer Kolonist aus Rußland, der vor wenigen Tagen an unserem Tisch gesessen hatte, uns vom Bolschewismus berichtete. Klara Zetkin war grenzenlos erstaunt über den Beifall und darüber, daß die ganze Versammlung nach meinen Worten nach Hause wollte. [...] Beim Heruntersteigen vom Podium machte mir ein Matrose ein wunderbares Kompliment; wie leicht es zu erwerben war, versteht nur, wer die Zetkin gesehen hat. Er sagte: ›Das haben Sie schick gemacht, und hübscher wie die sind Sie auch.‹«[24]

GEMEINDEARBEIT IN KIRCHE UND RUNDFUNK ❱ Für Elly Heuss-Knapp folgte eine Phase, in der sie sich neu orientierte. Sie wandte sich wieder der Sozialarbeit zu, auch unter dem Eindruck der zunehmenden materiellen und geistigen Not breiter Bevölkerungsschichten in den 1920er Jahren. Von entscheidender Bedeutung wurde für sie die Begegnung mit dem evangelischen Pfarrer Otto Dibelius und dessen Gemeinde »Zum Heilsbronnen« in Berlin-Schöneberg. Elly Heuss erkannte für sich, dass Religiosität, die sie als Bürgerstochter während Bismarcks Regentschaft eher beiläufig von den Eltern mitbekommen hatte, nicht beiläufig oder privat sein konnte, sondern sich in einem verantwortungsbewussten sozialpolitischen Engagement offenbaren sollte. Nicht durch die Politik, so die Überzeugung von Dibelius und bald auch von Elly Heuss, sondern durch eine religiös fundierte geistige Erneuerung sollte die Krise überwunden werden. Dass sich das gesellschaftliche Leben in der Weimarer Republik immer mehr radikalisierte und ideologisierte, schien den Thesen von Dibelius recht zu geben. Denn auch der starke Zulauf bei den Nationalsozialisten einerseits und den Kommunisten andererseits erklärte sich nicht zuletzt durch die materielle Verarmung und die geistige Orientierungslosigkeit vieler Menschen.

Elly Heuss-Knapp arbeitete in jenen Jahren in der städtischen Armenpflege, sie nahm teil an katechetischen und religionspädagogischen Seminaren der evangelischen Kirche, etwa des kirchlichen Frauendienstes, wirkte unter Otto Dibelius in der Gemeindearbeit und war Schöffin bei einem Jugendgericht. »Ich ging«, so resümierte sie, »wohin man mich rief. Wenn mich jemand fragt, warum nicht auch zur kommunistischen Jugend, so kann ich nur antworten, sie hat mich leider nicht gerufen.«[25]

Daneben entdeckte sie für sich ein neues, damals revolutionäres Medium, den Rundfunk. Mit wöchentlichen Kritiken in der Zeitschrift *Der Rundfunkhörer* prägte sie das Radio mit. Zudem wurde sie 1931 als Vertreterin des Evangelischen Presseverbands in den Kulturbeirat des Berliner Rundfunks berufen. Feuilletonistisches Arbeiten, Kulturpolitik, gesellschaftliches Engagement und kirchliche Gemeindearbeit verschmolzen in Elly Heuss' Wirken unter der Prämisse eines christlich-humanistischen, liberaldemokratischen Grundgedankens. »Das ist die wunderlichste Gemeinde«, äußerte sie sich einmal, »zu der man sprechen kann, diese große oder kleine Zahl unsichtbarer Hörer. [...] Es ist immer eine Freude, wenn die Post nach einigen Tagen Antworten bringt, darunter manche Kuriositäten. Es gibt Menschen, die ihre intimsten Lebensgeheimnisse an jemanden schreiben, dessen Namen sie verstümmelt aufs Kuvert setzen, soweit sie ihn verstanden haben.«[26]

HITLER, WERBUNG UND INNERES EXIL ❱ Diese vielfältigen Arbeiten und Engagements verhinderten, dass sich Elly Heuss-Knapp zu sehr über die Radikalisierung im politischen Leben Sorgen machte. »Ich fühle mich wie eine Biene«, schrieb sie in einem Brief vom 4. Dezember 1931, »die viel Honigstoff gefunden hat und sich aufs Einfliegen in den Stock freut.«[27] Vielleicht war diese Überaktivität zum Teil einer unbewussten Verdrängung geschuldet. Erst im Februar 1932 liest man in ihren Briefen von ihrem ersten Kontakt zu Nationalsozialisten. Sie reagierte mit Unverständnis, ohne dass sie sich der drohenden Gefahr recht bewusst gewesen wäre: »Gestern war ich zum ersten Mal in einer Riesenversammlung der Nazis, der große Mann Göring sprach. Ich wurde aber immer kälter. Nur Geschimpfe, nur Racheansagung, keinerlei Kenntnisse – nein, etwas mehr hatte ich mir davon versprochen. Zum Schluß empfand ich ganz spontan das Bedürfnis, dem Reichskanzler Brüning einen Gruß zu schicken. Wenn es eine Diskussion gegeben hätte, ich hätte mit Wonne ohne Spur von Angst geredet.«[28] Sie wagte es in jenen Monaten sogar, an einer Wahlkampfveranstaltung Hitlers im Berliner Sportpalast teilzunehmen – zu neugierig war sie, zu viel hatte sie von dessen Suggestionskraft gehört. Ernüchtert berichtete sie ihrem Mann: »[...] wir haben von fünf bis acht Uhr im Sportpalast unter den sehr netten, reichlich spießigen Hörern gesessen und auf Hitler gewartet. [...] Die Rede von Hitler selbst war sehr enttäuschend. Er hat eine so heisere, abgekämpfte Stimme, daß ich kaum glaube, er wird sein Riesenprogramm durchführen; und was er sagt, war zu meinem Erstaunen dritter Aufguß vom Tee des deutschen Idealismus.«[29]

Viele Deutsche dachten anders. Bei den Reichstagswahlen vom November 1932 erhielt die NSDAP 33,1 Prozent der Wählerstimmen. Am 30. Januar 1933 wurde Adolf Hitler zum Reichskanzler ernannt. Die Machtergreifung durch die Nationalsozialisten bedeutete für das Ehepaar Heuss nicht nur einen politischen Bruch, sondern auch eine berufliche und existenzielle Gefährdung. Theodor Heuss hatte – mit kurzen Unterbrechungen – seit 1924 für die DDP ein Mandat im Reichstag innegehabt. Mit seiner Schrift

Hitlers Weg (1932) hatte er den Nationalsozialismus in seinen Inhalten und Strukturen kritisch hinterfragt. Nun bedeutete der Machtwechsel eine offene Gefährdung für das Ehepaar. Trotz seiner Vorbehalte stimmte Theodor Heuss am 23. März 1933 im Reichstag dem sogenannten Ermächtigungsgesetz zu und billigte so die Entmachtung der Volksvertretung. Nach 1945 wurde dies Theodor Heuss wiederholt und nicht zu Unrecht vorgeworfen. Er selbst verteidigte sein Tun mit dem Hinweis, es habe Zusicherungen der damaligen Reichsregierung gegenüber dem christlichen Zentrum gegeben, zudem habe die Abstimmung angesichts der realen politischen Verhältnisse ohnehin keine praktische Bedeutung mehr gehabt. Faktisch bedeutete das Ermächtigungsgesetz jedoch eine Selbstabschaffung des Parlaments. Auch Theodor Heuss verlor sein Mandat, im selben Jahr 1933 auch seine Dozentur an der Deutschen Hochschule für Politik. Damit begann ein Dasein in der inneren Emigration, das zwölf Jahre währen sollte. Theodor Heuss, der humanistische Literat, zog sich in jenen Jahren in sein häusliches Arbeitszimmer zurück und schrieb seine großen Biografien über Anton Dohrn, Friedrich Naumann und Robert Bosch.

Auch Elly Heuss-Knapp war persönlich von den Umbrüchen betroffen. Sie musste ihre Tätigkeiten als Vortragsreisende und Aktivistin der evangelischen Kirche aufgeben und verlor ihren Posten im Rundfunkrat. Ihre Radiobeiträge wurden nicht mehr gesendet, und auch der Verdienstausfall ihres Mannes musste kompensiert werden. Früh geriet sie mit den neuen Machthabern aneinander. Am 2. Februar 1933 berichtete sie der Freundin Gertrud Stettiner-Fuhrmann: »Wer weiß, ob es nicht das letzte ist, was ich machen kann, denn ich glaube, daß wir einen nationalsozialistischen Intendanten bekommen, und dann ist es aus. Schon in unserer ersten Sitzung des Programmrats habe ich einen Krach wegen der Deutschen Christen gemacht, die über Gottlosenbewegung aggressiv im Rundfunk reden wollen. Schon das allein kann mir den Kopf kosten, was meine Stellung im Programmrat betrifft.«[30] Bereits im Herbst 1933 fand sich Elly Heuss-Knapp von ihren bisherigen Ämtern und Betätigungsfeldern abgeschnitten und entlassen. Im Oktober 1933 wurde das Haus der Eheleute in Berlin-Lichterfelde durchsucht. Auch unterlagen sie einer Briefzensur. Damit war beiden endgültig bewusst, wie brüchig das Fundament war, auf dem sie standen.

Elly Heuss-Knapp übernahm in jenen Jahren die Rolle des »Ernährers«, auch um ihrem Mann den Raum für seine literarische Arbeit freizuhalten. Mit erstaunlicher Flexibilität und zähem Selbstbewusstsein orientierte sie sich beruflich neu und ging in die noch junge Werbebranche. Bereits im September 1933 meldete sie enthusiastisch: »Das Hoffnungsvollste ist mein Reklamegeschäft. Ich habe allerhand Adressen gesammelt und gehe an die einzelnen Firmen heran mit guten Empfehlungen.«[31] Hierbei nutzten ihr die Erfahrungen aus dem Rundfunk: Waren bis dahin Werbetexte von Radiosprechern einfach nur vorgelesen worden, ersann Elly Heuss den künstlerisch gestalteten Werbeclip, oft in Form eines winzigen Hörspiels. Im Studio wurden mit diversen Sprechern und mit dem Einsatz von Musik und Geräuschen kleinste Szenen nach einem Drehbuch aufgenommen, worin für ein bestimmtes Produkt ideenreich und humoristisch geworben wurde. Diese Hörclips wurden auf Platten gepresst und den Rundfunksendern angeboten: »Alle Menschen, die die Platten hören, finden sie ausgezeichnet und prophezeien uns Erfolg.«[32]

Erfolg stellte sich tatsächlich rasch ein, mit Werbesprüchen wie diesem: »Ob's windet, regnet oder schneit, | Wybert schützt vor Heiserkeit.«[33] Die Werbung für die Wybert-Werke in Lörrach blieb nicht die einzige. Elly Heuss warb in den nächsten Jahren erfolgreich für Firmen und Produkte wie Nivea, Persil, Knorr, Leica, Henkel, Leiser, Kaloderma, Kaffee Hag, Reemtsma-Zigaretten, Hansaplast und Pyramidon. Auch auf dem jungen Gebiet des Ton-Werbefilms galt sie bald als Pionierin. Als im Zweiten Weltkrieg Mangelwirtschaft herrschte und Werbung obsolet machte, schrieb sie eine *Kriegswaschfibel für die deutsche Hausfrau*. Ihrer Tätigkeit als Werbefachfrau schämte sie sich nicht. Im Gegenteil: Sie empfand eine tiefe Lust, dem Metier künstlerische Qualitäten in Wort, Ton und Bild zu verleihen.

Unter der großen Belastung verschlimmerte sich ein altes Herzleiden, das irreparabel war und zu ihrem Tod führen sollte. Mehrere Spital- und Erholungsaufenthalte konnten Elly Heuss-Knapp nur Linderung, keine Gesundung verschaffen.

In der Zeit des Nationalsozialismus blieben die Eheleute unter Beobachtung der staatlichen Behörden. Belastendes Material, vor allem wegen der

Kontakte zur »Bekennenden Kirche« wurde gesammelt, aber bei einem Luftangriff im Jahr 1943 auf das Gestapo-Hauptquartier in der Prinz-Albrecht-Straße ein Raub der Flammen – angeblich half ein Bezugsmann des Sohnes Ernst Ludwig Heuss bei dieser unauffälligen Aktenvernichtung nach.[34]

Im Januar 1943 explodierte eine Sprengbombe auf dem Grundstück der Eheleute in der Berliner Kamillenstraße 3. Der Krieg verlagerte sich mehr und mehr nach Deutschland, und Theodor und Elly Heuss begriffen, dass es klug war, sich auf Niederlage und Besetzung vorzubereiten. Noch im Februar ordneten sie das Familienarchiv und ließen es in einem Salzbergwerk bei Merseburg einlagern. Im August 1943 gelang es Ernst Ludwig Heuss, für seine Eltern eine Evakuierungsgenehmigung zu erhalten. Sie verließen das bereits stark unter Luftangriffen leidende Berlin und entkamen zunächst nach Heilbronn zur Familie Rümelin, im September nach Beuersberg in Oberbayern. Dort unterrichtete Elly Heuss in einer von ihr selbst gegründeten kleinen Schule Deutsch, Englisch, Rechnen und Biologie. Bereits im November 1943 übersiedelten sie wieder, diesmal nach Handschuhsheim bei Heidelberg. Die Eheleute kamen in zwei Dachstuben im Haus von Ellys Schwester Marianne Lesser-Knapp unter.

Auch auf das nahe Mannheim fielen Fliegerbomben. In Handschuhsheim »zitterten die Fenster«[35]. Der Krieg neigte sich dem Ende zu, die Alliierten standen bereits vor Deutschlands Grenzen. »Jetzt müssen wir«, schrieb Elly Heuss am 17. September 1944, »ein tapferes Herz bewahren, auch wenn wir wenig Hoffnung für ein Leben vor uns haben, das nach unsern Wünschen wäre. Das ist jetzt die große Aufgabe, mutig zu bleiben.«[36] Ihrem Sohn schickte sie zu Weihnachten ein selbstverfasstes Gedicht *Ritornellen*, darin sich die Verse finden: »Weiße Margriten! | Wenn ihr wie fromme Kinder steht im Feld, | laßt uns um Ernte und um Frieden bitten!«[37]

ALTERSPRÄSIDENTIN IN STUTTGART ❭ Das Kriegsende erlebten Theodor und Elly Heuss vergleichsweise friedlich in Handschuhsheim. Nordbaden wurde Teil der amerikanischen Besatzungszone. Man hielt bei den Alliierten Ausschau nach integren Personen, die in Verwaltung und öffentlichem Leben Schlüsselpositionen einnehmen konnten. Sehr bald wurde man auf Theodor Heuss aufmerksam. Bereits im Juni 1945 erhielt er von den amerikanischen Behörden die Lizenz zur Mitherausgeberschaft der neu gegründeten *Rhein-Neckar-Zeitung*. Drei Monate später wurde ihm das kommissarische Amt eines »Kultministers« (sic) für das Land Nordwürttemberg-Nordbaden angeboten. Eine glaubwürdige Anekdote weiß, dass die zuständigen Herren von der Militärverwaltung in Handschuhsheim klingelten, und Theodor Heuss (er hatte gerade im Garten Teppiche geklopft) mit dem Schläger in der Hand öffnete. Als er von dem Angebot hörte, soll er – der zeitlebens einen herzhaften schwäbischen Dialekt sprach – als einzige Bedingung gestellt haben: »Ja, wenn Sie mir ein Dienstmädle besorgen!« Er dachte dabei in erster Linie an seine Frau: Sie sollte von der Hausarbeit entlastet werden, zumal sich ihr Gesundheitszustand stetig verschlechterte.

Die Eheleute Heuss zogen im September nach Stuttgart-Degerloch. Mit eingeschränkten körperlichen Kräften, aber voller Mut und Ethos begleitete Elly Heuss-Knapp ihren Mann in den folgenden Jahren auf dem Weg der späten Politkarriere. Theodor Heuss nahm seine Amtstätigkeit auf, wobei die äußeren Verhältnisse so dürftig waren, dass er im Ministerium gezwungen war, wegen der Kälte den Mantel anzubehalten, und er, wie Elly Heuss berichtete, »schon ganz offene Hände hat[te] vor Frostbeulen«.[38] Er müsse »noch die nötige Ministertechnik lernen, sich von seiner Sekretärin herausrufen zu lassen«.[39]

Die nötige »Technik« im Regieren und Repräsentieren eignete sich der feinsinnige Literat und humanistisch gebildete Professor indes rasch an. Gut ein Jahr lang hatte Theodor Heuss dieses Amt inne und setzte in der von zwölf Jahren nationalsozialistischer Herrschaft zerrütteten und zerstörten Geistes-, Schul- und Kulturlandschaft neue Maßstäbe für die Zukunft.

Unterstützt wurde er hierin von seiner Frau. Sie gab das Werbemetier auf, arbeitete an einem Lesebuch für Volksschulen mit, hielt wieder Rundfunkreden und »Round-table-Gespräche«.[40] Sie setzte sich für eine neue Lesekultur ein, propagierte neue Kinderbücher, die von einer freiheitlich-demokratischen Pädagogik geprägt waren, führte Diskussionen mit jungen Leuten, schrieb in der von ihrem Mann herausgegebenen *Rhein-Neckar-Zeitung*

biografische Artikel über Deutsche, die als Vorbilder taugen mochten, engagierte sich wieder in der evangelischen Kirche, insbesondere in Frauenverbänden, und hielt Vorträge über Ehe, Familie und Kindererziehung unter christlichen und demokratischen Gesichtspunkten.
Die Bücher ließen sie nicht los: 1947 brachte sie die Jugenderinnerungen ihres 1926 verstorbenen Vaters Georg Friedrich Knapp heraus, sie edierte eine Auswahl der Gedichte Friedrich Rückerts und mit dem Band *Schmale Wege* (1946) auch eigene Erzählungen über verborgene Lebensgeschichten aus dem inneren Exil während der NS-Zeit.
Es blieb nicht bei dieser von der amerikanischen Militärverwaltung kommissarisch sanktionierten Rolle als First Lady des »Kultministers«. Bei der ersten freien Landtagswahl im Herbst 1946 wurden beide, Theodor und Elly Heuss, für die Deutsche Volkspartei (der Vorgängerpartei der FDP) ins Stuttgarter Parlament gewählt. Elly Heuss eröffnete als Alterspräsidentin die erste Sitzung des neu gewählten Landtags, in dem sie fortan auch als eloquente, stets gut informierte Rednerin glänzte. In diversen Ausschüssen setzte sie sich in der Fürsorgegesetzgebung ein. Es ging um wegweisende gemeinschaftliche Aufgaben wie Krankenversicherung, Betriebsrätegesetz, Wohnungsbau, Schulreform und anderes. Der neu aufzubauende Staat, so Elly Heuss, müsse auf christlich-karitativem Selbstverständnis fußen. Nur so könne die demokratische Staatsform auch inhaltlich-geistig gelingen. »Ich stecke tief in Sozialpolitik«, berichtete sie in einem Brief vom 9. März 1947. »Die Reichsversicherungsordnung ist im Mittelpunkt. Wir müssen versuchen, die menschlichen Gesichtspunkte wirklich in den Mittelpunkt zu rücken. Unsere Sozialisten sehen alles unter dem Stichwort: Arbeitgeber und -nehmer, die ganze Welt als Fabrik. Von der Psychologie keine Ahnung. Hier kommt es auf Gesundungswillen an, nicht auf Renten, und die Ärzte kämpfen nicht nur um ihre Einnahmen!«[41]
Sie engagierte sich auch für die deutsch-französische Aussöhnung (die mehr als zehn Jahre nach ihrem Tod mit der Unterzeichnung des Élysée-Vertrags staatsrechtlich verankert wurde). So kam sie als Vizepräsidentin des Deutschen Rats der Europäischen Bewegung nach Straßburg zurück, ihre Heimatstadt, die seit 1919 zu Frankreich gehörte und nicht mehr Zankapfel zweier Nationen, sondern Hauptstadt der europäischen

Idee sein sollte. Zu diesem Zweck wurde auch ein Deutsch-Französisches Institut gegründet.
Bereits damals prägte Elly Heuss ihre Rolle als fürsorgliche Landesmutter, die sie, nachdem Theodor Heuss als frisch gekürter Vorsitzender der F.D.P. am 12. September 1949 von der Bundesversammlung zum ersten Präsidenten der neu gegründeten Bundesrepublik Deutschland gewählt worden war, in noch größerem Maße, aber mit Vorübung, spielen konnte.

EIN LEBENSWERK RUNDET SICH ❧ Zunächst freilich hegte sie Skepsis gegenüber dem neuen Amt und seiner Aufgabe. Im Vorfeld der Bundesversammlung, als Theodor Heuss' Name bereits offen gehandelt wurde, schrieb sie in einem Brief an Gertrud Stettiner-Fuhrmann: »Viel schwerer wiegt die Frage nach der ungeheuren Verantwortung, die war schon beim Parlamentarischen Rat fast zuviel für den Theodor, und dann die entsetzlich vielen gesellschaftlichen Verpflichtungen. Die liegen ihm ja keineswegs besonders, und mir? – da müßte ich um zehn Jahre jünger und gesünder sein.«[42]

Noch einmal schulterte das Ehepaar Heuss einen Umzug: zunächst in ein Provisorium, ein ehemaliges Eisenbahnererholungsheim auf der Viktorshöhe in Bad Godesberg. Ein Jahr später zogen sie in die sanierte und umgebaute Villa Hammerschmidt (deren Ausgestaltung Elly Heuss maßgeblich mitbestimmt hatte). Amüsiert berichtete die First Lady über die Verhältnisse:

»Wir sind nun schon im neuen Haus ganz heimisch; vor allen Dingen freut mich die Lage: der Garten geht mit seinem hinteren Teil bis an den Rhein. [...] Der Park ist freilich noch in ziemlich schlimmem Zustand, denn es wird ja immer noch gebaut, das heißt, das Bundespräsidialamt mit allen Büroräumen. Da muß ich immer Krach machen, wenn die schweren Lastwagen mir die Ecken der Rosenbeete zerstören. [...] Es ist wirklich erfreulich, daß das Haus so gut geglückt ist, denn ich kann ohne Übertreibung sagen, daß ich fast zuviel Kraft hineingesteckt habe. Wir haben schon einige Diners hier gegeben, und die Menschen fanden all die Räume besonders gut gelungen. [...] Besuche hatten wir überhaupt mehr als genug. Wir müssen manchmal nein sagen bei Anmeldungen, und schon die einfachsten

Besprechungen müssen vierzehn Tage vorher organisiert werden. Meine Ärztin schüttelt immer den Kopf, weil sie alles zuviel findet. Aber es gehört nun einmal zu unserem Leben dazu.«[43]
Der Lebenskreis hatte sich in gewisser Weise geschlossen: Begonnen hatte Elly Heuss über fünfzig Jahre zuvor im heimatlichen Straßburg als Lehrerin, nun konnte sie im Alter erneut pädagogisch wirken: in Sachen Demokratie und Liberalismus, mit christlich-sozialer Grundhaltung, und im Wissen, dass das deutsche Volk nach den Jahren des nationalsozialistischen Terrors und der schuldhaften Verstrickung einen nicht nur ökonomischen, sondern auch geistig-moralischen Neubeginn benötigte.
Zunehmend wurde es ihr schwer, an Empfängen und Veranstaltungen teilzunehmen. Ihre Herzkrankheit verschlimmerte sich. Elly Heuss ließ sich bei Veranstaltungen diskret über Seiteneingänge und Hintertreppen in die Gebäude tragen. Zeitlebens eine agile und aktive Frau, war es ihr peinlich und lästig, im Zustand körperlicher Schwäche gesehen zu werden.
Trotz alledem blieb sie ihren Aufgaben treu. Und sie verlieh ihrem unbestallten »Amt« als Ehefrau des Bundespräsidenten ein ganz eigenes Profil, dem alle nachfolgenden First Ladys nacheifern sollten: So widmete sie sich ganz dem von ihr und der evangelischen Sozialaktivistin Antonie Nopitsch (1901–1975) am 31. Januar 1950 gegründeten Müttergenesungswerk in der Elly Heuss-Knapp-Stiftung. Es gelang ihr, die Frauenverbände und -gruppen der beiden Kirchen und die drei freien Wohlfahrtsverbände als Trägergruppen zu vereinen. Bereits am 14. Februar 1950 vermeldete sie in einem Brief an Toni Stolper: »Ich mache eine Aktion für die Mütter. Bisher tun nämlich alle etwas für die Kinder. Aber die Mütter *können* einfach nicht mehr. Schon daß die Schaufenster voll sind, ist für diejenigen, die kein Geld haben, viel schwerer zu ertragen als die Zeiten, in denen alle aus den alten Vorhängen neue Kinderkleider nähten. Wir haben das Deutsche Müttergenesungswerk gegründet, evangelisch, katholisch, sozialistisch, Rotes Kreuz – alle, die Mütterheime haben –, vereinigt bei mir in Godesberg. Es läuft gut an.«[44]
Alle späteren First Ladys haben ihr eigenes karitatives Betätigungsfeld gesucht – je nach persönlichem Interesse und Zeitbezug. Doch haben alle – auch in Hochachtung vor Elly Heuss-Knapp – die Schirmherrschaft über

das deutsche Müttergenesungswerk übernommen und dessen Arbeit nach außen vertreten.

Das Müttergenesungswerk ist heute eine der ältesten und zugleich erfolgreichsten sozialen Einrichtungen Deutschlands. Die Träger Arbeiterwohlfahrt, Paritätischer Wohlfahrtsverband, Deutsches Rotes Kreuz, Diakonisches Werk und Caritas unterhalten über achtzig Einrichtungen zur Vorsorge- und Rehabilitationsbehandlung von Müttern und Kindern (sogenannte Mutter-Kind-Kuren), zudem rund 1400 Beratungs- und Vermittlungsstellen. Jährlich kommen ca. 35 000 Frauen und über 50 000 Kinder in den Genuss von Behandlungen.

Elly Heuss-Knapp war sich der Bedeutung und des Aufgabenreichtums »ihres« Müttergenesungswerks bewusst. Sie hatte bereits den nahen Tod vor Augen, als sie in ihrem *Vermächtnis an das Deutsche Müttergenesungswerk* vom 29. Mai 1952 schrieb:

»Wenn man sein Haus bestellen muß, habe ich viel zu bestellen, wenn ich an alle die vielen Mütter denke, die von unserem Müttergenesungswerk betreut wurden. Ich schicke ihnen allen einen herzlichen letzten Gruß.

Das Müttergenesungswerk war für mich eine wirkliche Krönung meines Lebens, und gerade deshalb ist es mir eine Pflicht, das Kuratorium daran zu erinnern, was mir an der Wahl das Wichtigste war. Es ist die friedliche Zusammenarbeit, besonders auch zwischen den Konfessionen. Wenn ich etwas kräftiger wäre, könnte ich darüber sehr viel sagen; aber das bin ich im Augenblick nicht. [...] Ich bitte Sie herzlich um Einigkeit. Das ganze Werk ist sinnlos, wenn innerhalb des Kuratoriums Streitigkeiten beginnen. Ich habe auch das feste Vertrauen, daß dies nicht geschieht, und grüße Sie alle von ganzem Herzen.«[45]

Elly Heuss wusste seit längerem, dass es für sie keine ärztliche Hilfe mehr gab. Sie trug diese Gewissheit mit Würde und Gelassenheit. Kraft schöpfte sie aus ihrem lebendigen Glauben und aus der Überzeugung, immer das Beste in ihrem Leben gegeben zu haben. Sie starb am 19. Juli 1952 in der Universitätsklinik auf dem Venusberg in Bonn. Die Trauerfeier fand in der Bonner Lutherkirche statt. Beerdigt wurde Elly Heuss-Knapp am 24. Juli auf dem Waldfriedhof in Stuttgart. Ein enger Freund der Eheleute, der Dichter Rudolf Alexander Schröder, schrieb in seinem Kondolenzbrief an Theodor Heuss:

»Elly Heuss wird unter uns unvergessen bleiben. Sie wird immer zu den großen deutschen Frauen gehören, zu deren Wesen ja vor allem das Mütterliche gehört und neben dem Mütterlichen der schmerzliche Adel hellsichtigen Wissens um die Dinge und das Wesen der Welt. – Die Krone, die ihr das Leben zuletzt gereicht hat, ist wohl bei dem Zustand ihres Herzens von vornherein eine Dornenkrone gewesen. [...] Es waren viele Rosen in der Krone, Rosen der Liebe, gegeben und zurückgegeben, des Dankes, erworben und geerntet, der zarten und dienenden Ehrfurcht, die gleicher Ehrfurcht begegnen durfte. Bürgerin zweier Welten: sie hat es sein dürfen und wird es bleiben, und ich glaube, das ist das Höchste, was man von einem Menschen sagen kann.«[46]

Wilhelmine Lübke

1885–1981

Nach dem Tod von Elly Heuss-Knapp blieb die Position der First Lady, das vom Grundgesetz nicht vorgesehene Amt, sieben Jahre lang vakant. Theodor Heuss, der gebildete Humanist, humorvolle Schwabe und Literat, übte sein Amt mit voller Kraft weiterhin aus und wurde als Staatsoberhaupt immer beliebter. Der Volksmund sprach liebevoll von »Opa Heuss«. Auch in der politischen Landschaft Bonns machte Theodor Heuss eine gute Figur. Er war integer, stand über den Parteien, galt als unanfechtbar, verstand es zu repräsentieren, ohne die eng gesetzten Grenzen des Amtes weiten zu wollen. Ein Präsident, beim Volk beliebt, von den Parteien geschätzt, von Bundeskanzler Konrad Adenauer mit Achtung und ohne Argwohn bedacht. Dass die Stelle an der Seite von Theodor Heuss leer blieb, hatte man zunächst hingenommen, schließlich beinahe schon vergessen. Als man gegen Ende der zweiten Amtszeit des Bundespräsidenten Überlegungen zu einem Nachfolger anstellte, war das zunächst eine parteipolitische Machtfrage, erst in zweiter Linie auch eine Frage nach charakterlicher Stärke und politischer Integrität. Und nur ganz beiläufig dämmerte es dem einen oder anderen Strippenzieher, dass ein neuer Bundespräsident auch eine Ehefrau haben würde, die man in die taktischen Überlegungen einbeziehen müsste. Es galt nicht nur, einen neuen Bundespräsidenten zu küren, mit dem die Regierung Adenauer leben könnte und das deutsche Volk zufrieden wäre, sondern, ein Präsidentenehepaar zu finden, bei dem beide eine gute Figur in der Öffentlichkeit machten. So kurz Elly Heuss-Knapps Zeit als First Lady gewesen war, so sehr hatte sie mit ihrer Persönlichkeit diese Position geprägt und einer Nachfolgerin ein Erbe – und eine Bürde – hinterlassen, die nicht so ohne weiteres zu tragen waren.

First Lady und First Sir ❯ Die Vorgespräche über einen Kandidaten für das Amt des Bundespräsidenten glichen in jenem Frühjahr 1959, wenige Monate vor dem Ende der zweiten Amtszeit von Theodor Heuss, einem mehr oder minder gewieften Schachspiel. Zunächst hatte sich Konrad Adenauer für die Position interessiert, dann aber erkannt, dass die Begrenzung auf Repräsentation und der Verzicht auf die Macht nicht seinem Wesen und Willen entsprachen. Wenige Wochen vor der anbe-

raumten Versammlung zog er daher seine Kandidatur zurück. Nach einigem Hin und Her im Postenkarussell gab es eine überraschende Wendung: Adenauers ehemaliger Staatssekretär Walter Hallstein, damals Präsident der EWG-Kommission, brachte den Bundesminister für Landwirtschaft Heinrich Lübke ins Gespräch. Hallstein erinnerte sich:»Konrad Adenauer fragte mich lange vor dem Beginn der Diskussion um die Nachfolge von Theodor Heuss auf einem unserer regelmäßigen Parkspaziergänge beim Palais Schaumburg, ob ich einen Kandidaten hätte, er wisse keinen. Ich nannte ihm Lübke, und auf seine überraschte Frage begründete ich dieses Votum ausführlich. Es setzte die Wirkung meiner Antwort weder subjektiv noch objektiv herab (im Gegenteil!), daß ich in einem Atem mit diesem Vorschlag Professor Franz Böhm nannte.«[1]
Der Jurist Franz Böhm – übrigens der Schwiegersohn der Dichterin Ricarda Huch – war damals für die CDU Mitglied des Bundestags. Nicht zuletzt wegen seiner Gegnerschaft zum Nationalsozialismus galt er als eine moralisch integre Persönlichkeit. Dennoch entschied sich Adenauer, den weniger glanzvollen Heinrich Lübke (CDU) ins Rennen zu führen. Lübke war ein Mann mit »typisch deutschen« Tugenden: fleißig, beharrlich, ergeben, redlich, bieder. Zugleich aber – das wussten nicht nur Kritiker, sondern auch Anhänger, sogar er selbst – ein wenig farblos, ungeübt in freier Rede und auf dem diplomatischen Parkett ungeschickt. Er war ein bis zur Verbissenheit fleißiger Verwalter und Statistiker, der Aktenberge abarbeitete und sich in seinen Ämtern, so als Landwirtschaftsminister von Nordrhein-Westfalen und als Bundeslandwirtschaftsminister, Meriten und breite Anerkennung erworben hatte. Dass Adenauer ausgerechnet solch einen Mann auswählte, war ein kluger Zug: Lübke war ebenso wie der Kanzler Katholik (Heuss hingegen war Protestant), er gehörte derselben Partei an, er galt als konservativ, zuverlässig, anpassungswillig, treu, zudem als zwar intelligent, aber wenig clever. Kurz: Er schien für den Machtapparat um Adenauer der richtige, weil offenkundig lenkbare Kandidat für das höchste Amt im Staate zu sein. Weniger staatsmännisch als pflichtbewusst klang denn auch Heinrich Lübkes Reaktion auf die Nachricht vom 15. Juni 1959, das Wahlgremium der CDU habe sich auf ihn als Kandidaten für das Bundespräsidentenamt verständigt:»Ich traue mir wohl zu, eine sachliche

Aufgabe gut zu lösen, aber ich weiß nicht, ob ich einem so hohen Amte entspreche. Ich bin aber der Auffassung, daß jemand, dem dieses Amt einmütig angetragen wird, es im Interesse von Volk und Staat auch annehmen sollte.«[2]

Es bleibt bis heute spekulativ, ob und wie sich Adenauer auch über die neue First Lady Gedanken gemacht hatte. Er kannte Lübkes Ehefrau Wilhelmine und schätzte ihre offene Art, ihren klugen Verstand, ihre Fähigkeit, aufgeschlossen und ohne Scheu auf andere Menschen zuzugehen. Vielen galt sie als starke, karrierebewusste Frau. Es bleibt indes zweifelhaft, ob ihre Person bei Adenauers strategischen Überlegungen tatsächlich eine Rolle spielte. Reiner Fantasie indes ist die Behauptung entsprungen, Wilhelmine Lübke habe im Vorfeld bei Adenauer die Fäden gezogen.

Keine Fantasie, sondern Realität in der damals oft recht kleinstädtisch anmutenden Bonner Gerüchteküche war das böse Bonmot, Heinrich Lübke sei für Adenauer nur der »Lübkenbüßer« gewesen. Auch sprach man bald statt von der First Lady vom First Sir – und meinte damit Heinrich Lübke, der manchem nur als Anhängsel seiner resoluten, tatkräftigen Frau galt. Man tat damit beiden unrecht: Zum einen war Heinrich Lübke ein ernstzunehmender Mann, der seine Fähigkeiten bereits früher in etlichen Positionen in Wirtschaft, Verwaltung und Politik unter Beweis gestellt hatte. Zum anderen war Wilhelmine Lübke eine Frau, die zwar Glamour und Öffentlichkeit liebte, aber nicht aus Selbstverliebtheit, sondern weil sie Repräsentation als eine gesellschaftliche Größe betrachtete, wovon die Deutschen nach dem Zweiten Weltkrieg zu wenig besaßen und sich zutrauten. Doch hatte sie in den Jahrzehnten ihrer Ehe mit Heinrich Lübke auch gelernt, eigene Interessen hinter denen des Gemeinwohls zurückzustellen. Die Aussicht auf ein Dasein als First Lady freilich eröffnete ihr ganz neue, ungeahnte Möglichkeiten. Sie sollte Wege beschreiten, die man von einer First Lady bislang nicht kannte und sicherte sich und ihrem »Amt« eine repräsentative Funktion.

AUFSTIEG AUS KLEINEN VERHÄLTNISSEN ❱ Heinrich und Wilhelmine Lübke stammten beide aus dem Sauerland. Sie waren sich wegen ihrer gleichen regionalen Mentalität in mancherlei Hinsicht ähnlich und ergänzten einander im privaten und beruflichen Leben. Somit ist es nicht verwunderlich, dass sie als Paar im Präsidentenamt ganz besonders ins kollektive Bewusstsein Eingang fanden. Wilhelmine Lübke verstand es – obgleich sie bei der Wahl ihres Mannes zum Bundespräsidenten bereits vierundsiebzig Jahre alt war –, ihrer Rolle Glanz und Glamour zu verleihen. Noch mehr äußere Ausstrahlung besaß später Bettina Wulff, die aber auch die bisher jüngste Präsidentengattin war. Was modisches Geschick und Geschmack betrifft, konnte die Sauerländerin Wilhelmine Lübke ihren jüngeren Nachfolgerinnen aber allemal das Wasser reichen. Der in den 1960er Jahren noch recht piefigen und miefigen Bundesrepublik verstand Wilhelmine Lübke als Ehefrau des Staatsoberhaupts einen Hauch von Mondänität zu verleihen, besonders bei offiziellen Staatsempfängen und -besuchen im In- und Ausland. Freilich hatte sie – anders als fünfzig Jahre später Bettina Wulff – noch recht konservative Ansichten von Ehe, Familie und Gesellschaft. Ihre Auftritte in der Öffentlichkeit waren entsprechend glanz- und würdevoll, aber auch bewusst steif – anders war es damals schlicht nicht denkbar.

Nichts an ihrer Herkunft deutete auf diesen gesellschaftlichen Aufstieg hin: Wilhelmine Keuthen wurde am 9. Mai 1885 in Ramsbeck im Sauerland geboren (nur vierzig Kilometer von Heinrich Lübkes Geburtsort Enkhausen entfernt). Ihr Vater war Büroleiter in der Erzbergwerksgesellschaft Stolberger Zink AG, die Mutter Hausfrau. Insgesamt kamen fünf Kinder zur Welt. Wilhelmine war fünfzehn, als der Vater starb. Ihr älterer Bruder übernahm die Rolle des Ernährers, die Familie zog nach Münster. Dort, so die Absicht der Mutter, sollten die Kinder eine möglichst gute schulische Ausbildung erhalten. Wilhelmine äußerte früh den Wunsch, Volksschullehrerin zu werden – von ihrer Familie wurde sie darin unterstützt. Zunächst besuchte sie das Staatliche Lehrerinnenseminar in Paderborn, danach die Universität in Münster. Dort belegte sie Seminare und Vorlesungen in Mathematik, Germanistik und Philosophie. Sie studierte zielstrebig und mit Eifer. Ihr war klar, dass ein gesellschaftlicher Aufstieg zu ihrer Zeit keineswegs selbstverständlich und zudem an überdurchschnittliche Leistungen gekoppelt war. Nach ihrem universitären Abschluss fand sie eine Stelle als Gymnasiallehrerin an der von Franziskanerinnen geleiteten St. Antonius-Schule in Lüdinghausen im Münsterland. Nach dem Ersten Weltkrieg – Wilhelmine

Keuthen war bereits dreiunddreißig Jahre alt – wechselte sie an das vom selben Orden geleitete Franziskus-Oberlyzeum in Berlin-Schöneberg. Es war der entscheidende Schritt aus den engen provinziellen Verhältnissen hinein in die Großstadt.

Aus den 1920er Jahren gibt es kaum biografische Dokumente oder gar persönliche Äußerungen Wilhelmine Keuthens. Unklar ist und bleibt, wie sie jene Jahre der Umbrüche und Umstürze, der Revolution und Gegenrevolution, der Inflation und Wirtschaftskrise, des demokratischen Aufbruchs in der Weimarer Republik miterlebte und kommentierte. Sie scheint ganz in ihrem Beruf als Lehrerin aufgegangen zu sein (darin ähnelte sie Elly Heuss-Knapp). Noch als First Lady meinte sie stolz: »Fast alle meine Schülerinnen wurden begeisterte Mathematikerinnen und vernachlässigten darüber die anderen Fächer.«[3] Was ihr Arbeitsethos anbelangt, so äußerte sie sich: »Ich war nie krank und habe nie gefehlt.«[4]

Sie blieb lange Jahre unverheiratet – vielleicht, weil sie zu sehr in ihrem Beruf aufging, vielleicht, weil sie ahnte, dass Ehe und Beruf damals kaum miteinander vereinbar waren. Das sollte sich auch bestätigen, als sie 1929 einen Mann kennenlernte und ihn wenig später heiratete: Heinrich Lübke. Wie Wilhelmine Keuthen stammte Lübke aus dem Sauerland. Und bei einem Vereinstreffen der Sauerländer in Berlin lernten sie einander kennen. Heinrich Lübke wurde am 14. Oktober 1894 in Enkhausen als viertes von fünf Kindern geboren – war also mehr als neun Jahre jünger als seine spätere Ehefrau. Der Vater, ein Schuhmacher, starb bereits 1902. Der älteste Sohn Franz übernahm das Geschäft. Daneben wurde noch eine kleine Landwirtschaft betrieben – sehr früh also lernte der spätere Landwirtschaftsminister die Sorgen und Nöte der Kleinbauern kennen. Auch Heinrich Lübke wurde ein Selfmademan (ebenso wie sein Bruder Friedrich Wilhelm, der es 1951 ins Amt des Ministerpräsidenten von Schleswig-Holstein brachte). Er verkörperte die »typischen« Eigenschaften des Sauerländers: Er galt zeitlebens als geradlinig, bescheiden, von etwas knarzigem Humor, beharrlich, bodenständig, ehrlich, pflichtbewusst. Alles Visionäre, Hochfliegende, Fantastische war ihm fremd und zuwider. Indes: Die Fähigkeit, andere Menschen zu beeindrucken, sie für Ideen zu gewinnen, fehlte ihm. Diese Gabe jedoch besaß seine künftige Ehefrau Wilhelmine.

In der Familie Lübke galten Bildung und Geselligkeit viel. Bei Lübkes in Enkhausen traf sich das halbe Dorf, um Meinungen und Interessen auszutauschen und die von Vater Fritz und seinen Söhnen zusammengetragene Bibliothek zu nutzen oder um gemeinsam zu musizieren – Heinrich spielte schon mit fünf Jahren Klavier.

1913 trat der neunzehnjährige Heinrich Lübke ein Praktikum in einem Vermessungsbüro an, im Jahr darauf schrieb er sich an der Hochschule für Landwirtschaft in Münster ein und studierte Geodäsie. Das Studium wurde durch den Krieg unterbrochen, Lübke meldete sich bei Kriegsausbruch als Freiwilliger. Das wurde später mitunter kolportiert, so von Hans Eiche, Lübkes späterem Pressereferenten im Bundesministerium für Landwirtschaft: »Er kletterte in dem nahegelegenen Neheim-Hüsten auf eine zufällig wartende Lokomotive, um sich so schnell wie möglich melden zu können; er hatte Sorge, vielleicht zu spät an die Front zu kommen. Seinem Wunsche entsprechend kam er zur Artillerie und stand nach kurzer Ausbildung bereits am 9. November 1914 in Masuren [...]«[5]
Später diente Lübke an der Westfront, wurde bei Verdun verschüttet, erlitt eine Gasvergiftung. Er erhielt das Eiserne Kreuz I. und II. Klasse, wurde zum Leutnant der Artillerie befördert und erlebte das Kriegsende im Großen Hauptquartier in Spa.
Zurück in Münster, nahm er sein Studium wieder auf. 1922 bestand er das Examen. Er übernahm die Geschäftsführung des »Westfälischen Pächter- und Siedlerbundes« in Münster und die Redaktion der Zeitschrift *Der Pächter*. Bereits im Jahr darauf wechselte er nach Berlin und war dort am Zusammenschluss mehrerer Bauernverbände zum »Reichsbund landwirtschaftlicher Kleinbetriebe« beteiligt, dessen Geschäftsführer er wurde.

EIN BERUFLICHER VERZICHT ❱ Im Jahre 1929 lernte er Wilhelmine Keuthen kennen. Noch im selben Jahr heiratete er die neun Jahre ältere Frau, was damals als sehr unkonventionell galt. Wilhelmine machte diesen Altersunterschied zeitlebens mehr als wett: durch ihre geistige Präsenz, ihre körperliche Agilität, ihre lebendige Ausstrahlung, ihre Offenheit gegenüber anderen Menschen und neuen Verhältnissen. Kein Wunder, dass selbst enge Freunde und Mitarbeiter Wilhelmine Keuthen jünger als ih-

ren Ehemann schätzten – was in ihrer Zeit als First Lady noch ein Nachspiel haben sollte. Ob es eine Liebesheirat im romantischen Sinne war, ist schwer zu beurteilen. Für solch emotionale Höhenflüge war Heinrich Lübke, der knorrige Sauerländer, ohnehin nicht zu haben. Bekundet sind drei Anekdoten, die ein Schlaglicht auf die Beziehung werfen:
»Heiratsgrund«, so der Bundespräsident noch dreißig Jahre später, »war unsere Geige. Wir hatten das teure Stück gemeinsam gekauft, halbieren konnte man es nicht, also blieben wir zusammen.«[6] Eine Geige als Heiratsgrund? Das war als Späßchen gemeint – und auch wieder nicht. Denn der Entschluss, die Geige weiterhin in Gemeinschaftsbesitz zu behalten, zeugte von Pragmatismus und Sparsamkeit, symbolisch aber auch von der großen Verbundenheit der beiden in ihrer Liebe zur Musik.

Eine weitere Anekdote weiß zu berichten, Heinrich Lübke habe seiner zukünftigen Frau bei der Korrektur der Schulhefte geholfen. Seine Mitarbeit sollte aber von vornherein nur ein Intermezzo darstellen; denn, so seine Forderung, nach der Hochzeit solle Wilhelmine ihren geliebten Lehrerinnenberuf aufgeben, um den Haushalt zu führen und ihm, Heinrich Lübke, den Rücken für die eigenen Karriere freizuhalten. Heute mag man über solch eine Denkweise zu Recht den Kopf schütteln – damals war sie üblich. Gleichberechtigung in der Ehe, wie sie etwa von Elly und Theodor Heuss früh vorgelebt wurde, war noch die absolute Ausnahme und galt in weiten Kreisen sogar als anrüchig. Wilhelmine Keuthens zaghafter Einwand, sie wolle auch nach der Hochzeit – zumindest stundenweise – in ihrem Beruf arbeiten, wurde von ihrem Verlobten zurückgewiesen: »Ich kenne Dich, Mineken, Du übernimmst eine halbe Stelle, bist mit Deiner ganzen Seele in der Schule, und ich schaue in den Mond!«[7] Damit war klar: Wilhelmine Lübke hatte sich der Karriere ihres Mannes unterzuordnen. Sie befolgte das – und zeigte auch darin eine ganz besondere Flexibilität. Ja, sie machte gewissermaßen aus der Not eine Tugend. Spätestens als First Lady identifizierte sie sich mit der Position ihres Mannes und schuf daraus unversehens eine eigene, indem sie die Repräsentation zu ihrer Aufgabe erkor.

Eine dritte Anekdote schließlich kolportiert die kirchliche Trauung: Wilhelmine habe die Anweisung gegeben, die Kirchentür abzuschließen, sobald der Gottesdienst begonnen habe. Damit, so witzelte Heinrich Lübke,

hätte sie seine Flucht verhindern wollen. Das ist ein netter Kalauer. Wahrscheinlicher jedoch ist, dass Wilhelmine Lübke vermeiden wollte, dass jemand einen genauen Blick auf das im Kirchenvorraum hängende Aufgebot warf: Er oder sie hätte daraus ersehen können, dass die Braut fast zehn Jahre älter war als der Bräutigam.
Diesen Altersunterschied vor der Öffentlichkeit zu verheimlichen war eine Absprache der Eheleute. Das forderte Wilhelmine Lübke nicht nur heraus, es spornte sie auch an: Es galt, nicht nur agil zu *wirken*, sondern es auch zu *sein*, um dem jüngeren Ehemann eine attraktive Gefährtin und kraftvolle Stütze zu sein. Freilich konnten die Eheleute keine eigenen Kinder mehr bekommen. Doch zogen sie im Laufe der Jahre vier Pflegekinder auf.

OPFER UND MITLÄUFER ❯ Die folgenden Jahre und Jahrzehnte waren für Wilhelmine Lübke von der Karriere ihres Mannes geprägt, von seinen Erfolgen, aber auch von seinen Rückschlägen. Sie wurden ein Team, das gerade in der NS-Zeit seinen Zusammenhalt unter Beweis stellen musste. Das Leben Wilhelmine Lübkes nachzuerzählen heißt daher vornehmlich, die Karriere ihres Mannes zu referieren: Zunächst blieb das Paar in Berlin. In der Emilienstraße 16 im Stadtteil Marienfelde bauten sie ein kleines Einfamilienhaus. Lübke leitete zu jener Zeit die »Wirtschafts- und Treuhandstelle der deutschen Bauernschaft«. Bereits in dieser Funktion setzte er sich – unter anderem bei Reichspräsident von Hindenburg – für den staatlichen Schutz kleiner Landwirte und Siedler ein. Das brachte ihm, obwohl er zeitlebens konservativen Parteien angehörte, in Kreisen von Großgrundbesitzern und Junkern den Spitznamen »der rote Heinrich« ein – vielleicht auch begünstigt durch sein damals rötliches Haar. Zudem gehörte er dem Verwaltungsrat der »Deutschen Siedlungsbank« an. Mit dem Direktor der »Preußenkasse« Otto Klepper, Mitglied der Deutschen Demokratischen Partei (DDP), verband Lübke eine kollegiale Freundschaft. Diese Verbindung brachte Lübke früh auf die Verfolgungsliste der Nationalsozialisten. Bereits am 1. April 1933 wurde er für einen Tag verhaftet, noch im selben Monat wurde die »Deutsche Bauernschaft« aufgelöst, Lübke verlor seinen Posten in der Geschäftsführung. Nicht restlos geklärt sind bis heute die Hintergründe, die zu Lübkes erneuter Verhaftung führten: Zwei ehemalige

Mitarbeiter der »Deutschen Bauernschaft« denunzierten ihren ehemaligen Geschäftsführer wegen angeblich unzulässiger finanzieller Transaktionen von siebzigtausend Mark, die Lübke 1932 in Abstimmung mit dem damaligen preußischen Finanzminister Otto Klepper in den Wahlkampf zur Wiederwahl Hindenburgs als Reichspräsident hatte fließen lassen. Für die Nationalsozialisten war das ein willkommener Anlass, Lübke einzuschüchtern, der zuvor den Rat seines Freundes Klepper, ins Exil zu gehen, abgelehnt hatte: Am 17. Januar 1934 wurde das Haus der Lübkes in Berlin-Marienfelde durchsucht, am 5. Februar wurde Heinrich Lübke wegen Korruptionsverdachts verhaftet, am 19. März erfolgte seine Kündigung durch den Aufsichtsrat der Siedlungsgesellschaft, am 3. September 1934 begannen die gerichtlichen Untersuchungen. Das Verfahren wurde schließlich wegen mangelnder Beweise eingestellt, Lübke am 11. Oktober 1935 – nach zwanzig Monaten Untersuchungshaft – freigelassen. Diese Angelegenheit hatte noch in Lübkes Amtszeit als Bundespräsident ein Nachspiel: Ein 252-seitiges Gutachten des Bundespräsidialamts sprach 1967 von »einem maßlos aufgebauschten, ungebührlich in die Länge gezogenen Verfahren«[8] und negierte die gesetzliche Zulässigkeit der Verfahrensbegründung. Dem Journalisten Walter Henkels hat Lübke in den 1960er Jahren von seiner Haftzeit erzählt: Er sei im berüchtigten Gefängnis Berlin-Plötzensee eingesessen, seine Zelle habe in der Nähe der Hinrichtungsstätte gelegen. »Das Armesünderglöcklein bei Hinrichtungen, die Autohupe des Scharfrichters, das Schlurfen der Schritte zum Schafott nahmen ihn«, so Henkels, »besonders mit. Als man ihn im Oktober 1935 entließ, war er nur noch ein Skelett. Sein Körpergewicht war während der Haft von neunzig auf neunundfünfzig Kilo gesunken, und das rötliche Haar war schneeweiß geworden. Diese Haftzeit habe das ihre getan, ihn zu dem frommen Menschen zu machen, der er heute ist.«[9]

Das mag verdeutlichen, wie schwer es für Wilhelmine Lübke mitunter war, die Position der »starken Frau« einzunehmen: Gerade in den zwanzig Monaten der Inhaftierung Heinrich Lübkes musste sie Kraft und Nerven beweisen. Nur einmal wöchentlich war es ihr erlaubt, ihren Mann zu besuchen – unter Aufsicht. Zudem musste sie jederzeit mit einer erneuten Hausdurchsuchung rechnen. Auch bedeutete die Entlassung Heinrich

Lübkes aus seinen Positionen eine existenzielle Bedrohung: Nach 1935 vermieteten die Lübkes daher zeitweise ihr Haus in Marienfelde. Sie zogen bis 1937 zu Heinrich Lübkes Bruder Friedrich Wilhelm auf dessen Hof Augaard bei Flensburg. Lübke fand bald wieder berufliches Unterkommen, und zwar als Geschäftsführer der »Niedersächsischen Wohnungsbau- und Siedlungsgesellschaft« in Berlin. Deshalb ging das Ehepaar 1937 wieder zurück in die Reichshauptstadt. Wilhelmine Lübke gab zudem Nachhilfeunterricht. Hierbei nützten ihr nicht nur ihre mathematischen Kenntnisse, sondern auch ihr großes Sprachentalent: Sie beherrschte Italienisch, Spanisch, Englisch und Französisch (und lernte später, als First Lady, sogar noch das Russische). Während des Kriegs wurde Heinrich Lübke Mitarbeiter des Berliner Architekturbüros »Walter Schlempp«, 1944 dessen stellvertretender Leiter. Das Architekturbüro wurde im Jargon des NS-Regimes kurz »Baugruppe Schlempp« genannt. Es arbeitete unter anderem mit dem Reichsministerium für Rüstung unter Albert Speer zusammen und führte staatliche Aufträge aus. Wenig rühmlich ist, dass Schlempps Büro auch Baracken konzipierte, die für Arbeits- und Konzentrationslager bestimmt waren. Speer selbst schrieb in seinen *Spandauer Erinnerungen* (1975), er habe Lübke, da dieser in untergeordneter Stellung war, nur flüchtig gekannt. Lübke sei zudem nur zufällig mit dem Bau von Baracken beauftragt worden. In Lübkes Zeit als Bundespräsident jedoch wurde diese Episode seiner Karriere mehrmals aufgegriffen – zunächst von den Behörden der DDR, denen daran gelegen war, dem Ansehen des Bundespräsidenten zu schaden. Es tauchten auch gefälschte Dokumente auf – in Baupläne von Baracken hatte die Staatssicherheit der DDR Lübkes Unterschrift hineinkopiert –, die wiederum westlichen Medien zugespielt und von diesen dankbar zum Abdruck gebracht wurden. Schließlich wurden diese »Dokumente« jedoch als Fälschungen enttarnt. Eine tatsächliche Mitverantwortung Lübkes beim Bau der Infrastruktur von Konzentrationslagern konnte nie nachgewiesen werden. Wie so oft in der Geschichte lag auch Lübkes Tätigkeit in der Zeit des Nationalsozialismus in einem Graubereich: Er war zeitweise Verfolgter, ansonsten versuchte er in jenen Jahren über die Runden zu kommen und geriet eher unversehens in das Getriebe des menschenverachtenden Systems. Ob man hierbei bereits von

Mitläufertum sprechen kann, ist eine Frage der Sichtweise; ihm Mittäterschaft zu attestieren wäre überzogen. Die Eheleute Lübke flohen schließlich vor den Luftangriffen – das Haus in Marienfelde wurde mehrfach schwer beschädigt. Heinrich Lübke ging zunächst nach Schmöckwitz südlich von Berlin, 1945 nach Höxter an der Weser, wo er weiterhin im Dienst Walter Schlempps stand. Nach dem Krieg konstruierte das »Baubüro Lübke«, wie es sich nun nannte, in Höxter die erste Brücke über die Weser. Bereits 1945 trat Heinrich Lübke der neu gegründeten CDU bei. Wilhelmine Lübke hingegen floh 1944 aus Berlin nach Düsseldorf zu ihrer Schwester, das Kriegsende überdauerte sie in ihrem sauerländischen Geburtsort Ramsbeck, wo sie schließlich wieder mit ihrem Mann zusammentraf.

SPÄTE POLITKARRIERE ❭ Die Berliner Lebensphase war damit zu Ende. Noch ahnte man nichts von der dauerhaften Teilung Deutschlands. Zunächst wollten sich Heinrich und Wilhelmine Lübke eine gesicherte Existenz aufbauen. Das Haus in Marienfelde (das im amerikanischen Sektor Berlins lag) wurde neu errichtet und vermietet. Noch lange träumten die Lübkes davon, eines Tages nach Berlin zurückzukehren – es sollte anders kommen. Die relativ kleine Residenzstadt Bonn wurde 1949 – nicht zuletzt auf Betreiben des ersten Bundeskanzlers Konrad Adenauer – provisorische Hauptstadt der neu gegründeten Bundesrepublik Deutschland. In dieser Republik nahm Heinrich Lübke bald wichtige politische Positionen ein – wie eh und je von seiner klugen und tatkräftigen Frau Wilhelmine unterstützt: Nach einer kurzen Zwischenstation in Münster wurde Heinrich Lübke im Oktober 1946 Mitglied des Landtags in Nordrhein-Westfalen, der noch von der britischen Militärregierung ernannt worden war. Er fungierte wieder als Spezialist für Landwirtschaft, Siedlungswesen und Ernährung und wurde Vorsitzender und Beirat in zwei Landwirtschafts- und Kolonisationsverbänden. Bereits im Januar 1947 wurde er zum Minister für Ernährung in Nordrhein-Westfalen berufen – in den Hungerjahren nach dem Krieg und vor der Währungsreform ein besonders wichtiger Posten. Am 20. April 1947 wurde Lübke bei der ersten freien Landtagswahl in seinem Mandat bestätigt. In den folgenden Jahren lenkte er sein Ministerium mit

Fleiß, Akribie, Umsicht und Mut. Seinem Spitznamen »roter Heinrich« wurde er wieder gerecht, machte er sich doch besonders für die Kleinbauern und Um- und Kleinsiedler stark, während er Großgrundbesitz stark besteuern, teilweise sogar enteignen wollte. Lübke hatte mit seiner Politik Erfolg, er scheute im äußersten Fall nicht einmal davor zurück, zum Hohen Kommissar der Alliierten nach Frankfurt zu fahren, um höhere Lebensmittellieferungen aus den Vereinigten Staaten durchzusetzen. Die Währungsreform vom Juni 1948 schließlich entspannte die Ernährungssituation und trug zur ökonomischen und sozialen Stabilisierung bei.

Im August 1949 gelang Lübke der Sprung in die Bundespolitik: Bei den Bundestagswahlen gewann er ein Mandat. So saß er – das war damals rechtlich noch möglich – zugleich im Landtag in Düsseldorf und im Bundestag im nahen Bonn und hatte weiterhin seinen Ministerposten inne. Das Bundestagsmandat gab er zwar nach einem Jahr wegen Überlastung auf, dennoch war er dem innersten Kreis um Bundeskanzler Adenauer inzwischen wohlbekannt. Heinrich Lübke hatte Gefallen an der »hohen« Politik gefunden: Im September 1953 gelang ihm bei den Bundestagswahlen erneut der Sprung ins Bonner Parlament, und bereits am 20. Oktober berief ihn Konrad Adenauer ins Landwirtschaftsressort seines neuen Kabinetts.

IM BONNER »TREIBHAUS« ❱ Heinrich und Wilhelmine Lübke fanden eine neue Heimat – politisch und privat: Sie bauten am Haager Weg 69 auf dem Venusberg über Bonn ein Haus, das sie bis zu ihrem Tod bewohnen sollten. Die erhöhte Lage über der Regierungsstadt bot zwei Vorteile: Zum einen war das Mikroklima erträglicher als unten im Rheintal, im *Treibhaus,* wie der 1953 erschienene Roman von Wolfgang Koeppen über die Bonner Zustände betitelt ist; zum anderen tat auch der mentale Abstand zum Bonner Treibhaus, zum politischem Geschäft, gut.

Im politischen und gesellschaftlichen Getriebe der Bundeshauptstadt bewährte sich Heinrich Lübke hervorragend (wenngleich er durch seine immense Arbeitswut seine Gesundheit unterhöhlte). Wilhelmine Lübke indes blühte auf – und wuchs bereits als Frau des Bundeslandwirtschaftsministers in die Rolle einer Dame im Licht der Öffentlichkeit hinein. Mit Sorgfalt richtete sie das Haus ein, pflegte vielfältige Kontakte zu Damen

und Herren des gesellschaftlichen Lebens und galt bald nicht nur als eine Frau von hoher Intelligenz und sicherem Geschmack, sondern sogar als die heimliche Strippenzieherin im Leben ihres Mannes. Der Journalist und Intimus in Bonner Angelegenheiten Walter Henkels schrieb kurz nach der Wahl Heinrich Lübkes zum Bundespräsidenten in den *Ruhr-Nachrichten* über die von Wilhelmine Lübke geprägte Privatatmosphäre auf dem Venusberg:
»Es sieht aus wie das westfälische Landhaus eines bemittelten Kleinfabrikanten, der Geschmack hat bis zum Pünktchen, selbst in der Innenarchitektur. Es steht auf einem großen Waldgrundstück, hohe Kiefern, vornehmlich aber auch Birken, Holunder. Das Haus lehnt sich nicht an den Wald an, sondern es steht mitten drin. Eine Grünfläche hat der Gartenarchitekt in das Grundstück hineinkomponiert. Eine Vogeltränke, ein halbes Dutzend Vogelnistkästen an den Stämmen der Kiefern. Jeden Morgen um sechs marschierte Frau Lübke bisher mit nackten Füßen über den grünen Rasen. Es kommt ihr nicht schwer an zu erzählen, wie gut der kühle Tau getan habe, System Kneipp. Sie geniert sich nicht zu berichten, wie gut auch danach noch ein Stündchen Schlaf tat. [...] Viele Blumen sind da. Neben impressionistischen einige moderne Maler: ein Mädchenkopf von Matisse, der Kopf einer Zigeunerin von Otto Pankok. [...] Der Atmosphäre des Lübke-Hauses vermag sich niemand zu entziehen. Auf einem Flügel musizierten sie gelegentlich vierhändig. Der Besucher kramt in einem kleinen Haufen von Büchern, die gerade gelesen werden: der chilenischen Nobelpreisträgerin Gabriela Mistrals Gedichte in spanischer Sprache, *Herbstblätter* von André Gide, Jacob Burckhardts *Weltgeschichtliche Betrachtungen* und de Gaulles Kriegserinnerungen in französischer Sprache. Nicht alles, aber vieles, was über den Lauf der Weltgeschichte gedacht wurde, steht da auf langen Bücherregalen. Frau Lübke hat eine lebhafte Neigung zu historischer Literatur.«[10]
Es war klar: Wilhelmine Lübke dirigierte zunehmend das Leben und die Karriere ihres Mannes, und dass sie in ihrem eigenen Garten frühmorgens barfuß lief, galt im spießbürgerlichen Bonn geradezu als anarchistisch. So war sie auch in der Presse (und der Klatschpresse) gut eingeführt, als vornehme, kluge, machtbewusste, aber eben auch etwas unberechenbare Dame. Als Lübke am 1. Juli 1959 von der Bundesversammlung in Berlin

im zweiten Wahlgang mit der knappen Mehrheit von 526 Stimmen (520 waren erforderlich) gewählt wurde – er setzte sich gegen den Sozialdemokraten Carlo Schmid durch –, war Wilhelmine Lübke persönlich nicht anwesend. Sie verfolgte die Wahl im fernen Bonn über das Radio. Wenige Minuten nach der Bekanntgabe des Ergebnisses rief der neue Bundespräsident sie an. Wilhelmine Lübke war nicht überrascht. Vor allem nicht über ihre eigene Rolle einer First Lady. In einem Interview für die *Frankfurter Allgemeine Zeitung* gestand sie später: »Ich war eigentlich sofort drin.«[11]

KLEINE AFFÄREN ❱ »Drin«: Das war auch wortwörtlich zu nehmen. Wilhelmine Lübke erhielt von Anbeginn ein eigenes Arbeitszimmer im Obergeschoss der Villa Hammerschmidt. Jeden Morgen, nachdem sie barfuß im Garten spaziert war und das Frühstück eingenommen hatte, ließ sie sich vom Chauffeur hinunter an den Rhein bringen. Punkt neun Uhr betrat sie den Amtssitz des Bundespräsidenten und setzte sich in ihrem Arbeitszimmer an den Schreibtisch. Dann begann sie die Post durchzusehen, zu bearbeiten, weiterzuleiten oder zu beantworten. Täglich dreißig bis hundert Briefe erreichten sie. In den ersten Jahren hatte die First Lady noch keine Sekretärin und keine persönliche Referentin. Erst nach wiederholten Protesten Wilhelmine Lübkes – sie drohte, den Haushaltsausschuss mit ihrer Korrespondenz zu belasten – wurde ihr eine Bürokraft zugestanden. Das mag eine Äußerlichkeit sein; dennoch zeigt das, wie sie ihre Rolle als »Amt« verstand und wie sie selbst von Anfang an ihre Position als »Mutter der Nation« definierte. So scheute sie auch nicht davor zurück, eigene Meinungen, auch unbequeme, in die öffentliche Diskussion einzubringen – wenngleich sie schon bald nach ihrem »Amtsantritt« deswegen harsch kritisiert wurde. Auslöser war am 21. September 1959 – erst sechs Tage zuvor war Heinrich Lübke in sein Amt eingeführt worden – eine Rede Wilhelmine Lübkes vor katholischen Studenten aus Indien. Darin brandmarkte sie den Kommunismus als »Hauptfeind des Christentums«[12] und ließ sich zu der missionarischen Äußerung hinreißen: »Ich bin voller Zuversicht, daß der Sieg unser ist, wenn wir all unser Mühen unter das Kreuz Christi stellen.« Sicherlich, es war noch eine Gesellschaft, die sich als durch und durch christlich definierte und der ein Miteinander der Kulturen und Konfessionen noch fremd war. Dennoch war das – auch in den biederkonservativen 1950er Jahren – zu viel der Kreuzzugsmentalität. Der Sozialdemokratische Pressedienst bezeichnete es als »ungewöhnlich, daß unsere First Lady gleich ihre erste Ansprache zu hochpolitischen Gedankengängen benutzte«. Aus Kreisen der SPD wurde zudem kritisch angemerkt, die verstorbene Elly Heuss-Knapp habe »die einer First Lady traditionell gezogenen Grenzen besser zu wahren gewußt als ihre Nachfolgerin«. Das Bundespresseamt ließ daraufhin verlauten, Wilhelmine Lübke habe ihre Ansprache »natürlich als Privatperson« gehalten, denn das Grundgesetz kenne keine Bundespräsidentin. Dennoch lehrte die Realität, dass der Frau des Bundespräsidenten ein großes öffentliches Augenmerk zuteilwurde, sie also daher als öffentliche Person zu betrachten war. Das musste auch Wilhelmine Lübke einsehen. Zwar mokierte sie sich darüber, dass sie als Bürgerin plötzlich keine Meinung mehr äußern dürfe, nur weil sie die Frau des Bundespräsidenten sei, dennoch wurde ihr vom Bundespräsidialamt und auch von Konrad Adenauer nahegelegt, sich in Zukunft mehr Zurückhaltung aufzuerlegen und die Inhalte ihrer Reden mit dem Bundespräsidialamt abzusprechen.

Eine andere »Affäre« mag heute geradezu irrwitzig erscheinen. Sie wirft ein bezeichnendes Licht auf die damals selbstgerechte Verbiesterung mancher Teile der Gesellschaft: Es war – wie erwähnt – ein stillschweigendes Abkommen der Eheleute Lübke, über das wahre Alter Wilhelmines nicht zu sprechen. Sie, die fast zehn Jahre älter als ihr Mann war, fühlte sich ohnehin jünger: geistig und körperlich. Ein Zufall kam ihr zu Hilfe, ihr gefühltes Alter amtlich zu machen: Kurz nach dem Zweiten Weltkrieg benötigte Wilhelmine Lübke eine Personalbescheinigung. Der Beamte vertippte sich und gab ihr versehentlich das Geburtsjahr 1895. Wilhelmine Lübke nahm dieses amtliche »Geschenk« dankbar und stillschweigend an – und sorgte dafür, dass sich der Irrtum beim Ausstellen eines neuen Personalausweises fortpflanzte. Leben und leben lassen: Damit konnte man nicht mehr rechnen; das musste auch Wilhelmine Lübke erfahren. Sie hatte selbst dem Pfarrer ihres Geburtsorts Ramsbeck das Versprechen abgerungen, niemandem Einblick ins Kirchenregister zu gewähren, und den ängstlichen Mann mit der Behauptung beruhigt: »Sie können mir gar nichts tun. Als Frau des Bun-

despräsidenten bin ich immun.«[13] Sie sollte sich irren. Die Angelegenheit sickerte an die Presse durch. Der Chefredakteur des *Stern* Henri Nannen witterte die große Story und bezichtigte Wilhelmine Lübke der »mittelbaren Falschbeurkundung«. Der Staatsrechtler Theodor Eschenburg sprach gar von einer »Falschbeurkundung im Amt«. Insgesamt zehn Bundesbürger ereiferten sich, die alte Dame daraufhin wegen Verstoßes gegen das Passgesetz anzuzeigen. Ein Ermittlungsverfahren wurde eingeleitet, Wilhelmine Lübke zur Vernehmung durch den Bonner Oberstaatsanwalt geladen. Sie war peinlich berührt, sah ihren Fehler ein, nicht aber, dass sie juristisch schuldig geworden sei. »Ich habe doch keinem Menschen Schaden damit zugefügt«, meinte sie kleinlaut. Selbst Bundeskanzler Kurt Georg Kiesinger nahm sich der Sache an und meinte, eine Strafverfolgung der Präsidentengattin sei »schon aus geschmacklichen Gründen« unangemessen. Geschmack freilich ist keine juristische Größe. Indes ging die Sache glimpflich aus: Die Bonner Strafverfolgungsbehörde stellte im November 1968 das Verfahren wegen Verjährung und Geringfügigkeit ein.
Erschrocken zeigte sich Wilhelmine Lübke auch, als der Tierfilmer Bernhard Grzimek ihr 1965 vorwarf, sie begünstige durch das Tragen ihres Leopardenmantels die Wilderei. Das lag ihr fern, nur war das öffentliche Bewusstsein, was Pelze anbelangte, damals noch nicht geschärft.
Nicht immer reagierte sie auf Vorwürfe mit der ihrer Position gebotenen Grandezza. Als 1968 – von der Staatssicherheit der DDR gefälschte – Dokumente auftauchten, die Heinrich Lübkes Rolle in der »Baugruppe Schlempp« aufbauschten, äußerte sich Wilhelmine Lübke gegenüber dem Nachrichtenmagazin *Der Spiegel* recht unbedacht: »Er [Heinrich Lübke] hätte diese Beleidiger verfolgen können, er hätte sie zertreten können, wie man eine schmutzige Kröte zertritt. Aber dazu ist er zu anständig. Anständigkeit – das ist die oberste Devise meines Mannes. Er mußte so viel Unanständigkeit erleben.«[14] Sie mochte in der Sache recht haben, indes war solch eine Wortwahl unklug und undiplomatisch.

GROSSE AUFTRITTE ❱ Solcher Rückschläge und »Affärchen« zum Trotz kreierte Wilhelmine Lübke das Amt der »Präsidentin« – entgegen dem Veto des Grundgesetzes. Sie vollbrachte das mit Klugheit und Zähigkeit, indem sie ihrem Mann eine ständige und beständige Ratgeberin und Begleiterin war. Das machte sich bald bemerkbar: Heinrich Lübke war der Bundespräsident, der im Ausland weit höher geschätzt wurde als von den eigenen Landsleuten. Insgesamt fünfunddreißig Auslandsreisen in seinen zwei Amtsperioden wurden gezählt (meist dauerten sie fünf Tage), davon einunddreißig in außereuropäische Staaten, meist in sogenannte Entwicklungsländer. Ihm war es ein ehrliches Anliegen, die erst jüngst zur Unabhängigkeit gelangten Staaten Afrikas und Asiens, die unter sozialer, wirtschaftlicher und politischer Unterentwicklung litten und zudem eine belastende koloniale Vergangenheit besaßen, als gleichberechtigte Partner anzusehen, ihnen Hilfe zur Selbsthilfe zukommen zu lassen, die Ernährungslage zu verbessern und damit den sozialen Frieden zu sichern; dies nicht nur aus christlich-humanistischen Gründen, sondern auch, um im Gegenzug Deutschlands Ansehen in der Welt, das durch den Nationalsozialismus stark in Mitleidenschaft gezogen war, wieder zu heben.

Heinrich Lübke wurde wegen seiner bisweilen unbeholfenen Auftritte in Ländern Afrikas und Asiens verspottet. Bereits während seiner Amtszeit kursierten Witze, später wurden Mitschnitte seiner Reden und Ansprachen kommerziell vertrieben. Vordergründig als Humor getarnt, ging es in erste Linie um recht billige Zurschaustellung, um Häme auf Kosten nicht nur eines Menschen, sondern einer staatlichen Institution. Erst lange nach seinem Tod wurde offiziell bestätigt, dass er in den letzten Lebensjahren an zerebraler Sklerose gelitten hatte und auch deshalb mancher seiner Auftritte so unglücklich hatte wirken müssen.

Wilhelmine Lübke wusste um die Schwächen ihres Mannes bei nicht im Protokoll vorgesehenen Zwischenfällen und Begegnungen, sie wusste um seine fortschreitende Krankheit, und sie wusste auch ihren Mann zu »dirigieren«, die Aufmerksamkeit der Presse und der Gastgeber auf sich selbst umzuleiten und dadurch das Präsidentenpaar als würdige und respektable Repräsentanten der Bundesrepublik Deutschland erscheinen zu lassen.

Sie war in ihrer Klugheit, ihrem Witz, ihrem geschmackvollen Äußeren, ihrer Rede- und Sprachgewandtheit, ihrem sicheren Auftreten eine First Lady, die selbst im Umgang mit gekrönten Häuptern – etwa der englischen Königin Elizabeth II., dem thailändischen Königspaar Bhumipol und Siri-

kit, dem äthiopischen Kaiser Haile Selassie oder dem persischen Schah Reza Pahlavi – eine »gute Figur« machte, Freundlichkeit und Souveränität ausstrahlte und damit zum wachsenden Ansehen Deutschlands in der ganzen Welt beitrug.
Wenn Wilhelmine Lübke den thailändischen König bei Tafel »nötigte«, seiner Frau Sirikit vor allen Staatsgästen ein Kompliment zu ihrer Schönheit zu machen, empfanden das die Gastgeber nicht als Aufdringlichkeit oder Verletzung der Etikette, sondern als natürliche Nonchalance. Wilhelmine Lübkes Umgang mit Queen Elizabeth und Prinz Philip bei deren Staatsbesuch in Deutschland im Jahre 1965 (immerhin die erste offizielle Visite der Königin im Land der einstigen Feinde) war so unkompliziert und herzlich, dass die Queen das Präsidentenpaar sogar zu einem privaten Gegenbesuch nach London einlud.

DIENST AM MENSCHEN ❱ Wilhelmine Lübke war nicht nur eine First Lady der Repräsentation. Wie ihre Vorgängerin engagierte sie sich im sozial-karitativen Bereich. So übernahm sie den Vorsitz des von Elly Heuss-Knapp ins Leben gerufenen Müttergenesungswerks und begründete damit eine Tradition: Seither haben alle First Ladys diese ehrenamtliche Aufgabe übernommen; es ist ein ungeschriebenes Gesetz geworden.
Wilhelmine Lübke beschritt aber auch eigene, ganz persönliche Wege auf sozialem Gebiet: Sie gründete 1962 gemeinsam mit ihrem Mann das Kuratorium Deutsche Altershilfe (KDA), das als Stiftung nach ihr benannt wurde. In einer Zeit, als es noch einen Kinderboom gab und die Altersstruktur in Deutschland noch ganz anders war, erkannte sie, wie wichtig es ist, alten Menschen ein würdiges Dasein zu ermöglichen. Sie sollten nicht einfach nur in Heime »abgeschoben« werden, nach Wilhelmine Lübkes Auffassung war es sinnvoller und menschenfreundlicher, ihnen ein möglichst langes, selbstbestimmtes Leben in ihrer gewohnten Umgebung zu bieten. Die Ideen für »Essen auf Rädern« und für Kurzzeit- und Tagespflege gingen auf Wilhelmine Lübke zurück. Zudem engagierte sich die First Lady in der »Aktion Gemeinsinn« – einer Vereinigung unabhängiger Bürger für mehr bürgerschaftliches und politisches Engagement –, im Fonds »Hilfe in der Not« und im Kinderhilfswerk UNICEF.

Doch nicht nur als Schirmherrin oder Vorsitzende zeigte Wilhelmine Lübke Einsatz. Sie wollte auch direkt Hilfe leisten: Jahrelang arbeitete sie sonntags ehrenamtlich als Schwester in einer Kinderstation der Universitätsklinik Bonn – und trug dazu bei, dass sich mehr junge Frauen für diesen Beruf interessierten. Über diese Tätigkeit meinte sie: »Ich dachte, ich müsse mit gutem Beispiel vorangehen und habe dann acht Jahre lang in einer Klinik am Sonntag Dienst gemacht. Das war ein persönliches Opfer, denn Sonntag war der einzige Tag, an dem ich für meinen Mann wirklich Zeit hatte. Ich mußte früh aufstehen, denn bevor ich ins Krankenhaus ging, besuchte ich noch die Messe.«[15]

Ihr Motto war: »Wer sich um andere kümmert, hat keine Zeit, alt zu sein.«[16] Besonders in den letzten Amtsjahren ihres Mannes, als er geistig und körperlich sichtlich abbaute, wurde sie als seine Begleiterin, Beraterin und Stütze immer wichtiger. Rücktrittsforderungen an ihn wies er vehement zurück, auch unter dem Einfluss seiner Frau. Der CDU-Politiker Heinrich Krone bedauerte bereits 1967, dass Wilhelmine Lübke ihren Mann so »halte und treibe«, und meinte, es wäre besser, »sie gingen beide«.[17]

1969 endete Lübkes Amtszeit. Ihm folgte der erste Bundespräsident aus den Reihen der SPD, Gustav Heinemann. Die Lübkes zogen sich in ihr Haus auf dem Venusberg oberhalb Bonns zurück, zeitweise wohnte der Altbundespräsident auch in einer Dreizimmerwohnung im Elternhaus in Enkhausen. Er starb am 6. April 1972 und wurde in seinem Heimatdorf im Sauerland beigesetzt. In seiner Abschiedsrede auf den Altbundespräsidenten hob Bundestagspräsident Kai-Uwe von Hassel nicht nur dessen Verdienste, sondern auch die von Wilhelmine Lübke hervor: »Diese Stunde des Abschieds wäre unvollkommen, wenn wir nicht unsern Dank, unsern Respekt und unsere Hochachtung, Ihnen, Frau Lübke, bezeugen würden. Auch Sie haben Ihre ganze Kraft und Ihren Beistand gegeben für die drückende Bürde der Aufgabe, die Sie beide als eine gemeinsame verstanden und bewältigt haben. [...] Im In- und Ausland haben Sie an der Seite Ihres Mannes für unser Land gewirkt und Sie waren dabei tapfer und selbstlos.«[18]

Selbst Lübkes politischer Gegner bei der Bundespräsidentenwahl von 1959 Carlo Schmid äußerte sich in seinen Lebenserinnerungen voller Hochachtung über das Paar: »Heinrich Lübke und seine Frau [...] haben ein Stück

Deutschland vergegenwärtigt, das ehrenwert ist.«[19] Bundespräsident Heinemann verlieh Wilhelmine Lübke sogar das Großkreuz des Bundesverdienstordens.

DIE GRANDE DAME BONNS ❱ Mit dem Wechsel im Bundespräsidialamt endete die »wilhelminische« Ära. Keine First Lady vor oder nach Wilhelmine Lübke hat diese Position ohne Amt derart mit Glanz und Glamour versehen und repräsentiert. Nach dem Tod ihres Mannes lebte sie weiterhin auf dem Venusberg, ihrem hohen Alter entsprechend ruhiger, aber keineswegs zurückgezogen. Noch immer galt sie im gesellschaftlichen Leben Bonns als eine Größe. Sie lud weiterhin Damen der Gesellschaft zu Teekränzchen und zum Bridge ein, besuchte Konzerte, Theateraufführungen, Vernissagen, war manchmal auch bei zwei Veranstaltungen an einem Abend zu sehen. Und sie ließ sich alljährlich beim Bundespresseball blicken. Noch als Neunzigjährige tanzte sie auf dem Ball und reagierte verschnupft, als der Kapellmeister, der bemerkt hatte, dass die ehemalige First Lady auf der Tanzfläche erschienen war, einen betont langsamen Tanz dirigierte. »Wissen Sie«, gestand sie in einem Interview für den *Bayern-Kurier* vom 10. Mai 1975, »es ist bei mir so: wenn ich in den Zeitungen lese, wie alt ich bin, denk ich: Nö, so alt bin ich gar nicht. Ich ärgere mich heute noch, wenn man über mein Alter spricht, ich spüre es ja, ich bin es wirklich nicht.«[20] Wilhelmine Lübke, die Grande Dame Bonns, starb am 3. Mai 1981 in ihrem Haus, wenige Tage vor ihrem sechsundneunzigsten Geburtstag. Sie wurde im Familiengrab der Lübkes in Enkhausen beerdigt. Dort besteht seit 1975 auf Betreiben Wilhelmine Lübkes das Heinrich-Lübke-Haus (im ehemaligen Schulhaus), ein kleines Museum zur Erinnerung an den Bundespräsidenten. Es ist heute, gemessen an der Besucherzahl, eines der am stärksten bezuschussten Museen Deutschlands. Nur noch rund dreihundert Besucher pro Jahr »verirren« sich dorthin. Das mag auch mit seiner abseitigen Lage fern der großen Touristenströme zusammenhängen, aber auch damit, dass Heinrich Lübke heute aus dem Gedächtnis vieler Bürgerinnen und Bürger schlicht verschwunden ist. Bereits in seinen letzten Jahren stand er im Schatten: der Zeiterscheinungen, die an ihm vorübergingen, seiner Krankheit, aber auch seiner agilen, klugen und glanzvollen Frau Wilhelmine.

Hilda Heinemann

1896–1979

Hilda Heinemann, die Nachfolgerin Wilhelmine Lübkes, mochte es nicht, als First Lady bezeichnet zu werden. Sie sah sich und ihre Aufgabe an der Seite ihres Mannes Gustav Heinemann ähnlich wie dieser: Er legte Wert darauf, als »Bürgerpräsident« gesehen zu werden. Auf die Frage der Presse, wie es sich »im Ruhm« lebe, antwortete Hilda Heinemann entschieden: »Setzen Sie statt Ruhm die Formulierung: Herausstellen aus dem üblichen Rahmen. Ich weiß, daß alles, was man hier tut, Aufgabe ist, und es liegt im freien Ermessen, sie anzunehmen oder nicht. Ich sehe mein Leben hier unter dem Gesichtspunkt, daß ich von einer anderen, neuen Ebene aus gefordert werde. Dem Wunsch einiger Bevölkerungskreise, ein Idol darzustellen, kann ich nicht nachgeben. Leitbilder müssen sein, doch von Idolen halte ich grundsätzlich nichts.«[1]
Das hatte nichts mit falscher Bescheidenheit oder gar Scheu zu tun. Im Gegenteil: Hilda Heinemann galt als aufgeschlossen, sie schrak nicht davor zurück, eine Bundespräsidentenfrau zum Anfassen zu sein. »Staatssekretär ehrenhalber« nannte Gustav Heinemann sie mit einem Schmunzeln, aber auch mit Hochachtung. Sie besuchte in den fünf Jahren der Amtszeit ih-

res Mannes vor allem die Benachteiligten, die am Rande der Gesellschaft standen. Sie ging dorthin, wo keine heile Welt war, wo der Sozialstandard des Wirtschaftswunders Deutschland versagte, wo es nichts zu repräsentieren gab. Von Kritikern wurde das als »linke Masche« verunglimpft. Das war Hilda Heinemann egal. »Ich bin, wie ich bin«,[2] war eines ihrer Mottos, ihrer Selbstvergewisserungen. Was sie als richtig erkannt hatte, setzte sie sich zum Ziel, auch gegen Kritik und Unverständnis. Darin glich sie ihrem Mann, der ebenso wie sie in seinen Grundsätzen, seinen christlich-humanistischen Überzeugungen, die keine bürgerlichen Konventionen achteten, nicht wankte, wenn diese vor dem Gewissen als richtig erkannt worden waren. Darin ähnelten sich Hilda und Gustav Heinemann sehr: Sie beide begriffen sich nur als vor ihrem Gewissen und vor Gott verantwortlich, das war für sie im ureigentlichen Sinn die Freiheit eines Christenmenschen. Anders als ihr Mann war es Hilda Heinemann jedoch gegeben, unverkrampft auf andere Menschen zuzugehen, auch ihrem Wesen fremden und befremdlichen Verhältnissen und Angelegenheiten. Sie zeigte spontan Regungen und Gefühle und wusste das in ihren Herzensangelegenheiten, die sie als First Lady verfolgte, intuitiv einzusetzen. Gustav Heinemann hingegen war und blieb ein Präsident mit integrer Vergangenheit, lautersten Überzeugungen, vornehmster Haltung – doch immer auch ein wenig in der Reserve, in scheinbarer Distanz. Dabei war er für die, denen er sich geöffnet hatte, ein treuer Freund, bedingungslos und ohne Argwohn. Gefühliges war seinem Wesen fremd. Darin war er zu sehr Jurist, Politiker und dem Wort vermählter Protestant.

EINE BÜRGERLICHE HANSEATIN ❱ Dass die Eheleute Heinemann bei aller Ähnlichkeit und über Jahrzehnte gewachsener Nähe in manchem verschieden waren, war kein Manko, kein Hindernis, sondern eine sinnvolle und spannende Ergänzung, auch in den Jahren in der Villa Hammerschmidt. Gustav Heinemann war der Präsident, der in innenpolitisch schwierigen Jahren mahnend, ausgleichend, nüchtern, pragmatisch, vernunftorientiert wirkte – auch auf politische Gegner und ideologisch Andersdenkende. Hilda Heinemann hingegen stand für die Rückseite dieser präsidialen Medaille: Sie war das emotionale Gewissen, die Mildtätigkeit, auch die christliche Barmherzigkeit – und dass sie das vorlebte, erhöhte sie über Kritiker, die darin etwas Altmodisches, Überlebtes, Unzeitgemäßes argwöhnten. Gleichwohl war ihr alle Sentimentalität fremd, dazu war sie zu sehr bürgerliche Hanseatin.

Tatsächlich verwies ihre Herkunft auf ein Leben »à la Buddenbrooks«. Dass Hilda Heinemann, geborene Ordemann, sich diesem spätbürgerlichen Komplex entziehen konnte und als selbstbestimmte Frau den Aufbruch in eine neue Zeit wagte, ist nicht das kleinste Verdienst dieser lebensmutigen, lebenszugewandten Frau. Geboren wurde sie am 15. September 1896 in Bremen als zweites von drei Kindern Johann Anton und Hanna Ordemanns. Hildas Mutter war eine geborene Rohr, Tochter des Münsterpfarrers in Bern in der Schweiz. Von mütterlicher Seite scheint Hilda Ordemann auch das zeitlebens wache Interesse für Glaubensfragen mitbekommen zu haben; von väterlicher Seite hingegen bürgerlich-kaufmännische Eigenschaften wie Fleiß, Sparsamkeit, Beharrlichkeit und hanseatisches Understatement.

Wie auch in der von Thomas Mann fiktiv gestalteten Familie der Buddenbrooks neigte die große Handelszeit der Ordemanns dem Ende zu. Anstelle des merkantilen Einsatzes im Getreidehandel, der die Familie wohlhabend gemacht hatte, traten immer mehr geistige Betätigungen. Hilda interessierte sich früh für protestantische Theologie. Herausfordernd wirkte auf sie das Engagement der um zwei Jahre älteren Schwester Gertrud. Diese verstand Glauben als sozialen und politischen Auftrag. Früh engagierte sie sich in religiös fundierten sozialistischen Kreisen und arbeitete später in der Gefangenenseelsorge. Von ihr wurde die jüngere Hilda, die als Heranwachsende noch sehr angepasst und ängstlich wirkte, deutlich beeinflusst – auch auf ihrem späteren Lebensweg.

Lange wagte sich Hilda Ordemann nicht aus dem Schatten ihrer Erziehung und der gesellschaftlichen Konvention heraus. Bis zur zehnten Klasse besuchte sie in Bremen eine Privatschule für »höhere Töchter«. Anschließend sollte sie ein sogenanntes Pensionat besuchen – ein Dasein als Ehe- und Hausfrau war vorgesehen und zugestanden, mehr nicht. Dann brach der Erste Weltkrieg aus. Frauen wurden in der heimischen Kriegswirtschaft benötigt, aber auch als Krankenschwestern und Hauswirtschaf-

terinnen. Der Krieg öffnete ihnen – so makaber das klingen mag – manche Tür. Hilda Ordemann besuchte anderthalb Jahre lang das Töchterheim der Mathilde-Zimmer-Stiftung in Kassel, eine Ausbildungsstätte für protestantische Mädchen.
In Hilda Ordemann reifte der Entschluss, das Abitur nachzuholen und Lehrerin zu werden. Sie zog nach Bremen zurück und bereitete sich privat auf die gymnasiale Oberstufe vor. Ab 1916 besuchte sie – mit Sondergenehmigung – als eines von drei Mädchen ein humanistisches Knabengymnasium in Bremen; 1918 machte sie das Abitur. Die Wirren und Unsicherheiten der Nachkriegszeit verhinderten, dass sie ohne Umschweife ein Studium aufnehmen konnte. Erst 1921 – sie war bereits fünfundzwanzig Jahre alt – schrieb sie sich in München in den Fächern Germanistik und Geschichte ein. 1922 wechselte sie nach Marburg. Dort kam sie in Kontakt zu dem bedeutenden Theologen Rudolf Bultmann. Dieser vertrat die Lehre, der Glaube an Gott solle den Menschen von Ängsten befreien, der Mensch sei von Gott dazu bestimmt, ein unabhängiges, vernunftorientiertes Wesen zu sein. Dieses Versprechen von Freiheit passte in die gesellschaftliche Aufbruchsstimmung der Weimarer Republik. Auch Hilda Ordemann begann, sich als Frau zu begreifen, die zwar vor Gott in Verantwortung stand, aber ansonsten dazu berufen war, frei und selbstbestimmt ihren eigenen Weg zu gehen. Das hatte nichts mit individualistischer Selbstverwirklichung zu tun, wie sie heute vielfach falsch verstanden und einseitig ausgelebt wird. Sie begriff ihr eigenes Leben und Wirken in der Bindung an Gott stets als ein Dasein der Verantwortung und Achtung vor anderen Menschen.
Hilda Ordemann lernte Gustav Heinemann bei einer studentischen Adventsfeier im Dezember 1922 kennen: »Das war in Marburg. Mein Mann war gerade fertig mit seinem juristischen Referendar und ich noch mitten in meinem Studium. Die Studenten trafen sich mal hier, mal dort, wie das so üblich ist. Und bei einer solchen Gelegenheit beggnete ich meinem Mann, und zwar bei einer Adventsfeier. Wir waren damals noch in einer so nostalgischen und romantischen Zeit, da organisierte man Adventstreffen und jeder bekam eine Kerze, und die, die entsprechende Kerzen hatten, die setzten sich zusammen. Und so war das Schicksal dann besiegelt durch die beiden Kerzen.«[3]

DIE BÜRGERLICHE PFLICHT ZUM UNGEHORSAM ❱ Gustav Heinemann war drei Jahre jünger als Hilda. Er wurde am 23. Juli 1899 in Schwelm bei Wuppertal geboren. Anders als der wertkonservative Lübke wuchs Heinemann in einer Atmosphäre des demokratischen Republikanismus auf. Sein Vater war ein Selfmademan, der sich vom Kontrolleur bei der Sparkasse bis zum Prokuristen beim Stahlkonzern Krupp in Essen hocharbeitete. Der Großvater war Dachdeckermeister, dessen Vater wiederum einer der führenden Aktivisten der bürgerlichen Revolution von 1848/49. Von dessen Leben und Idealen war in der Familie oft und gern die Rede. Gustav Heinemann bekam den republikanischen Gedanken, auch die bürgerliche Pflicht zum Ungehorsam gegen einen totalitären Staat und zur Wachsamkeit gegenüber jeglicher Form staatlicher Bevormundung früh vor Augen geführt. Aufsässigkeit galt in der Familie geradezu als Tugend: Der Vater steckte dem fünfjährigen Sohn Gustav einmal einen Taler zur Belohnung zu, als der eine Fensterscheibe eingeworfen hatte, und schärfte ihm ein, sich im Leben niemals vor Vorgesetzten zu beugen: »Er ist ein Mensch wie du.«[4] Sein Verhältnis zu Institutionen jeglicher Art und zum Staat im Besonderen blieb kritisch-distanziert, selbst als Bundespräsident – was ihn für viele Menschen aus dem rechten Spektrum so schwer einschätzbar und suspekt machte. Als er als Bundespräsident einmal gefragt wurde, ob er diesen Staat nicht liebe, antwortete er ehrlich und etwas ungehalten: »Ach was, ich liebe keine Staaten, ich liebe meine Frau; fertig!«[5]

Gustav Heinemann wuchs in Essen auf. Die soziale Frage, die Not der Arbeiterschaft in der großen Industriestadt, wurde ihm früh bewusst. 1917 machte er das Abitur, wegen eines Herzklappenfehlers musste er nicht mehr in den Krieg ziehen. Stattdessen begann er ein Studium der Politikwissenschaften und der Rechte in Marburg und Münster und schloss 1921 und 1929 in beiden Fächern mit dem Doktorgrad ab.

Es folgte eine steile Karriere: Nach seiner Zulassung als Anwalt führte er eine eigene Kanzlei in Essen. Diesen Schritt begründete er mit seinem Charakter: »Ich tauge nicht zum Beamten [...] Vorgesetzte habe ich nie gut vertragen können, auch in der Schule nicht in der Person der Lehrer. Frei sein und selbständig sein.«[6] 1929 wurde er Justiziar und Prokurist der Rheinischen Stahlwerke, von 1936 bis 1949 war er Mitglied des Vorstands,

schließlich sogar Leiter der Hauptverwaltung. Nebenbei hatte er Lehraufträge für Bergrecht und Wirtschaftsrecht an der Universität Köln. 1946 wurde er von den Alliierten zum ehrenamtlichen Oberbürgermeister der Stadt Essen berufen, 1947/48 war er Justizminister von Nordrhein-Westfalen und seit 1949 für die CDU Mitglied des Bundestags.
Der evangelischen Kirche stand Gustav Heinemann anfänglich gleichgültig gegenüber. Überliefert ist die Frage eines der kleinen Heinemann-Kinder: »Gehen eigentlich bloß Mütter in die Kirche?«[7] Im Laufe der Jahre fand er zu einem aktiv gelebten und gestalteten Glauben innerhalb der evangelischen Kirche – und wurde schließlich zu einem ihrer wichtigsten Funktionäre: So war er 1933 bis 1948 Presbyter in seiner Heimatgemeinde in Essen, in der Zeit des Nationalsozialismus Mitglied von Karl Barths »Bekennender Kirche«, von 1937 bis 1950 Ortsvorsitzender des »Christlichen Vereins Junger Männer«, nach dem Zweiten Weltkrieg, von 1945 bis 1955, Präses der Evangelischen Kirche Deutschlands (und als solcher mitverantwortlich für das »Stuttgarter Schuldbekenntnis« vom 18. Oktober 1945) und von 1948 bis 1961 sogar Mitglied der internationalen Kommission beim Weltkirchenrat.

»WIR LAUFEN AUF EINEM GLEIS« ❱ Gustav Heinemann hätte diese Karriere nie führen, diese Vielzahl von Ämtern und Positionen nie ausüben können, wäre nicht seine Frau an seiner Seite gewesen. Ähnlich wie Wilhelmine Lübke verzichtete auch Hilda Heinemann auf einen eigenen beruflichen Weg. Während ihre Vorgängerin immerhin etliche Jahre im Lehrerinnenberuf hatte tätig sein können, legte Hilda Heinemann zwar noch das Examen ab, ging aber nicht in den Schuldienst. 1926 heirateten Hilda und Gustav Heinemann. Zwischen 1927 und 1936 kamen die vier Kinder zur Welt: die Töchter Uta, Christa und Barbara und der Sohn Peter. Über ihre Ehejahre äußerte sich Hilda Heinemann später recht knapp. »Wir laufen auf einem Gleis«[8], so beschrieb sie die eheliche Harmonie. Mehr war dazu nicht zu sagen, nicht für sie. Ihr Dasein als Ehefrau und Mutter nahm sie hin, ohne es zu hinterfragen. Darin schien sie sogar konservativer zu sein als die fünfzehn Jahre ältere Elly Heuss-Knapp. Bescheidenheit, Pflichterfüllung, auf dem Posten stehen – das waren bürgerliche, protestantische,

hanseatische Tugenden und Wesenszüge, die Hilda Heinemann so verinnerlicht hatte, dass sie sich ihnen erst gar nicht »unterwerfen« oder sich dadurch beengt fühlen musste.
Spät – da war sie bereits First Lady – offenbarte sie sich in Gesprächen mit ihrer persönlichen Referentin Ruth Bahn-Flessburg. Ihr gestand sie: »Wir haben beide um die Gleichberechtigung gekämpft und sind jeder auf seinem Gebiet Sieger geblieben.«[9] Hilda Heinemann hatte ein anderes Verständnis von Gleichberechtigung. Für sie war das kein Begriff, der den Beruf von Mutter und Hausfrau verächtlich ausklammerte oder hintanstellte. Es ging ihr immer um innere Freiheit, um Gleichberechtigung als mündige Bürgerin und gläubige Christin, und das an der Seite eines ähnlich denkenden Mannes. Insofern waren für sie Selbstverwirklichung und Ehe keine Antagonismen.
Sie hat das durch eine Weisheit aus dem Talmud bekräftigt: »Gott hat die Frau nicht aus des Mannes Kopf geschaffen, daß er ihr befehle, noch aus seinen Füßen, daß sie seine Sklavin sei, vielmehr aus seiner Seite, daß sie seinem Herzen nahe sei.«[10] Beide Eheleute haben das so gesehen und empfunden. So auch ist die große Harmonie zu verstehen, die vielen Zeitgenossen, Freunden und Wegbegleitern, bei Gustav und Hilda Heinemann immer aufgefallen ist.
Sosehr Hilda Heinemann in ihrem Leben als Mutter aufging: Mit dem Haushalt konnte sie sich nie identifizieren. Zu groß waren ihre geistigen und künstlerischen Interessen. Sie las weiterhin viel über Theologie und war eine Liebhaberin moderner Literatur und Kunst. Sie versuchte sogar ihrem Mann die Literatur der Gegenwart nahezubringen – ohne Erfolg. Er bevorzugte Fachliteratur über Theologie und Geschichte. Und sie spielte Klavier (was sie in der NS-Zeit sogar konspirativ einsetzte). Für die Gattin eines Vorstands der Rheinischen Stahlwerke freilich schickte es sich, eine Haushaltshilfe zu haben. Anders als man von einem Industriemanager erwartet hätte, legte der gut verdienende Gustav Heinemann – und ebenso seine Frau – keinen Wert darauf, in Immobilien zu repräsentieren. Zwar wurde die Wohnung mit schönen Möbeln und Bildern gestaltet, aber über die Jahrzehnte lebte die Familie in einer gewöhnlichen Mietwohnung in der Essener Schinkelstraße 34. Selbst als Bundesminister hatte Gustav Hei-

nemann in Bonn nur ein Zimmer und pendelte am Wochenende nach Hause in die vertraute Arbeiter- und Industriestadt Essen. Erst als Präsidentenpaar zogen Hilda und Gustav Heinemann für fünf Jahre in die Villa Hammerschmidt, um 1974, nach dem Ausscheiden Heinemanns aus dem höchsten Staatsamt, wieder in die Essener Schinkelstraße zurückzukehren. Der Biograf Joachim Braun beschrieb 1972 die Mietwohnung der Heinemanns:

»Die Schinkelstraße ist eine ruhige, baumbewachsene Seitenstraße, nicht weit von der Essener Altstadt, mit geräumigen, nicht eben eleganten Wohnhäusern aus den 1920er Jahren. Das Haus Nr. 34 unterscheidet sich von den umliegenden allenfalls dadurch, daß der graue Putz noch etwas dunkler ist [...]. Von innen ist das Haus allerdings freundlich und hell, seine Einrichtung von behaglicher, gediegener Eleganz. Auf die künstlerischen Neigungen der Hausfrau verweisen die Bilder an den Wänden, darunter Lithographien von Chagall und Picasso. Sehenswert ist Heinemanns Bibliothek. Sie enthält politische Literatur von Tocqueville bis zu Willy Brandt und Rainer Barzel, auch eine wertvolle Sammlung von Originalschriften aus der Frühzeit der Sozialdemokratie, ferner viel Historisch-Biographisches und eine umfangreiche theologische Abteilung. Bibliophile Neigungen des Hausherrn verraten die vielen alten Ausgaben, darunter Erstdrucke von Melanchthon und Erasmus von Rotterdam, von J. J. Moser, Schiller, Jean Paul [...].«[11]

ENGAGEMENT IN DER »BEKENNENDEN KIRCHE« ❱ Die engagierten Christen Hilda und Gustav Heinemann verstanden sich in der NS-Zeit als Gegner des Regimes und fanden sehr bald Anschluss an Karl Barths »Bekennende Kirche«, der im Gegensatz zur staatstreuen Kirche der »Deutschen Christen« im Untergrund agierenden Sektion der protestantischen Christen. Die »Barmer Erklärung«, 1934 bei der Synode der »Bekennenden Kirche« in Barmen beschlossen, verdeutlichte die Abgrenzung zur Ideologie der Nationalsozialisten und zur laxen und anbiedernden Haltung der »Deutschen Christen«: »Wir verwerfen die falsche Lehre, als gäbe es Bereiche unseres Lebens, in denen wir nicht Jesus Christus, sondern anderen Herren zu eigen wären.«[12]

Im Keller der Heinemanns in der Essener Schinkelstraße wurden sogar die *Grünen Blätter*, das Mitteilungsblatt der Vereinigung, gedruckt – eine äußerst gefährliche Angelegenheit, zumal in einem Mietshaus, wo man nie sicher vor neugierigen Augen und Ohren sein konnte. Gustav Heinemann verwahrte den Schlüssel in einem Schrank, an den zu gehen er seinen Kindern verboten hatte. Uta Ranke-Heinemann zitiert eine Erinnerung Inge Deutschkrons an die »Druckerei Heinemann«: »Eine Zeitlang wurden im Keller des Hauses Heinemann illegale Schriften vervielfältigt und versandfertig gemacht. Diese *Briefe zur Lage*, auch *Grüne Blätter* genannt, waren der Gestapo ein Dorn im Auge. Haussuchungen und Verhöre der Redakteure führten dazu, daß die Arbeit an den *Grünen Blättern* ihren Herstellungsort ständig wechselte. So landeten sie eines Tages im Keller des Hauses Heinemann. [...] Wollten die Hersteller der *Blätter* den Apparat benutzen, stellten sie am Telefon eine unverfängliche Frage, etwa, ob sie vielleicht am Abend bei Heinemanns ein bißchen Klavier spielen dürften?«[13]

»Einer dieser angeblichen Klavierspieler«, so gab es Uta Ranke-Heinemann nach ihrer eigenen Erinnerung wieder, »war Pfarrer Disselhoff, aber während er im Keller druckte, spielte meine Mutter oben im Wohnzimmer das Regentropfen-Präludium von Chopin. Jetzt verstehe ich auch, warum sie abends so oft das Regentropfen-Präludium spielte. Als Erkennungsmelodie für Eingeweihte, die am Haus vorbeigingen – und dann reinkamen [...]«[14]

Zweimal entgingen die Heinemanns glimpflich der Aufdeckung: Einmal klingelte der Gasmann, um die Gasuhren im Keller abzulesen. Hilda Heinemann reagierte geistesgegenwärtig und meinte, sie habe den Kellerschlüssel verlegt, er möge nachmittags wiederkommen. In der Zwischenzeit wurde der Vervielfältigungsapparat fortgeschafft. Ein andermal erfuhr Uta Heinemann von einer Schulfreundin, Tochter eines NSDAP-Funktionärs, deren Vater sei dabei, herauszubekommen, was sich bei Heinemanns abspiele. Aus der Schule zurück, erzählte Uta das ihren Eltern, die reagierten sofort und ließen alle verfänglichen Unterlagen verschwinden.

Hilda Heinemann, so Uta Ranke-Heinemann, war eine mutige Frau: Sie habe immer bis spät in der Nacht die konspirativen Aktivisten im Keller geholfen und sie auch mit Kaffee versorgt. Im März 1943 wurde das Haus in Essen von einer Bombe getroffen, Hilda Heinemann zog daraufhin mit den vier Kindern nach Langenberg. 1945 gingen sie nach Winterberg, wo sie im Gartenhäuschen der blinden Großmutter Hanna Heinemann unterkamen. Dort überdauerten sie das Kriegsende und die Wirren danach. »Übrigens, einmal«, so Uta Ranke-Heinemann im Rückblick, »[...] hat meine Mutter uns mit ihrem Englisch gerettet. [...] eines Nachts um 12 Uhr schlugen amerikanische Gewehrkolben an die Fenster, und Soldaten riefen: ›Fräulein und Schnaps.‹ Wir schreckten aus dem Schlaf hoch, meine Mutter zog sich einen Mantel über ihr Nachthemd und rief auf Englisch: ›Think of your own mother and let me alone with my children.‹ Dank dieser Kurzpredigt meines tapferen Mütterchens, gehalten in ihrer [der Soldaten] Muttersprache, dachten die Soldaten an ihre Mutter und ließen uns unsere Jungfräulichkeit.«[15]

POLITIK DES GEWISSENS ❱ Nach dem Krieg kehrten die Heinemanns nach Essen zurück. Hilda Heinemann griff wieder ihr gewohntes Leben auf, wenngleich die Kinder langsam flügge wurden. Tochter Uta studierte Theologie, konvertierte zum Katholizismus (was von den Eltern akzeptiert wurde), strebte eine universitäre Karriere an. Gustav Heinemann startete seine Politkarriere, auch jetzt konnte er auf seine Frau zählen. Sein Weg war keineswegs bequem. Und auch er war nicht bequem. Sein soziales und christliches Gewissen ging ihm über Parteidisziplin, Politikgemauschel und Taktiererei. Damit machte er sich nur wenige Freunde, oftmals Gegner, die ihn achteten, aber auch immer wieder Feinde. Sein Verhältnis zu Konrad Adenauer war angespannt, da er dessen Pläne zur Wiederaufrüstung ablehnte. Überhaupt leitete Gustav Heinemann seine politischen Ansichten zusehends aus seinen festen religiösen Überzeugungen ab. So wurde er ein glühender Pazifist (in einer Zeit des sich verfestigenden Kalten Kriegs), ein Befürworter der Gespräche zwischen Ost und West (notfalls unter Einführung einer politischen Neutralität) und der kritischen Aufarbeitung der nationalsozialistischen Vergangenheit. In den 1960er Jahren, als Studentenunruhen und APO die verkarsteten gesellschaftlichen Strukturen erschütterten, setzte er sich für eine Öffnung der Gesellschaft und für Gespräche mit der APO ein und war als Bundesjustizminister für die Novellierung der Strafgesetzgebung verantwortlich (die eine Reihe von Straftatbeständen, etwa die Homosexualität zwischen erwachsenen Männern, abschaffte). Er warb für mehr bürgerliche Eigenverantwortung und Freiheit, forderte eine klare Trennung von Kirche und Staat und war stets ein Mann, der anstelle von staatlichen Restriktionen für den offenen Diskurs in einer freiheitlichen Demokratie warb.

Seine Suche nach einer politischen Heimat ließ ihn 1952 die CDU verlassen. Im selben Jahr gründete er zusammen mit Helene Wessel die liberale, pazifistische »Gesamtdeutsche Volkspartei«, die jedoch bei den Bundestagswahlen erfolglos blieb und 1957 wieder aufgelöst wurde. Einige ihrer Mitglieder fanden eine neue Heimat in der SPD, so auch Gustav Heinemann. »Wer Christ ist, ist auch sozial eingestellt. Je größer die allgemeine Not, um so größer muß die soziale Verpflichtung der begüterten Schichten sein«[16], schrieb er einmal. Aus dem Christdemokraten, der sich immer an dem »C« im Parteinamen gestört hatte (gerade weil er als christlicher Aktivist Politik und Glauben auseinanderhalten wollte), war ein bürgerlicher, protestantischer Sozialdemokrat geworden. Nicht zuletzt Gustav Heinemann war es, der die SPD zu einer »bürgerschaftsfähigen« Partei machte, die sich unter seiner Mitarbeit am Godesberger Programm von 1959 zur Mitte hin öffnete und viel von ihrer Hemdsärmeligkeit und Beschränktheit einer reinen Arbeiterpartei verlor.

1969 stand ein Wechsel im Bundespräsidialamt an: Auf Druck der großen Parteien sollte Heinrich Lübke sein Amt zehn Wochen früher aufgeben, damit die Wahl eines neuen Bundespräsidenten nicht mit der Bundestagswahl im Herbst kollidierte. Die SPD schlug im Frühjahr 1969 den damaligen Bundesjustizminister in der Großen Koalition Gustav Heinemann vor. Der war zwar im Bonner Politleben wegen seines eigenständigen Kopfs berühmt-berüchtigt, doch bei der breiten Bevölkerung eher ein unbeschriebenes Blatt. Gerade das sollte kein Hinderungsgrund für eine Aufstellung sein, wie die Kandidatenliste für das höchste Amt der Bundesrepublik noch einige Male bis in jüngere Zeit hinein zeigen sollte. Gegenkandidat Heinemanns für die CDU wurde der damalige Bundesminister für Verteidigung Gerhard Schröder (1910–1989).

Am 5. März 1969 trat die Bundesversammlung in West-Berlin zusammen. Heinemann wurde von vielen, aber bei weitem nicht von allen Mitgliedern von SPD und FDP unterstützt. Es wurde ein spannendes Wahlrennen. Erst im dritten Wahlgang, bei dem die einfache Mehrheit genügt, war das Ergebnis klar: 512 Stimmen entfielen auf Gustav Heinemann, 506 auf Gerhard Schröder. Damit war Gustav Heinemann der erste Bundespräsident aus den Reihen der SPD. Er selbst sprach zwei Tage später etwas unbedacht von einem »Stück Machtwechsel«[17] und provozierte damit Protest, denn das entsprach nicht der von einem Bundespräsidenten erwarteten Neutralität. Dennoch traf Heinemann damit intuitiv ins Schwarze: Der Weg hin zur ersten Bundesregierung unter Führung der SPD war eingeschlagen. Im Oktober 1969 kam in Bonn eine Koalition aus SPD und FDP unter Bundeskanzler Willy Brandt an die Macht.

Die Heinemanns verließen ihr liebgewonnenes Essen und zogen nach Bonn. Hilda Heinemann, die nie im Licht der Öffentlichkeit gestanden und nie einen Beruf ausgeübt hatte, befand sich plötzlich als First Lady im Blitzlichtgewitter. Sie meisterte ihre Aufgaben von Anfang an. Ihre persönliche Referentin wurde die Journalistin Ruth Bahn-Flessburg, die sich im Bonner Machtgefüge auch hinter den Kulissen auskannte und ihrer Chefin eine Stütze war. Später veröffentlichte die Referentin über die fünf Jahre der Zusammenarbeit mit Hilda Heinemann ein Buch mit dem Titel *Leidenschaft mit Augenmaß* (1984), worin sie einen sehr persönlichen Blick auf das Präsidentenpaar wirft und auch Einblick in die tägliche Arbeit im Büro und bei öffentlichen Auftritten und Empfängen gewährt.

AUF DIE MENSCHEN ZUGEHEN ❯ Über den Antritt der First Lady in ihrem »Amt« schrieb die persönliche Referentin: »Eine Frau mit 73 Jahren bringt ihre Erfahrungen ein und ist zugleich bereit zu lernen. Sie verfügt über eine positive Neugier. Sie ist nicht ehrgeizig. Aber: ›Ich bin, wie ich bin.‹ So will sie sich in den Rahmen einpassen. Sie weiß, daß darin ein Widerspruch liegt. Also wird sie die Einfassung erweitern.«[18]

Hilda Heinemann hat sich in den fünf Jahren in der Villa Hammerschmidt nie geschont. Sie war weniger eine First Lady am Schreibtisch als eine, die bewusst auf die Menschen zuging, ohne Scheu, ohne Vorbehalte. Sie wirkte ohne Rücksicht auf ihre Gesundheit. Mehrmals in jenen Jahren musste sie ins Krankenhaus. Gut gemeinte Ratschläge, sich zu schonen, wies sie zurück. »Die Medizin, die Frau Heinemann geholfen hat«, so ihre Referentin, »war ihre Zähigkeit. Der Wille, an der Seite ihres Mannes zu bestehen.«[19] Hilda Heinemann übernahm wie ihre Vorgängerinnen die Schirmherrschaft über das Müttergenesungswerk. Sie wollte auch eigene Akzente setzen: So gründete sie 1970 die »Hilda Heinemann Stiftung« zur Förderung von Wohnstätten für geistig Behinderte und zur Eingliederung geistig behinderter Erwachsener in das Berufsleben.

1970 wurde sie Ehrenpräsidentin der deutschen Sektion von Amnesty International. Der Einsatz für Opfer von staatlicher Gewalt lag Hilda Heinemann besonders am Herzen. In der Weihnachtsausgabe der *Rhein-Zeitung* von 1970 erschien eine Reportage über Folter in Brasilien. Darin wurde auch aus einem Aufruf Hilda Heinemanns zitiert: »In vielen Ländern der Welt gibt es Männer und Frauen, die unter unwürdigen Lebensbedingungen in schwerer Haft gehalten werden, weil sie gegen Unrecht und Ungerechtigkeit aufbegehrt haben. Sie leiden für ihre Überzeugung [...] amnesty international nennt Namen von Menschen, die keinen Fürsprecher haben.«[20]

Fürsprecherin wollte sie sein – und scheute nicht davor zurück, auch selbst zu den am Rande Stehenden zu gehen: Als im Jahre 1972 die Stadt Siegburg den Bundespräsidenten und seine Frau zu einem offiziellen Besuch einlud, verwiesen die Stadtväter stolz auf die dort ansässige Garnison des Wachbataillons und des Stabsmusikkorps der Bundeswehr, außerdem auf das Geburtshaus des Komponisten Engelbert Humperdinck. Hilda Heinemann interessierte sich für etwas ganz anderes: die Strafvollzugsanstalt, speziell die Jugendstrafanstalt, in der sich damals fast eintausend Jugendliche befanden, die hinter Gittern Schulungen und Ausbildungen erhielten, um so auf ein Leben nach der Haft vorbereitet zu werden. Was vordergründig als moderner Strafvollzug mit Reintegrationsmaßnahmen und zeitgemäßer Pädagogik galt, erwies sich bei genauerem Hinsehen als veraltet, rückständig, teilweise menschenunwürdig. Hilda Heinemann verließ bald die Vorgaben des zuvor ausgearbeiteten Protokolls. Vorbehalt-

los sprach sie mit gefangenen Jugendlichen. Es gelang ihr, das Vertrauen der Jungen und Mädchen zu gewinnen. Sie sprach auch mit den überforderten Vollzugsbeamten, den Sozialpädagogen, den Verwaltungsangestellten und gewann so einen Eindruck von den Fehlern und Mängeln des Systems, in das ein zeitgemäßes, demokratisches Denken erst langsam und zögerlich Eingang fand. Hilda Heinemann – von den teils vorkriegsähnlichen Zuständen und von der autoritären Denkweise erschüttert – versprach: »Sie können sich darauf verlassen, ich lasse Ihnen keine Ruhe, bis Abhilfe geschaffen worden ist.«[21] Das war keine Drohung, auch kein leeres, leichtfertiges Versprechen, sondern ein Wort, für das die First Lady persönlich einstand. Sie war die erste Präsidentengattin, die das mediale Interesse bewusst für ihr karitatives Anliegen zu instrumentalisieren verstand. Stets führte sie in ihrem Tross auch Journalisten, Fotografen und Kameraleute mit, denn sie wusste: Nur wenn es gelang, die Öffentlichkeit zu informieren, konnte man auch mit einem breiten Interesse rechnen und eine Lobby formen: »Jede Hilfe von mir besteht darin, daß ich der Öffentlichkeit einen Wink gebe.«[22]
Sie wollte Türen öffnen: etwa beim Besuch eines Heims für schwer erziehbare Mädchen in der Hamburger Feuerbachstraße. Auch hier sprach Hilda Heinemann offen mit Bewohnerinnen und Sozialarbeiterinnen. Sie erfuhr von mangelnder Privatsphäre (es gab Spione in den Zimmertüren), von der Überforderung der Angestellten, von verkarsteten Hierarchien, von veralteter Pädagogik. »Das sollte Frau Heinemann auch einmal wissen«, so hörte man damals immer wieder. Vielleicht das schönste Kompliment für die First Lady – Beweis ihres hohen Ansehens, ihrer moralisch-sozialen Instanz.
Nicht alle goutierten diese Art und Weise, sich unbequem in gesellschaftliche Belange einzumischen, den Finger in Wunden zu legen, auf Kosten tradierter Repräsentation. Manche Blätter schrieben von Hilda Heinemanns »Profilierungssucht«, man kritisierte ihr »linkes Getue«, missbilligte ihren Umgang mit Drogensüchtigen und Kriminellen. 1973 unterstellte man Hilda Heinemann sogar, sie habe Gudrun Ensslin telefonisch Unterstützung für die Baader-Meinhof-Gruppe zugesagt. Es wurde sogar ein Verfahren eingeleitet, das jedoch nach einer ersten Vernehmung eingestellt wurde.

Auch vonseiten derjenigen, für die sich Hilda Heinemann einsetzte, kam nicht immer Dank und Anerkennung: 1973 wurde sie in Berlin-Kreuzberg beim Besuch der Eltern-Kinder-Gruppen im Haus »Bethanien« von Jugendlichen, die in ihr nur die Verkörperung des verhassten Staatsapparats sahen, mit rohen Eiern beworfen; Hilda Heinemann reagierte mit innerer Größe, beklagte sich nicht, fand sogar Worte des Verständnisses. Auch damit überforderte sie ihre Gegner.

FREUDE AN MODERNER KUNST ❱ Ausgleich für ihre nicht immer leichte Aufgabe, auf die vielfältigen Belange der Menschen einzugehen, für die sie sich als erste Bürgerin im Staate mitverantwortlich fühlte, war ihr die Kunst, vor allem die der Moderne. Bereits in ihrer Essener Wohnung hatte sie – wie erwähnt – Drucke von Chagall, Klee und Picasso aufgehängt. Jetzt konnte sie als First Lady die Maler der bereits klassischen Moderne, aber auch zeitgenössische Künstler ausstellen und fördern. Sie tat das auf ganz pragmatische Weise: Von 1970 an wurde in der Villa Hammerschmidt alle zwei Monate eine neue Kunstaustellung gezeigt, deren Exponate Hilda Heinemann persönlich ausgesucht hatte. Der Etat war bescheiden, es wurden keine Honorare gezahlt. Ebenso fanden, von Hilda Heinemann initiiert, im Amtssitz des Bundespräsidenten immer wieder Konzerte mit zeitgenössischer Musik, etwa von Karlheinz Stockhausen und Wilhelm Killmayer, statt. Der Erfolg gab der Ideengeberin recht: Konzerte und Ausstellungen fanden großen Zuspruch und bedeuteten für manchen Künstler den Durchbruch. Für dieses Engagement erhielt sie im Jahre 1975 den Kulturpreis der Stadt Kiel.

1974 trat Gustav Heinemann kein zweites Mal für die Wahl zum Bundespräsidenten an. »Man muß gehen, solange man noch gehen kann«[23], meinte er, dessen Kräfte nachließen, weise. Er starb am 7. Juli 1976 in Essen. Hilda Heinemann überlebte ihn, zurückgezogen in Essen, um knapp drei Jahre. Sie starb am 5. Mai 1979. In einem ihrer späten Briefe an die einstige persönliche Referentin Ruth Bahn-Flessburg schrieb sie: »Ich muß viel die Frauen bewundern, die allein durchs Leben gehen –, es gibt ja auch bei viel Arbeit das große Alleinsein –. Wie wenig wissen das doch die glücklich Miteinander-Lebenden.«[24]

Die Familie Heinemann indes spielte weiterhin eine Rolle im Bannkreis des höchsten Amts im Staat: Gustav und Hilda Heinemanns Tochter Uta Ranke-Heinemann kandidierte 1999 für das Amt der Bundespräsidentin, unterlag aber Johannes Rau. Dessen Frau Christina wurde First Lady – sie ist die Tochter von Christa Delius und die Enkelin Hilda Heinemanns.

Mildred Scheel

1932–1985

Zur First Lady taugte Mildred Scheel in dem Sinne nicht, dass mit ihr »Staat«, also Repräsentation, zu machen war. Dabei fehlte es ihr nicht an Eleganz, Eloquenz und Esprit. Im Gegenteil: Wo immer sie sich blicken ließ, bei privaten und öffentlichen Auftritten, im In- und Ausland, waren die Menschen von ihrem Humor, ihrem Witz, ihrer natürlichen Sicherheit angetan. Selbst dem als Finsterling verschrienen sowjetischen Außenminister Andrej Gromyko, aus dessen steinerner Gesichtsfassade man nie Gefühlsregungen lesen konnte, nötigte Mildred Scheel ein breites Lächeln ab. Aber: Sie war zu sehr eine eigenständige, eigenwillige Persönlichkeit, als dass sie sich über das »Amt« an der Seite ihres Mannes irgendwie identifiziert hätte. Sie wusste ihre neue Rolle zu spielen, sie scherte nicht aus, aber sie bewahrte sich – mehr als ihre Vorgängerinnen – ihren eigenen Bereich und ließ sich nichts vorschreiben. Überliefert ist die Anekdote, wonach sie auf die gut gemeinte, aber von ihr als anbiedernd empfundene Frage eines Apothekers nach dem Wohlergehen ihrer Kinder zurückschoss: »Ich erkundige mich ja auch nicht nach Ihren Gören.«[1]

Zum Ende ihrer Zeit als First Lady gestand Mildred Scheel der Boulevardzeitung *Bild am Sonntag*, wie sie sich und ihre Rolle in den fünf Jahren der Präsidentschaft ihres Mannes immer gesehen hatte: »Die Frau des Bundespräsidenten ist nun einmal kein Staatsamt, und deshalb meine ich, daß der Trauschein keine Empfangsberechtigung für Auszeichnungen sein kann.«[2] Dieses selbst auferlegte Gebot hielt sie stets ein. Darin war sie äußerst diszipliniert und stringent. Und selbst in der von ihr selbst gewählten Rolle als karitativ tätige Präsidentengattin beschritt sie selbstbewusst ganz eigene Wege und erfüllte diese Aufgabe auch nach dem Ausscheiden Walter Scheels aus dem höchsten Amt bis zu ihrem frühen Tod: als Gründerin und Vorsitzende der »Deutschen Krebshilfe e.V.« und des angegliederten Fördervereins »Mildred-Scheel-Kreis«. Mehr noch – sie war das Gesicht und die Seele dieser Organisationen und wurde und wird bis heute damit identifiziert.

Mildred Wirtz lernte ihren späteren Mann Walter Scheel nicht auf einer Party oder im Freundeskreis kennen, sondern »beruflich« – als Ärztin. Und wenngleich sie später als Präsidentengattin ihren Beruf nicht mehr ausüben konnte, empfand sie sich zeitlebens als Medizinerin. Darin unterschied sie sich grundsätzlich von Wilhelmine Lübke und Hilda Heinemann, die ebenfalls karitative Aufgaben übernahmen, aber eben mit anderem biografischen Hintergrund.

DIE LEBENSRETTERIN UND DER DISZIPLINIERTE GENUSSMENSCH ❯ Der verwitwete Walter Scheel hielt sich im April 1967 nach einer Nierensteinoperation zur Genesung im »Alpen-Sanatorium« im oberbayerischen Prominenten-Kurort Bad Wiessee auf. Dort fiel ihm die 1,82 Meter große, schlanke, gut aussehende Frau mit der Löwenmähne sofort auf. Durch und durch ein Kavalier, wollte er sich, der im Souterrain der Klinik auf eine Untersuchung wartete, erheben. Die junge Ärztin jedoch wies ihn zurecht: »So, wie Sie beieinander sind, sollten Sie besser sitzenbleiben.«[3] Scheel gehorchte der medizinischen Autorität. Der resoluten Ärztin hatte er wenige Tage später sogar seine Rettung zu verdanken. Frau Dr. Wirtz nämlich erkannte bei ihrer Stippvisite an einem Sonntag, dass es dem Patienten weit schlechter ging, als er auf den ersten Blick wirkte, und er bereits ganz grau im Gesicht war. Sie alarmierte die Krankenschwestern und ließ Walter Scheel mit einem Rettungswagen in die Münchner Universitätsklinik schaffen. Dort stellte sich heraus, dass die Bauchhöhle vereitert war. Scheel witzelte später, seine Frau habe ihm das Leben gerettet. Das war auch im übertragenen Sinne gemeint: Immerhin durchlebte er damals, nach dem Tod seiner ersten Frau im Jahre 1966 und manchen unruhigen Phasen in der Parteipolitik der FDP, eine Krise. Mildred Scheel brachte wieder Farbe in sein Leben. Noch vor der Trauung ließ der Politiker in der Presse verlautbaren, er vergleiche sein »freies« Dasein im Gegensatz zum Ehestand wie die unterschiedlichen Wirkungen von Kaffee und Tee: »Kaffee regt mich auf und macht mich nervös, Tee macht mich munter und regt mich an.«[4] Es waren Gegensätze, die sich anzogen, das Paar ergänzte sich ideal. Walter Scheel galt und gilt als Genussmensch, als Lebenskünstler, der aber keineswegs oberflächlich oder seicht ist. Bei aller Zuneigung zum Schönen im Leben ist er ein Mensch von tiefem, scharfem Intellekt und zähem Fleiß. Mancher hat das unterschätzt, nicht zuletzt Helmut Schmidt, der den FDP-Politiker einige Zeit als Leichtgewicht abgetan hatte und sein Urteil über den späteren Bundesaußenminister dann revidieren musste. Mehr noch als Scheels Vorgänger im Präsidialamt kann Scheel als Selfmademan bezeichnet werden, stammt er doch aus einfachen Arbeiterverhältnissen. Dass es ihm möglich war, ins höchste Amt im Staate aufzusteigen, ist in erster Linie auf seine besonderen Fähigkeiten, seinen Fleiß und sein strategisches Geschick zurückzuführen (und nebenbei: auch auf eine Portion Glück).

Geboren wurde Walter Scheel am 8. Juli 1919 als Sohn eines Stellmachers (Wagenbauers) in Solingen. Die Mutter war Näherin mit eigener Werkstatt. Beide Eltern waren evangelisch. »Zu den Jugendjahren«, so Walter Scheel, »gehörte auch der regelmäßige Kirchgang. Wir lebten in kargen Verhältnissen, aber meine Eltern vermittelten mir bürgerliche Ideale.«[5] Damit ist das Stichwort gegeben: Walter Scheel sollte – anders als Gustav Heinemann – nie im Geiste des revolutionären Republikanismus erzogen werden, sondern immer unter dem Gesichtspunkt der erstrebten Teilhabe am bürgerlichen Leben. Das Bürgertum wurde von den kleinbürgerlichen Scheels nicht als verachtenswerter Antagonist betrachtet, sondern als vielversprechendes Ideal, das nach dem Ende des ständischen Kaiserreichs für den Sohn Walter durch Fleiß und herausragende Leistungen erreichbar schien.

Walter Scheel besuchte in Solingen das Reformrealgymnasium. Französisch war die erste Fremdsprache. Er hatte gute, aber nicht herausragende Noten. Politisch engagierte er sich als Jugendlicher nicht – Politik galt bei den Scheels, wie bei vielen religiös gebundenen Menschen, als eine Sache, von der man besser die Finger ließ. Stattdessen war der Heranwachsende zunächst im evangelischen »Bund deutscher Jugend« engagiert, wenig später trat er der Hitlerjugend bei. Das hatte damals nicht unbedingt mit politischer Überzeugung zu tun, sondern mit kameradschaftlichen Gefühlen und Ausflugs- und Lagerfeuerromantik. Zur Vorbereitung auf das Abitur verließ Walter Scheel 1936 denn auch die Hitlerjugend.
Nach dem Abitur absolvierte er eine Lehre bei der Volksbank in Solingen, danach begann er ein Studium der Rechtswissenschaft, wurde jedoch 1939 zum Kriegsdienst eingezogen. Den Krieg überdauerte Walter Scheel als Flieger an diversen Einsatzorten an der Ost- und Westfront. 1942 heiratete er Eva Charlotte Kronenberg, die er schon seit seiner Jugendzeit kannte. Sie war die Tochter eines Rasierklingenfabrikanten. Damit war auch die Weiche für Scheels Nachkriegskarriere gestellt.
Zunächst jedoch, mit der Kapitulation vom 8. Mai 1945, kam Walter Scheel in britische Kriegsgefangenschaft. Nach seiner Entlassung kehrte er ins heimatliche Solingen zurück und übernahm den Wiederaufbau und die Leitung der kriegszerstörten Rasierklingenfabrik seines Schwiegervaters. Noch keine dreißig Jahre alt, war Scheel Unternehmer, der die Firma wieder in die schwarzen Zahlen führte. Rasch stieg er auch in industriellen und poltischen Verbänden auf: Er wurde Schatzmeister des Rasierklingen-Industrieverbands und Vorstandsmitglied beim Fachverband Schneidwarenindustrie. 1946 trat er der FDP bei und errang zwei Jahre später ein Mandat im Stadtrat von Solingen. 1950 zog er in den Landtag von Düsseldorf ein. In der Landeshauptstadt gründete er in den 1950er Jahren zwei Industrieberatungsunternehmen, die er ebenfalls mit Erfolg führte. Seine Art und Weise, Mitarbeiter zwar zu dirigieren, ihnen aber vertrauensvoll eigenverantwortliche Arbeitsbereiche zu überlassen, kam in all seinen Positionen stets gut an. Er galt als aufgeschlossener, moderner Arbeitgeber, für den die Beschäftigten durch dick und dünn gingen. Das entsprach auch Walter Scheels optimistischer Grundeinstellung, seinem

Blick auf Welt und Menschheit, der er grundsätzlich mehr gute als schlechte Eigenschaften zutraute. Parallel war er weiterhin in der Politik tätig: Seit 1953 war Walter Scheel Mitglied des Deutschen Bundestags, 1956 bis 1961 zudem Mitglied des Europäischen Parlaments, 1961 bis 1966 Minister für wirtschaftliche Zusammenarbeit, 1969 wurde er in der Regierung von Bundeskanzler Willy Brandt Bundesminister des Auswärtigen. In dieser Funktion erwarb er sich vor allem Verdienste um die Entspannungs- und Aussöhnungspolitik mit der DDR und der Sowjetunion.

EINE UNANGEPASSTE FRAU ❱ Die Vielzahl von Ämtern, Funktionen und Engagements forderte in den 1960er Jahren ihren Tribut: Walter Scheel wurde wiederholt krank und musste sich Anfang 1967 einer Nierensteinoperation unterziehen, von der er sich in Bad Wiessee erholte, wo er seiner zweiten Frau Mildred Wirtz begegnete. Scheel war seit 1966 Witwer, seine erste Frau Eva Charlotte war an Krebs gestorben.

Mildred Wirtz war von dem charismatischen, humorvollen Mann, der dreizehn Jahre älter war, bald eingenommen. Anders als Walter Scheel stammte Mildred Wirtz aus einem bürgerlichen Haus: Geboren wurde sie am 31. Dezember 1932 im noblen Kölner Vorort Marienburg. Der Vater Hans-Hubert Wirtz war ein angesehener Röntgenologe – ihm sollte die Tochter später beruflich nacheifern. Die Mutter Else war eine deutschstämmige New Yorkerin, die in Deutschland ein Internat besucht und hier den jungen Arzt Dr. Wirtz kennengelernt hatte. Mildred war das dritte Kind: Die älteste Tochter der Familie Wirtz hieß Lilian, das zweite Kind, ein Knabe, starb früh, dann folgte Mildred. Sie war ein aufgewecktes, überaus intelligentes Mädchen. Vom Vater übernahm sie früh das Interesse für Medizin, von der Mutter ein typisch amerikanisches Selbstbewusstsein. Mildred, die in der Schule vor allem in Biologie, Chemie und Englisch brillierte, übersprang sogar eine Klasse. Wenig Begeisterung hingegen konnte sie für das Klavierspielen aufbringen (das damals, vor dem Krieg, noch immer als typisch weibliches Attribut im gehobenen Bürgertum galt). »Zwar wußte ich«, so Mildred Scheel, »daß es damals zum guten Ton gehörte, ein Instrument zu beherrschen. Dennoch fühlte ich mich hierzu nicht berufen. Trotzdem gelang es mir, ein Menuett einzuüben, das ich geradezu brillant

wiederzugeben in der Lage war. Doch darin erschöpfte sich auch schon mein künstlerisches Talent. Sonntag morgen, 11 Uhr, wurde ich ans Klavier gerufen und mußte vorspielen. Solange sich meine Eltern damit zufriedengaben, immer nur das gleiche Menuett zu hören, ging alles gut. Erst als mein Vater eines Sonntags etwas ungehalten fragte, ob ich denn nichts anderes spielen könne, kam mein gespanntes Verhältnis zum Klavier ans Tageslicht. Damit war diese musische Episode meiner Jugendzeit beendet.«[6]
Wohl kein zweites Mal in ihrem Leben ließ sich Mildred Wirtz so sehr »verbiegen« wie in dieser humorvollen Episode ihrer Kindheit. Ihr Weg schien stets geradlinig zu sein: Früh interessierte sie sich für die Medizin, speziell die Röntgenologie, und wurde in der Familie bereits als Nachfolgerin ihres Vaters in der Fachpraxis gehandelt. Als Siebenjährige, so erinnerte sie sich später, habe sie eine teure Käthe-Kruse-Puppe aufgeschnitten – sie wollte wissen, wie deren Inneres aussah.
Doch der Krieg zerstörte vieles und verschüttete offen geglaubte Lebenswege. Köln hatte wie kaum eine andere deutsche Stadt unter dem Flächenbombardement zu leiden. Der Vater konnte die Familie noch rechtzeitig evakuieren: Sie zogen nach Amberg in der Oberpfalz. Gegen Kriegsende wurden das Wohnhaus und die Praxis in Köln von Bomben zerstört. Amberg wurde in der Nachkriegszeit der neue Mittelpunkt der Familie. Der Vater eröffnete dort seine Praxis. Für Mildred freilich, die bereits mit siebzehn das Abitur ablegte, war die Provinzstadt zu klein. Sie ging – mit finanzieller Unterstützung der Eltern – zum Studium der Medizin nach München. Tagsüber saß sie in Vorlesungen und Seminaren, abends suchte sie Kontakt zur Schwabinger Künstlerszene. Bald war sie in der Boheme der lebensfreudigen Isarmetropole, die damals noch nicht so schick und verschnöselt tat, bekannt. Sie schloss Freundschaften mit Künstlern und Lebenskünstlern, verkehrte mit Sängern, Schauspielern, Literaten, Weltverbesserern. Mildred Wirtz, die selbst ein großes Faible für Malerei und Literatur hegte, strahlte auf andere Menschen stets etwas Besonderes aus: Sie wusste zu gefallen, ohne etwas sein zu wollen. Sie war ganz einfach sie selbst – eigenwillig, selbstbewusst, zielstrebig, dabei locker, humorvoll, unangepasst. Sie wusste sich die Freiheit der neuen Zeit zu nehmen, die es in den Großstädten damals gab, abseits des konservativen Miefs der Adenauer-Zeit.

Vieles, was heute selbstverständlich erscheint, galt als gewagt und anstößig: Wenn etwa eine Frau ein Kind ohne einen Mann aufzog. Mildred Scheel liebte nicht nur ihr Studienfach, sie liebte auch die studentische Freiheit. Ein Semester verbrachte sie in Innsbruck (wohl mehr auf Skiern als im Hörsaal), eines in West-Berlin, das bereits zu dieser Zeit als Dorado unangepasster Existenzen und Lebensweisen galt. Sie wurde schwanger – von wem, verriet sie nie. Es war ihr Geheimnis, das ging niemanden etwas an. Niemand auch sollte sich darum scheren, dass sie ihre Tochter Cornelia, die 1963 zur Welt kam, allein und eigenverantwortlich aufzog. Mildred Wirtz wollte sich nie in biederbürgerliche Schubladen stecken lassen. Sie verdiente ihren Lebensunterhalt selbst, bat niemanden um etwas und verbat es sich, von anderen hinsichtlich ihres Lebensstils beurteilt zu werden. Die Hoffnung, sie könne einmal die Röntgenpraxis ihres Vaters übernehmen, zerschlug sich. Er starb überraschend an einem Herzschlag. Mildred Scheel hatte noch nicht die Approbation als Röntgenfachärztin, und so war die Mutter gezwungen, die Praxis in Amberg zu verkaufen. Für Mildred freilich bedeutete das auch die Chance, nicht in die oberpfälzische Provinz zurückkehren zu müssen. Sie machte ihre Examina in München und arbeitete als Assistenz- und Vertretungsärztin in diversen Krankenhäusern und Praxen. Schwer genug – noch schwerer als heute – war es in jenen Jahren, Beruf und Erziehung unter einen Hut zu bringen. Die Tochter Cornelia zur Großmutter geben wollte Mildred nicht. Kindertagesstätten gab es noch nicht. Also war sie oft genug gezwungen, teure Pflegemütter zu engagieren oder das Kind in die Praxis mitzunehmen und es wohlwollenden Patientinnen im Warteraum einfach auf den Schoß zu setzen.

VERZICHT AUF DEN BERUF ❱ So begegneten sich in Walter Scheel und Mildred Wirtz also zwei höchst eigenständige, »gestandene« Persönlichkeiten, die zwar in vielem unterschiedlich sein mochten, sich in ihrer Selbstständigkeit, ihrem Selbstvertrauen und in ihrer Lebensfreude jedoch gegenseitig bestätigten. Bald schon waren die beiden liiert. Und ebenso bald wusste die Presse über das interessante Paar – der verwitwete Bundespolitiker und die unangepasste junge Ärztin mit Kind – zu berichten und zu tratschen. Selbst ein seriöses Magazin wie *Der Spiegel* wurde zwischen den Zeilen leicht anzüglich, wenn es am 30. Juni 1969 meldete: »Ganz so verblüfft wie die Redakteure der *Neuen Revue*, die gerade eine Reportage mit der Überschrift ›Scheel hat keine Zeit für Frauen‹ in Druck gehen lassen wollten, war sie [Scheels Sekretärin] freilich nicht. Denn ›daß da was lief mit Frau Dr. Wirtz‹, war den engeren Mitarbeitern des Parteivorsitzenden keineswegs entgangen. Frau Dr. Wirtz, 37, ist eigentlich Fräulein Dr. Wirtz und bringt gleichwohl eine sechsjährige Tochter mit in die Ehe, worüber Walter Scheel sich aufrichtig freut, denn er hat selber ja bloß einen Sohn. Aber seine Anfang dieses Jahres herangereiften ›ernsten Absichten‹ hielt der Parteichef so geheim, als handele es sich dabei um die Eröffnung, daß die FDP nach den Bundestagswahlen des 28. September auf jeden Fall eine Koalition mit der CDU/CSU anstreben werde.«[7]

Am 8. Juli 1969 feierte Walter Scheel seinen fünfzigsten Geburtstag, zehn Tage später heirateten er und Mildred Wirtz standesamtlich in München-Schwabing. Dorthin, in ihre Boheme-Kreise, hatte Mildred Scheel ihren Mann bereits geführt, und der Lebemann und Genussmensch hatte daran Gefallen gefunden. Überhaupt lernte er die bayerische Lebensart, das Savoir-vivre südlich der Donau, kennen und lieben, so dass die Scheels in den frühen 1970er Jahren – inzwischen war die gemeinsame Tochter Andrea Gwendolyn (geboren 1970) zur Welt gekommen, und sie hatten 1971 den bolivianischen Waisenknaben Simon Martin adoptiert – sogar eine Neunzimmervilla in Berg am Starnberger See kauften. Das Haus war als Alterssitz gedacht. Es kam anders – nicht zuletzt wegen Walter Scheels poltischer Karriere und Mildred Scheels Aufstieg als Frontfrau der nationalen Anti-Krebs-Bewegung.

Am 21. Oktober 1969, gerade einmal gut drei Monate nach seiner Hochzeit mit Mildred, wurde Walter Scheel Außenminister der neuen Bundesregierung. Die Große Koalition war abgelöst, Scheel hatte seine Partei, die FDP, in die Regierung geführt, in der sie in wechselnden Koalitionen fast dreißig Jahre lang bis 1998 bestehen sollte. An ein Bleiben im geliebten München war für Mildred Scheel nicht mehr zu denken, auch nicht an einen Rückzug an den Starnberger See. Die Familie zog nach Bonn, in ein Reihenhaus in der Schleichstraße 6 auf dem Venusberg, das dem 1967 verstorbenen Politiker Thomas Dehler gehörte hatte. Mildred Scheel gab ihren Beruf als Ärztin, an dem sie so hing und den sie unter großen Opfern ergriffen hatte, auf. Sie hatte sich um ihre drei Kinder zu kümmern, und ihr Mann, der neue Bundesaußenminister, war meist in Sitzungen und auf Staatsreisen rund um die Welt. Ein gemeinsames Familienleben war kaum noch möglich, am ehesten noch im Urlaub in Scheels Ferienhaus in Hinterthal im österreichischen Pinzgau.

Unversehens war Mildred Scheel, die als alleinerziehende Mutter viele Jahre lang die gesellschaftlichen Konventionen gescheut hatte, zur »Ehefrau und Mutter« im Vollzeitjob geworden – so jedenfalls schien es in den ersten Ehejahren. Doch wusste sie von Anfang an im Licht der Öffentlichkeit, in dem sie nolens volens an der Seite eines Bundesministers stand, auch zu »repräsentieren« – wenngleich nicht in dem Sinne, wie es die Klatschpresse gern gesehen hätte. Sie war keine Diva, keine glamouröse Puppe, keine Femme fatale. Zu all diesen Klischees taugte sie nicht und ließ sich dazu auch nicht vor- und verführen. Sie reagierte unkonventionell, nicht immer der Etikette entsprechend, erschien schon mal bei einem abendlichen Empfang in Sandalen (worüber sich die Regenbogenpresse amüsierte und mokierte), verkündete einmal auf Staatsvisite in den USA dem vor dem Hotelzimmer zum täglichen Rapport erschienenen Referenten: »Ach, das hat noch Zeit, der [Walter Scheel] liegt noch in der Badewanne und aalt sich.«[8] Solche Anekdoten machten die Runde, und dass sie die Runde machten, zeugte nur von der engstirnigen und verspießerten Etikette, die in Bonner Regierungskreisen üblich war.

»Ein Hauch von Kennedy« Als sich Walter Scheel im Dezember 1973 durch einen geschickten Schachzug selbst ins Gespräch für die Wahl zum Bundespräsidenten brachte, wurde in der Presse auch Mildred Scheel als mögliche First Lady sondiert. *Der Spiegel* stellte fest: »In Frau Mildred steht Scheel eine First Lady zur Seite, die gleichfalls gern oben mitmischt, durch ihre direkte und bisweilen ganz offene Art freilich das diplomatische Protokoll ins Wanken bringen könnte. Die Röntgen-Ärztin aus vermögendem Elternhaus tut sich keinen Zwang an, wenn ihr etwas nicht paßt.«[9]

Diese nonchalante Unangepasstheit bekamen Personal und Besucher der Villa Hammerschmidt wenige Monate später zu spüren, nachdem Walter Scheel tatsächlich ins höchste Amt des Staates gewählt worden war. Die Scheels zogen mit drei Kindern und einem Hund in die altehrwürdige Residenz, die nach dem Krieg nur betagte Eheleute als Bewohner gesehen hatte. Immerhin hatten die Heinemanns für die Enkel im Park der Villa einen Kinderspielplatz bauen lassen. Dieses gezirkelte Stück mit Rutsche und Sandkasten war jedoch nicht das, was Kinder wirklich begeistern konnte. Viel interessanter waren die Zimmer der Villa, vor allem die Amtsräume. Walter Scheel hatte zu seinem Amtsbeginn die antiquiert wirkende Einrichtung der 1950er und 1960er Jahre modernisieren und die Räume dem damaligen Geschmack entsprechend einrichten lassen. Wo zuvor bürgerlicher Ernst gewaltet hatte, war das Gelächter der Kinder (und auch das berühmte laute Lachen Mildred Scheels) zu hören. Schlammige Gummistiefel und verschmierte Hundepfoten hinterließen ihre Abdrücke auf Parkett und Teppichen, Spielzeug lag herum, und die Spuren des Familienlebens machten auch nicht vor den Amts- und Repräsentationsräumen halt. Es war nicht ungewöhnlich, wenn selbst bei hohem Staatsbesuch plötzlich die Tür aufging und die Kinder hereinkamen, um ihrem Vater etwas zu sagen und mehr oder weniger artig Präsidenten und gekrönten Häuptern die Hand zu geben. Die Scheel-Kinder waren gut erzogen, aber zur damaligen Zeit hatte die Allgemeinheit zumeist noch andere Vorstellungen von Erziehung. Mildred Scheel konnte streng sein, duldete jedoch kein autoritäres Verbiegen. Kinder sollten ihre eigenen Meinungen haben und sagen dürfen. So verwunderte es auch niemanden, als einmal die Tochter Cornelia die lästigen Fotografen und Kameraleute bei einem Empfang als »Stinker« beschimpfte. Der Biograf Hans-Roderich Schneider schrieb, »ein Hauch von Kennedy«[10] sei in die Präsidentenvilla gekommen.
Nicht immer war das Leben in der Präsidentenvilla eitel Sonnenschein. Mildred Scheel selbst beschrieb ihr neues, ihr zugewiesenes Zuhause als »irgendwie zwischen Staat und Jugendstil«[11]. Und insbesondere 1977, als Terroristen der RAF Generalbundesanwalt Siegfried Buback, den Bankier Jürgen Ponto und Arbeitgeberpräsident Hanns-Martin Schleyer ermordeten, mussten die Sicherheitsvorkehrungen so verschärft werden, dass

auch das Familienleben, besonders die Ungezwungenheit der Kinder, darunter litt. Ein Panzerspähwagen zog im Park des Amtssitzes auf, der Polizeischutz wurde verstärkt und die Fenster der Villa wurden mit Sandsäcken verschanzt. Es war wie im Belagerungszustand.

EINE NEUE LEBENSAUFGABE ❱ Wie wenig Mildred Scheel sich damit abgefunden hatte, ihren geliebten Arztberuf aufgegeben zu haben, konnte man an dem Projekt ablesen, das sie als Frau des Bundespräsidenten bereits 1974 ins Leben rief und bis zu ihrem frühen Tod mit äußerstem Einsatz vorantrieb. Es war mehr als nur eine Schirmherrschaft um des öffentlichen Ansehens oder der karitativen Beschäftigung willen, es war ihr Lebensprojekt – und dass sie an der Krankheit sterben sollte, die sie über viele Jahre mit ihrem Verein bekämpfte, war nicht nur persönlich tragisch, sondern verlieh selbst im Nachhinein ihrem Engagement noch ungeheuren Nachdruck: Die »Deutsche Krebshilfe e.V.« begann ganz klein, in einem Zimmerchen des im Park der Villa Hammerschmidt gelegenen Palmenhauses, mit zunächst nur wenigen Dutzend Mitgliedern. Zur damaligen Zeit erkrankten rund dreißig Prozent der Deutschen irgendwann in ihrem Leben an Krebs; rund zwanzig Prozent starben daran; die Heilungschancen waren gering, als Behandlungsmethoden gab es fast ausschließlich das operative Entfernen von Tumoren. Krebs war als Zivilisationskrankheit zum Schrecken der westlichen Gesellschaften geworden – und wurde dennoch tabuisiert und dadurch erst recht dämonisiert. Es war ein Paradoxon, das Mildred Scheel aufbrechen wollte. Zu jener Zeit ging die Nachricht von der Krebsoperation der amerikanischen Präsidentengattin Betty Ford groß durch die Presse – in den USA ging man mit diesem Thema etwas unverkrampfter um. Das öffentliche Interesse nutzte Mildred Scheel geschickt, um ihren Verein in den Medien zu lancieren. Ihre Stellung als First Lady gebrauchte sie, um ihre Ziele zu verfolgen. Ihr standen viele Türen offen, in Redaktionen und Fernsehstudios, in Vorstandsetagen und Prominentenvillen. Sie warb – bisweilen recht unverblümt, manchmal sogar aufdringlich – für die gute Sache. Manchen ging es zu weit, selbst bei einem festlichen Dinner Mildred Scheels Ausführungen über Krebserkrankungen und -therapien anhören zu müssen. Das

böse Wort der »Personality-Show« machte die Runde. Für die First Lady heiligte der Zweck die Mittel.
Die »Deutsche Krebshilfe« wuchs rasant: Im ersten Jahr ihres Bestehens kamen rund 2,4 Millionen Mark an Spenden zusammen, bis 1989 rund dreihundert Millionen. Neben der »Deutschen Krebshilfe e.V.« wurde der »Mildred-Scheel-Kreis« als Förderverein gegründet, ihm gehörten 1984, ein Jahr vor dem Tod der Gründerin, rund 65 000 Mitglieder an.
Mildred Scheel – die traditionell auch die Schirmherrschaft über das Müttergenesungswerk übernahm – verfolgte mit der »Deutschen Krebshilfe« mehrere Ziele: Information und Aufklärung der Öffentlichkeit durch Presse und Medien; Erforschung und Verbesserung von Krebstherapien; Förderung der Krebsforschung; Propagierung und Förderung von Früherkennungsmethoden und -kampagnen; Vergabe von Stipendien; Einrichtung eines Lehrstuhls für Krebsforschung; Errichtung von Therapieeinrichtungen und Schwerpunktkliniken; Einrichtung eines zentralen Krebsregisters für Zwecke der Forschung; Information und Aufklärung durch Presse und Medien; Förderung von Gesprächskreisen und Selbsthilfegruppen. Innerhalb weniger Jahre entstanden etliche Forschungs- und Therapieeinrichtungen. Früherkennung war kein Tabu mehr und wurde flächendeckend angeboten, insbesondere die Röntgenvoruntersuchung bei Verdacht auf Brustkrebs. Neue Therapien und Medikamente wurden erforscht und erprobt.
Mildred Scheel wurde innerhalb weniger Jahre zu einer Ikone des nationalen Kampfes gegen den Krebs – und die Art und Weise, die Medien für ihre Sache geschickt vor den Karren zu spannen, machte ihr keiner nach. Sie hielt bei Staatsbesuchen ihres Mannes, auf denen sie ihn begleitete, sogar ausländischen Präsidenten und Ministern die Sammelbüchse unter die Nase (freilich mit der Aufforderung, nicht klingende Münzen, sondern großzügige Schecks hineinzuwerfen), und selbst die bärbeißigen Kreml-Granden entgingen nicht Mildred Scheels freundlich-bestimmtem Nachdruck.
Zeitweise, so schien es, stellte sie im Fokus des öffentlichen Interesses sogar ihren Mann in den Schatten. Ganz sicherlich tat sie das nach seinem Ausscheiden aus dem höchsten Staatsamt im Jahre 1979. Die Scheels zogen

nach Köln – die »Deutsche Krebshilfe e.V.« zog mit. In den frühen 1980er Jahren war Mildred Scheel eine der bekanntesten und in der Bevölkerung beliebtesten Frauen Deutschlands. Wenngleich die Krebsforschung immer wieder Rückschläge erlitt oder in Sackgassen geriet – Mildred Scheel war das gute Gesicht dieses harten und oft ungleichen Kampfes. Man fieberte mit ihr. Und nicht nur große Stiftungen und Verbände unterstützten ihr Lebenswerk, auch viele »gewöhnliche« Bürgerinnen und Bürger spendeten großzügig ihr Erspartes oder bedachten die Krebshilfe testamentarisch. Oft genug waren es Betroffene, die, obgleich selbst vom Krebs besiegt, in der Hoffnung auf bessere Therapien in der Zukunft die Krebshilfe unterstützten.

»Ich kann den Begriff Fehlschläge nicht akzeptieren« ❱ Nicht überall machte sich Mildred Scheel mit ihrer burschikosen und unnachgiebigen Art Freunde. Vor allem die medizinische Fachwelt fühlte sich bald von der einstigen Röntgenärztin bevormundet und düpiert. Im Januar 1980 – Mildred Scheel war nicht mehr First Lady, führte aber ihr Lebenswerk der »Deutschen Krebshilfe« fort – kam es zum Eklat: Sie hatte zu einem Kongress über Krebsnachsorge eingeladen und dafür rund sechzigtausend Ärzte in Deutschland angeschrieben. Nur neunundzwanzig kamen zu dem Symposion, und die verständlicherweise enttäuschte Organisatorin warf den Medizinern im *Medical Tribune* an den Kopf: »Ich frage mich, sind die Ärzte in Deutschland wirklich noch Partner ihres Patienten?«[12]
Sie stach in ein Wespennest. Karsten Vilmar, Präsident der Bundesärztekammer, schoss zurück: Sie habe »einen unsinnigen wie unberechtigten Pauschalvorwurf«[13] verbreitet. Er sprach von einer schweren Beleidigung der deutschen Ärzteschaft und stellte die Frage, ob die Verbindung einer Kongresseinladung mit dem Namen Mildred Scheel für die Ärzte in Zukunft »noch werbewirksam« sei. Die Ärzte waren nicht nur beleidigt, sie zweifelten auch Sinn und Zweck der Kampagnen von Mildred Scheels Verein an. Die Kassen der »Deutschen Krebshilfe« waren durch die große Spendenbereitschaft der Bevölkerung gut gefüllt, es wurde viel in diverse Projekte investiert – indes sprachen die Statistiken damals nicht unbedingt

für nennenswerte Therapieerfolge. Auch die Früherkennung der Krankheit zeigte damals noch nicht den entscheidenden Durchbruch. Das hatte auch Mildred Scheel erkannt. Bereits 1974 meinte sie zur Früherkennung von Brustkrebs bei Frauen: »Die Abtasterei allein reicht nicht aus«,[14] und forderte einen flächendeckenden Einsatz der Röntgentechnik. Erst langsam griffen neue Früherkennungs- und Therapiemethoden, doch damals, 1980, lagen die Nerven auf beiden Seiten – der »Deutschen Krebshilfe« und der Bundesärztekammer – blank. Vollends eskalierte der Streit, als Mildred Scheel dem damaligen Guru der deutschen Populärmedizin Julius Hackethal vorwarf, er treibe ein »verantwortungsloses Spiel mit der Angst«[15]. Der nämlich hatte die These vertreten, bei bestimmten Krebsarten sei es sinnvoller, sie nicht zu behandeln. Zudem bestritt er vehement die Erfolge von Krebsoperationen und Chemotherapien. Mildred Scheel konterte in einem Interview im *Spiegel:*
»Hackethal richtet großen Schaden an bei den Patienten, die der Vorsorgeuntersuchung ohnehin skeptisch gegenüberstehen, aus Angst vor der Diagnose Krebs oder aus Schamgefühl. Diese Bürger werden durch Hackethals Aussage ein Alibi bekommen, auch in Zukunft der Vorsorgeuntersuchung fernzubleiben. [...] Man kann mit der Früherkennungsuntersuchung den Krebs nicht ausrotten, das ist klar. Aber wenn man bestimmte Krebsarten in einem frühen Stadium entdeckt und dann sehr schnell behandelt, dann hat man eine Heilungschance. [...] Der Durchbruch ist nicht da. Man muß aber bedenken: Krebs ist nicht gleich Krebs, es gibt ja hundert verschiedene Krebsarten. [...] Ich kann den Begriff Fehlschläge nicht akzeptieren. Es sind keine Fehlschläge, es ist nur noch kein Durchbruch da.«[16]

TOD EINES IDOLS ❱ Sie sollte recht behalten: Der Kampf gegen den Krebs zeitigte Erfolge, trotz aller Rückschläge und Enttäuschungen, die es auch zu verkraften galt, und trotz des Umstands, dass die Erfolge sich nicht so rasch einstellten, wie man das in der ersten Euphorie für möglich gehalten hatte. Von staatlicher Seite wurde Mildred Scheel für ihren Einsatz schon kurz nach dem Ende von Walter Scheels Amtszeit als Bundespräsident ausgezeichnet: Der neue Bundespräsident Karl Carstens verlieh ihr 1979 das Großkreuz des Bundesverdienstordens. Sonst hatte Mildred Scheel, vor allem bei Staatsempfängen, immer darum gebeten, man möge von Ordensverleihungen absehen. Diese Auszeichnung für ihr Lebenswerk hingegen nahm sie gerne an. Zudem wurde sie in jenen Jahren von den Medien dreimal zur »Frau des Jahres« gewählt.

Auch für Mildred Scheel kamen die Fortschritte in Früherkennung und Therapie von Krebs zu spät: Am 7. Juli 1983, einen Tag vor Walter Scheels Geburtstag, wurde bei ihr Darmkrebs diagnostiziert. Sie nahm die Nachricht gefasst auf, informierte ihre Familie (die sie zu absolutem Stillschweigen verpflichtete) und ging ihrer Arbeit bei der »Deutschen Krebshilfe« wie gewohnt nach. In den nächsten Monaten ließ sie sich in Köln zweimal operieren. Metastasen hatten inzwischen auch andere Organe befallen. Sie nahm die damals zur Verfügung stehenden Medikamente, die den Tod freilich nur hinauszögerten. Kurz vor Ostern 1985 zog sie dauerhaft in eine Klinik in Köln. Ihre Krankheit war inzwischen öffentlich bekannt geworden. Sie erhielt in den letzten Wochen Waschkörbe voller Briefe von Bürgern, die ihr Genesung wünschten, mit ihr mitfühlten und sich bei ihr für ihr Engagement bedankten. Bis zuletzt arbeitete Mildred Scheel vom Krankenbett aus für die »Deutsche Krebshilfe«. Als sie selbst nicht mehr schreiben konnte, diktierte sie ihrer engsten Mitarbeiterin.

Mitgefühl kam überraschend auch aus Amerika. Es ist eine Anekdote, die bei allem Ernst, bei aller Traurigkeit ein Licht auf den unangepassten Humor Mildred Scheels wirft: Nancy Reagan, die tiefgläubige Frau des amerikanischen Präsidenten, ließ Anfang Mai 1985 während einer Privataudienz bei Papst Johannes Paul II. einen Rosenkranz segnen. Kurz darauf, als Ronald und Nancy Reagan nach Deutschland kamen, überreichten sie die Devotionalie beim Staatsempfang von Bundespräsident Richard von Weizsäcker auf Schloss Augustusburg dem ebenfalls anwesenden Altpräsidenten Walter Scheel. Der brachte den Rosenkranz wie beauftragt seiner Frau ans Krankenbett. Ihre Reaktion, so wird gemeinhin berichtet: Sie habe laut prustend gelacht.

Am 13. Mai 1985 verlor Mildred Scheel ihren Kampf gegen den Krebs. In einem Interview hatte sie einmal auf die Frage nach dem größten Unglück

geantwortet: »Jung zu sterben.«[17] Ihren »Traum vom Glück« hatte sie mit dem »Sieg über den Krebs«[18] umrissen. Sie hatte gegen den eigenen Krebs verloren. Die »Deutsche Krebshilfe« und der »Mildred-Scheel-Kreis« hingegen, arbeiten bis heute in ihrem Geist weiter.
Zur Beerdigung am 20. Mai 1985 auf dem Alten Friedhof in Bonn kamen zahllose Bürgerinnen und Bürger. Keine der First Ladys war in der breiten Bevölkerung so bekannt und beliebt wie Mildred Scheel. Bundespräsident Richard von Weizsäcker hatte sie zuvor bei der Trauerfeier im Bonner Münster mit den Worten gewürdigt: »Verantwortungsbewußt und praxisbezogen ging sie ihren Weg, geprägt von einem klaren, unkomplizierten Selbstbewußtsein. Sie war und blieb ein Mensch, der mit seiner Meinung nicht hinter dem Berge hielt.«[19]

Veronica Carstens

1923–2012

Wie Mildred Scheel war auch Veronica Carstens, die First Lady von 1979 bis 1984, Ärztin. Und wie die Vorgängerin hing auch sie mit ganzer Seele an ihrem Beruf. Anders aber als die früh an Krebs Verstorbene übte Veronica Carstens ihren Beruf bis wenige Jahre vor ihrem Tod aus. Selbst in den Jahren, als ihr Mann Karl Carstens Bundespräsident war, führte sie beharrlich und unbeirrt ihre Praxis in Meckenheim bei Bonn fort. Für sie war es undenkbar, wegen des Amts ihres Mannes und mit Rücksicht auf ihre eigenen daraus erwachsenen Repräsentationspflichten ihre Patienten zu vernachlässigen oder aufzugeben. Zumal die Ärztin in den 1970er und 1980er Jahren einem noch jungen Zweig der Medizin anhing: der Naturheilkunde. Freilich gibt es seit Menschengedenken Hausmittel und mündlich tradierte Heilmethoden auf Naturbasis, doch waren diese seit dem 19. Jahrhundert durch die Schulmedizin nicht nur mehr und mehr verdrängt, sondern auch von der medizinischen Wissenschaft diskreditiert worden. Vieles an der Naturmedizin galt vor dreißig und vierzig Jahren als Aberglaube und Spiel mit dem Placebo-Effekt, als unverantwortliche Salbaderei. Dem entgegenzuwirken, die diversen Richtungen und Arten der Naturheilkunde wissenschaftlich zu erforschen und sie so aus dem Ruch der Kurpfuscherei herauszuführen, machte sich Veronica Carstens zur Lebensaufgabe, als Ärztin und als First Lady. Gemeinsam mit ihrem Mann gründete sie hierfür im Jahre 1982 die »Karl und Veronica Carstens-Stiftung« und im Jahr darauf den »Förderverein Natur und Medizin«. »Der Arzt der Zukunft«, so ihre Hoffnung, »soll zwei Sprachen sprechen – die der Schulmedizin und die der Naturheilkunde und Homöopathie. Er soll im Einzelfall entscheiden können, welche Methode die besten Heilungschancen für den Patienten bietet.«[1]

Veronica Carstens sah ihre ärztliche Kunst als Dienst am Menschen, auch unter christlichem Aspekt. Im Glauben war sie fest verwurzelt. Nur so lässt sich erklären, dass sie ihre Praxis bis zum sechsundachtzigsten Lebensjahr führte. Die Medizin war erst die dritte große Liebe. Die erste gehörte ihrer Violine, und als junge Frau hegte sie die ernste Absicht, sich zur Konzertgeigerin ausbilden zu lassen. Die zweite Liebe gehörte ihrem Mann Karl Carstens, ihn lernte sie 1943 auf der Hochzeit ihrer Schwester Annette kennen. Diese drei Leidenschaften – die Musik, ihr Mann, ihr ärztlicher Beruf – wurden die Grundfesten ihres Lebens. Gerne zitierte sie den Psychiater Viktor Frankl: »Der Mensch ist nicht auf Glück, sondern auf Sinn angelegt.« Das wurde ihr Lebensmotto.

EINE BÜRGERLICHE SCHUTZHÜLLE ❱ Geboren wurde Veronica Prior am 18. Juni 1923 in Bielefeld als jüngstes von vier Kindern des westfälischen Ingenieurs Wilhelm Prior und seiner Frau Auguste. Es war ein musikalischer Haushalt, vor allem der Vater war ein großer Liebhaber der klassischen Musik. Ein Sohn der Priors starb früh. Die anderen Kinder – Annette, Veronica und Oswald – lernten Instrumente. Der Vater und Annette spielten Cello, Oswald und Veronica Bratsche und Geige. Man fand sich auch mit Freunden zur Kammermusik zusammen und spielte Mozart und Haydn, Beethoven und die Romantiker. Die Großmutter, die Veronica noch kennenlernte, war eine Rückwanderin aus Amerika; ihre

Eltern waren nach Baltimore und Milwaukee ausgewandert und schließlich – Wilhelm Prior war noch in Amerika geboren – nach Deutschland zurückgekehrt. Veronica bekam nicht nur Gutbürgerliches wie die Liebe zur klassischen Musik vermittelt, sie hörte in ihrer Kindheit auch mit wohligem Schauer die etwas ausgeschmückten Erzählungen der Großmutter, wie sie zur Poststation geritten sei, während im Gebüsch die Indianer lauerten. Und von der Mutter schließlich, deren Vorfahren aus der Gegend um Heilbronn stammten und Weinbauern und Handwerker waren, erhielt Veronica früh vermittelt, dass man auf andere Menschen zugehen müsse, ohne Angst und Scheu, mit Toleranz und gesunder Neugier.

Es war, wie Veronica Carstens bezeugte, eine glückliche Kindheit; Eltern und Geschwistern vermittelten Wärme und Geborgenheit. Später hat sie die Bedeutung einer glücklichen Familie als Keimzelle der Gesellschaft immer betont und viele soziale Verwerfungen, auch familiäre Brüche, mit Defiziten in der Kindheit erklärt. Das mag in seiner Verallgemeinerung ein einfaches Denken gewesen sein, es wurzelte in Veronica Carstens' persönlichem Kindheitserleben und erklärt zum Teil, weshalb sie später als Ärztin eine umfassende, ganzheitliche Auffassung von Gesundheit und Therapie vertrat.

Veronica verlebte nicht nur im Elternhaus eine geschützte Kindheit, auch in der Schule hatte sie das Glück, von der kruden Ideologie des Nationalsozialismus verschont zu bleiben. Sie besuchte die protestantische Cäcilienschule, deren Direktor Carl Hahn es gelang, seine pädagogische Anstalt von den NS-Ideen frei zu halten und nur christlich-humanistisch gesinnte Lehrer einzustellen. Zwar wurde im Zuge staatlich verordneter Laisierung auch dort Religion als reguläres Fach abgeschafft, Hahn jedoch holte aus den nahen Bodelschwingh'schen Anstalten Bethel einen Privatlehrer, der die Schülerinnen weiter in Religion unterrichtete.

1941 legte Veronica Prior das Abitur ab. Ihr Berufswunsch stand fest: Sie wollte Geige studieren und Berufsmusikerin werden. Der Vater riet davon ab: Sie werde wahrscheinlich als Musiklehrerin enden und könne sich dann das Gekratze mindertalentierter Schüler anhören. Zudem verhinderte der Krieg solch eine Ausbildung – Frauen wurden in kriegs- und gesellschaftswichtigen Berufen benötigt. Vater Prior riet ihr zum Medizinstudium. Veronica folgte diesem Rat, auch weil das hippokratische Ethos ihrem eigenen humanistischen Menschenbild entsprach. Zunächst jedoch wurde sie verpflichtet, eine Zeit lang als »Arbeitsmaid«, wie es in der NS-Terminologie hieß, Dienst auf dem Bauernhof zu tun: Sie half bei Lübbecke in Westfalen bei der Kartoffel- und Getreideernte, im Kuhstall und beim Anschirren der Ochsen.

VERLOBUNGSFEIER MIT BRANDBOMBE ❱ Im Sommer 1942 konnte Veronica Prior das Studium in Freiburg im Breisgau aufnehmen. Die Stadt war unzerstört, das studentische Leben täuschte nach wie vor über den Kriegszustand hinweg. Es war eine Insel des Friedens. Nach ein paar Semestern musste Veronica Prior erneut einen Arbeitsdienst leisten, diesmal ihrer Ausbildung entsprechend als Rote-Kreuz-Schwester in einem Lazarett bei Husum in Nordfriesland. Im Frühsommer 1943 schließlich reiste sie zur Hochzeit ihrer älteren Schwester Annette nach Bielefeld. Trauzeuge war ein achtundzwanzigjähriger promovierter Rechtsanwalt aus Bremen. Sein Name: Dr. Karl Carstens. Er war im Dezember 1914 geboren, als Sohn eines Philologen (der zwei Monate vor der Geburt des Knaben an der Westfront gefallen war).
Veronica Prior und Karl Carstens verliebten sich. Bereits im Sommer darauf feierten sie im Hause Prior in Bielefeld Verlobung. Das Fest war mit Aufregung verbunden: Ein Fliegeralarm unterbrach die Feier, die Familie musste in den Keller flüchten, eine Brandbombe fiel ins Dach, die Flammen konnten jedoch von der Familie gelöscht werden. Als alle endlich wieder an der Festtafel saßen, stellten sie fest, dass sich der Kanarienvogel, der durch die von der Druckwelle aufgeflogene Käfigtür entkommen war, mitten in der Festtorte breitgemacht hatte.
Die Trauung von Karl Carstens und Veronica Prior fand am 22. Dezember 1944 in der Flakkaserne in Berlin-Heiligensee statt – während die Rote Armee bereits in Polen stand und die Amerikaner im Westen an die Reichsgrenze vorrückten. Dennoch gönnten sich die Vermählten noch eine Hochzeitsreise ins Riesengebirge: Dort hörten sie bereits das ferne Grollen der russischen Geschütze.
Glücklicherweise mussten beide nicht nach Berlin zurück, das bald hart

umkämpft war. Karl Carstens diente bis April 1945 bei seiner Flakartillerieabteilung in Bremen, Veronica Carstens als Krankenschwester in einem Lazarett in Heide in Dithmarschen. Um Berlin wurde nach wie vor gekämpft, Norddeutschland hingegen war weitgehend von alliierten Truppen besetzt, als sich Karl Carstens mit dem Fahrrad von Bremen nach Hamburg aufmachte, wo er im April seine Ehefrau glücklich in die Arme schließen konnte.

RÜCKZUG UND KRISE ❱ Das Ehepaar ließ sich in Carstens' Heimatstadt Bremen nieder. Karl Carstens begann eine Laufbahn als Anwalt und Politiker: Bereits im Mai 1945 eröffnete er in Bremen eine Rechtsanwaltspraxis. Zwei Jahre später trat er als Sozius in die altehrwürdige Anwaltskanzlei Ahlers-Schottelius-Wölper ein. 1948/49 erhielt Karl Carstens ein Stipendium an der Yale University in Connecticut, USA. Seine Frau blieb in Bremen. In Yale schloss Karl Carstens mit dem Master of Laws ab. Zugleich wurde ihm angeboten, an der dortigen Universität eine akademische Laufbahn einzuschlagen – er lehnte mit Rücksicht auf seine Frau ab und kehrte nach Bremen zurück. In seiner Heimatstadt wurde er juristischer Berater des Senats und bald auch Bevollmächtigter Bremens beim Bund in Bonn. Zudem lehrte er seit 1952 Staats- und Völkerrecht an der Universität Köln. 1954/55 schließlich war er ständiger Vertreter der Bundesrepublik Deutschland beim Europarat in Straßburg und von 1955 an Experte für Europafragen im Auswärtigen Amt in Bonn.

Veronica Carstens verzichtete in den elf Jahren seit der Trauung auf eine Fortführung und Beendigung ihres Medizinstudiums. An eine Ausbildung zur Geigerin war ohnehin nicht mehr zu denken. Sie war ganz auf die Rolle der Haus- und Ehefrau gestutzt. In ihrer Zeit in Bremen hatte sie eine Handelsschule besucht und dort Schreibmaschinenschreiben, Stenografie und Buchführung gelernt, um ihrem Mann in der Anwaltskanzlei behilflich sein zu können. Seine steile Karriere in Straßburg und Bonn jedoch hatte auch dieses Ansinnen überflüssig gemacht. Veronica Carstens las in diesen Jahren viel, die in der NS-Zeit geschlagenen Defizite waren aufzufüllen. Vor allem die damalige junge Literatur faszinierte sie: Heinrich Böll, Gerd Gaiser, Friedrich Dürrenmatt, Max Frisch und andere; ebenso die lange verbotene Musik von Arnold Schönberg, Anton Webern und Igor Strawinsky. Aber die Rezeption war kein Ersatz für eigene Tätigkeit. Das Paar wünschte sich Kinder – nach elf Jahren mussten sie sich eingestehen, dass die Erfüllung dieses Wunsches versagt blieb. Veronica Carstens drohte zu verkümmern, es war die schwerste Krise ihres Lebens. Für die Politik, in der ihr Mann immer mehr aufging, interessierte sie sich nicht. Peinlich wurde es, als sie einmal bei Tisch neben Bundeskanzler Konrad Adenauer sitzen durfte und dem bewunderten Mann anvertraute, dass sie sich für Politik nicht interessiere und auch keine Zeitungen lese. Der sah sie strafend an und mahnte sie, sie solle täglich zumindest die Überschriften von drei Tageszeitungen lesen, damit sie über das Wichtigste informiert sei. Jetzt war es Karl Carstens, der zielstrebige Karrieremensch, der seine Frau zu einem eigenen beruflichen Weg ermunterte – auch weil er wusste, dass sie einen Sinn im Leben haben musste. Er ermutigte sie, ihr im Krieg unterbrochenes Medizinstudium abzuschließen, obwohl sie schon dreiunddreißig Jahre alt war.

EIGENE PRAXIS UND EIGENES HEIM ❭ 1956 nahm Veronica Carstens ihr unterbrochenes Studium wieder auf. Sie legte die Examina ab und promovierte 1960. Von da an war sie mit Herz und Seele Ärztin – bis kurz vor ihrem Tod. Sie machte am St. Josef-Krankenhaus in Bonn-Beuel eine internistische Fachausbildung und arbeitete als Stationsärztin in diversen Bonner Krankenhäusern. 1968 eröffnete sie in Meckenheim bei Bonn eine eigene internistische Praxis. 1973 bauten die Eheleute Carstens in Meckenheim ein Haus, das sie in den folgenden Jahrzehnten ununterbrochen bewohnen sollten. Das Haus war groß genug, um eine Arztpraxis einrichten zu können. Selbst als sie First Lady war, behandelte Veronica Carstens hier ihre Patienten. Im schmiedeeisernen Balkongitter hatte das Paar die Buchstaben »SDG« anbringen lassen. Sie standen für »Soli Deo Gloria« – »Gott allein sei Ehre«. Es war ein Lebensmotto für beide, die ihr Tun und Handeln, ihr Wirken und ihren Lebenssinn bewusst auf einem christlichen Ethos gründeten.

Das Haus, seine Einrichtung, seine Aura und seine Bewohner beschrieb ein Journalist so:

»Da ist es gemütlich, ein paar schöne alte Möbel, Fehmarner Erbstücke aus seiner Verwandtschaft mütterlicherseits, viele Bilder an den Wänden. ›Wir lassen uns jetzt gerade einen alten Ofen einbauen aus niederländischen Kacheln, den haben wir uns schon lange gewünscht‹, sagt Veronica Carstens. In der Biedermeierecke (auch der Stil von Theodor Heuss) unter den ovalen Bildchen mit Scherenschnitten ihrer Verwandten hat ein Notenständer seinen besonderen Platz, aufgeschlagen ist ein Notenband mit Mozarts Violinkonzerten. ›Das‹, sagt sie entschuldigend, ›ist eigentlich nur Dekoration. Leider! Ich habe diese Noten nur aus Nostalgie immer aufgeschlagen gelassen, obwohl ich nie mehr Zeit finde, meine Geige hervorzuholen und zu spielen.‹«[2]

Von dieser gutbürgerlichen Atmosphäre fühlte sich Jürgen Leinemann vom Magazin *Der Spiegel*, der im Mai 1979 über den Kandidaten für das Bundespräsidentenamt Karl Carstens und dessen Frau recherchierte, geradezu herausgefordert. So viel Konservatismus und Harmonie dünkte dem Reporter geradezu verdächtig und anrüchig:

»Eine Ahnengalerie ziert in Scherenschnitten das mit Familienerbstücken geschmückte konventionelle Heim im Bonner Vorort Meckenheim, wo Carstens auch während seiner Amtszeit als Bundespräsident wohnen bleiben will.

Dort führt seine Frau Veronica Carstens eine internistische Arztpraxis mit geradezu seelsorgerischer Fürsorge. Sie ist Presbyterin in der evangelischen Gemeinde, Carstens selbst, der einst Diakon am Bremer St.-Petri-Dom war, predigt hin und wieder den linksrheinischen Protestanten.

Was immer man sich unter intaktem harmonischen Ehe- und Privatleben nach ländlicher Pastorenart vorstelle, bei Carstens in Meckenheim ist es auf 140 Quadratmeter Wohnfläche zu Haus – die 4 000-Bücher-Bibliothek von Brecht bis Tieck, die kräutersammelnde Hausfrau, die Geige spielt, der Roggen züchtende Hausherr, der Gedichte vorliest, Barockmusik und Burgunder, schmiedeeiserne Schnörkelgitter und der Haushund Ben, der das Ehepaar bei Wanderungen durch die Eifel begleitet.

Jeder, der im Hause Carstens zu Gast war, versichert, daß alles echt sei, ungekünstelt, hausväterlich, freundlich, hilfsbereit. Erst hinterher erscheint es manchem ein bißchen zu schön, um wahr zu sein.

Nun nähme an diesem Hang zur Idylle, diesen privaten Funden seiner ständigen ›Suche nach dem Positiven‹, sicher niemand Anstoß, priese Karl Carstens seine Harmoniewelt nicht ständig unterschwellig als Modell für alle an.«[3]
Das verriet mehr über den Autor als über die Porträtierten. Tatsache war, dass die Eheleute Carstens ein harmonisches Miteinander pflegten, nicht nur nach außen hin. Dass beide in Berufen standen, die sie nicht nur aus-, sondern auch erfüllten, trug zu diesem gelebten und nicht aufgesetzten bürgerlichen, in sich ruhenden Selbstverständnis bei.

»MICH INTERESSIERT ALLES ANDERE MEHR« ❱ Während Veronica Carstens sich ihre gut gehende Praxis in Meckenheim aufbaute und bei der Behandlung zunehmend Naturheilmethoden als Ergänzung zur Schulmedizin erfolgreich einsetzte, stieg ihr Mann in der Politik geradlinig auf: 1960 wurde er Zweiter Staatssekretär im Auswärtigen Amt, im Jahr darauf Erster Staatssekretär. 1966, in der Großen Koalition, wechselte er als Staatssekretär ins Bundesministerium der Verteidigung, 1968 wurde er Chef des Kanzleramts unter Bundeskanzler Kurt Georg Kiesinger. Nach dem Machtwechsel in Bonn, der sozialliberalen Koalition unter Bundeskanzler Willy Brandt, widmete sich Karl Carstens wieder mehr seiner akademischen Laufbahn als Ordinarius für das Recht der Europäischen Gemeinschaft an der Universität Köln und als Leiter des Forschungsinstituts der »Deutschen Gesellschaft für Auswärtige Politik« in Bonn. 1972 zog er für die CDU in den Bundestag ein, wo er bald zum politischen Sprecher der Fraktion avancierte. 1973 wurde er Fraktionsvorsitzender. Am 14. Dezember 1976 schließlich, seinem zweiundsechzigsten Geburtstag, wurde Karl Carstens ins zweithöchste Staatsamt gewählt, er wurde Präsident des Bundestags. Er selbst entgegnete auf Vorwürfe, er sei ein Streber, gelassen: »Ich habe mich nie um irgendeine Tätigkeit beworben, und die Aufgaben, die ich übernommen habe, sind mir im Zuge der politischen Entwicklung zugewachsen.«[4]
Nachdem Walter Scheel im März 1979 hatte verlauten lassen, dass er kein zweites Mal für das Amt des Bundespräsidenten kandidieren werde, da er durch geänderte Verhältnisse in der Bundesversammlung nicht mit einer

Mehrheit rechnen könne, begannen die strategischen Überlegungen für einen Kandidaten der CDU/CSU-Fraktion. In internen Verhandlungen der Parteispitzen setzte sich Carstens gegen Richard von Weizsäcker und Marion Gräfin Dönhoff durch. Einen Tag vor der Wahl am 23. Mai 1979 wurde die Vizepräsidentin des Bundestags Annemarie Renger von der SPD als Kandidatin für das höchste Amt im Staate aufgestellt. Bereits im ersten Wahlgang erhielt Karl Carstens die erforderliche Mehrheit. Er war damit der fünfte Bundespräsident.

Veronica Carstens nahm die Wahl ihres Mannes gelassen auf. Den Ratschlag des ersten Bundeskanzlers Konrad Adenauer, zumindest die Überschriften der Zeitung zu lesen, mochte sie befolgt haben. Indes, die Politik war noch immer nicht ihr Faible. Sie begleitete die Karriere ihres Mannes mit Wohlwollen, jedoch keineswegs als die »starke Frau«. Sie hatte ihren eigenen Beruf, auch ihre Berufung, die sie ganz in Anspruch nahmen. Und vielleicht gerade deshalb war die Ehe der Carstens so harmonisch, weil Beruf und Karriere des Mannes nicht als Ersatz für nicht gelebte eigene Berufsziele herhalten mussten. Recht unverblümt äußerte sich die First Lady Veronica Carstens noch 1983 gegenüber die Presse, sie komme den Staatspflichten an der Seite ihres Mannes nach und habe auch eingesehen, dass es nötig sei, sich für Politik zu interessieren: »Dennoch: Mich interessiert alles andere mehr.«[5]

WANDERN UND NATURHEILKUNDE ❱ Zwar war es nicht die hohe Politik, wohl aber waren es die regionalen politischen Belange, die Veronica Carstens wichtig waren: In dem Sinne, dass sie sich gesellschaftlich im Dienst am Nächsten einsetzte. Bewusst verstand sie ihre Patienten als die »Nächsten«, den Dienst als Ärztin als christliche Caritas. Gerade deshalb aber versuchte sie neue, alte Wege der Medizin zu beschreiten, Wege, die in der Tradition der Naturheilkunde längst bekannt und nur verschüttet waren, die man im Zuge der Überbewertung der Schulmedizin zu Unrecht verdrängt oder gar übel beleumundet hatte. Diese Hinwendung zur alternativen Heilkunde lag sicherlich im Schwange der Zeit. Nicht von ungefähr formierte sich in den frühen 1980er Jahren die Ökologiebewegung, die nicht nur in der Partei der Grünen, sondern auch in christlichen

Basiskirchen ein Podium fand. Auch Karl und Veronica Carstens waren – ob bewusst oder unbewusst – Teil dieser ökologischen Wendebewegung: Karl Carstens ist bis heute für die meisten Bundesbürger der »Wanderpräsident«. Bereits in seiner Antrittsrede vom Sommer 1979 kündigte er an, er wolle die »Wanderbewegung auf das Wärmste unterstützen. Meine Frau und ich haben uns vorgenommen, wenn unsere Kräfte dazu reichen, Deutschland von Norden bis zum Süden, von der Ostsee bis an den Alpenrand zu Fuß zu durchwandern«[6]. Das war mehr als nur Teilhabe an der damals so beliebten Volkswanderbewegung; vielmehr wollte Karl Carstens, wie er selbst sagte, mit seinen Wanderungen die Bevölkerung für die »Fülle landschaftlicher und kultureller Schönheiten« sensibilisieren und zur »Vermittlung bestimmter Wertüberzeugungen«[7] beitragen. Seine Frau Veronica begleitete ihn auf den Etappen, die auf insgesamt rund 1 600 Kilometern vom Ostseestrand bis in die Alpen führten. Der oft als nüchtern-pragmatische Jurist gezeichnete Bundespräsident machte sich mit diesen Wanderungen, auf denen ihn oft Hunderte von Menschen begleiteten, als nahbarer Politiker bekannt und in einzigartiger Weise beliebt. Von Linksintellektuellen wurden diese Veranstaltungen belächelt und bespöttelt, der Volksnähe von Karl Carstens und seiner Frau Veronica tat das keinen Abbruch.

Bei dieser Nähe zur Ökologie- und Alternativbewegung war es nicht verwunderlich, dass das Ehepaar im Jahre 1982 die »Karl und Veronica Carstens-Stiftung« und im Jahr darauf den Förderverein »Natur und Medizin« ins Leben riefen. Auf die Idee kamen sie während eines Flugs nach China. Veronica Carstens erinnerte sich: »Mein Mann und ich waren unterwegs nach Peking auf einem der zahlreichen Staatsbesuche, die jeder Bundespräsident absolvieren muss und hatten endlich viel Zeit für ein langes Gespräch. Es ging dabei um die Frage: ›Wer soll uns beerben?‹ Da wir selber leider keine Kinder hatten, war die Antwort nicht einfach – gerade deshalb aber wiederum auch sehr einfach. Denn nötig hatte keiner der nächsten und übernächsten Generation unsere Erbschaft. Nun war der Stein ins Rollen gekommen und am Ende entschieden wir uns – übrigens auf Anregung meines Mannes – für eine Stiftung zur Förderung der Naturheilkunde. Seine Begründung lautete: ›Du bedauerst doch so oft, dass die Naturheilkunde von der Schulmedizin nicht anerkannt wird, weil sie bisher nicht den Beweis ihrer Wirksamkeit erbringen konnte. Deshalb könnten wir verfügen, dass mit unserem Nachlass der Anfang gemacht wird und zwei bis drei Studien für entsprechende Forschung durchgeführt werden.‹«[8]

Die Arbeit der Stiftung ließ sich gut an und wurde nicht nur durch den Bekanntheitsgrad des Ehepaars gefördert, sondern auch dadurch, dass ein Desiderat nach naturkundlichen Heilmethoden bestand. Im Editorial der ersten Ausgabe der Mitgliederzeitschrift des Fördervereins schrieb Veronica Carstens die programmatischen Worte: »Bei aller Anerkennung der Erfolge der Medizin, die während der letzten 150 Jahre die großen Seuchen wie zum Beispiel Tuberkulose, Cholera, Typhus in den Griff bekam, und die durch meisterhafte Operationstechnik unzählige Menschen rettete, erleben viele von uns auch die Grenzen dieser Medizin. Immer wieder hören wir von schweren Nebenwirkungen von Medikamenten, haben sie vielleicht selbst verspürt; immer mehr Patienten reagieren allergisch auf sie; und leider wird uns auch immer deutlicher, dass manche Krankheiten trotz intensiver Forschung noch nicht besiegt wurden. Nicht nur die großen, schwersten Leiden wie zum Beispiel Krebs, multiple Sklerose, Herz- und Gefäßkrankheiten, Rheuma oder Parkinson gehören dazu, sondern auch zahlreiche kleinere Beschwerden, die nicht lebensbedrohend, aber doch belastend sind. [...] Man kann sich des Eindrucks nicht erwehren, dass hier vielleicht ganz andere Wege beschritten werden müssen und dass das Arsenal der Natur noch nicht genügend befragt wurde. Ärzte, die Erfahrung mit Heilpflanzen, mit Homöopathie oder Akupunktur haben, finden oft auf diesen Wegen Möglichkeiten der Hilfe. Es gibt noch zahlreiche andere Gebiete der Erfahrungsheilkunde, aber dies sind die größten und bekanntesten.«[9]

»DEIN ZIEL WIRD DICH FINDEN« ❱ Es war der Beginn einer einzigartigen Erfolgsgeschichte. Zwar wurden die diversen Richtungen der Natur- oder Erfahrungsheilkunde – vor allem die Homöopathie – bis in die jüngste Zeit hinein immer wieder von der Schulmedizin, insbesondere an den Akademien und Universitäten, angefeindet und lächerlich gemacht, aber im Laufe der Jahrzehnte kehrte sich die Tendenz um: Die Naturheilkunde wird von zahllosen Patienten geschätzt, und auch bei vielen Ärzten, Forschern und bei den Krankenkassen hat längst ein Umdenken eingesetzt. Die Naturheilkunde – so viel ist heute klar – will und kann nicht die Schulmedizin ersetzen, wohl aber in vielen Fällen ergänzen. Dieses Hand-in-Hand-Gehen erfordert in jedem Krankheitsfall einen sensiblen Umgang mit dem einzelnen Patienten und seinen individuellen Beschwerden. In jedem Fall kann eine sinnvolle Ergänzung der Behandlung durch die Naturheilkunde zu einer menschenwürdigen Medizin beitragen.

Heute unterhält und fördert die »Karl und Veronica Carstens-Stiftung« zahlreiche Forschungsprojekte und Einrichtungen, etwa Hochschulambulanzen für Naturheilkunde an der Universitätsfrauenklinik Heidelberg, am Klinikum Jena, in der Psychiatrie in Hofheim im Taunus (eine Filiale der Universität Frankfurt) und an der Universitätsklinik Freiburg. In München wurde ein Modellprojekt Kinderheilkunde von der Stiftung gefördert. An der Charité in Berlin wurde eine Stiftungsprofessur zur Erforschung der Komplementärmedizin eingerichtet. Ein – allerdings sehr umstrittenes – Forschungsprojekt über Erdstrahlen wurde gefördert. Außerdem verfügt die Stiftung über Europas größte Datenbank und die bedeutendste Fachbibliothek in der Komplementärmedizin.[10]

Der Förderverein »Natur und Medizin« wird heute von rund 30 000 Mitgliedern unterstützt. Die Vereinszeitschrift wird von schätzungsweise 70 000 Menschen gelesen. Zahlreiche Zuschriften – Briefe und E-Mails – gehen Jahr für Jahr bei Stiftung und Verein ein, von Menschen, die sich von der Naturheilkunde mehr erwarten als von der Schulmedizin. Über die Jahrzehnte hat Veronica Carstens viele Briefe selbst beantwortet. Es war ihr eine Ehrensache und ein Herzensanliegen. Sie schätzte die Zahl der Briefe, die sie in rund zwanzig Jahren beantwortete, auf etwa 30 000. »Diese Arbeit«, so erinnerte sie sich, »tat ich besonders gern, weil sie nach und nach eine engere Verbindung zu unseren Mitgliedern herstellte, und ich auf diese Weise erfahren konnte, wo der Schuh am meisten drückte. Ein- bis zweimal pro Monat hielt ich Vorträge zum Thema Gesundheit, Naturheilkunde und Homöopathie.«[11]

Es war für Veronica Carstens Ehrensache, als First Lady auch die Schirmherrschaften über das Müttergenesungswerk, die Deutsche Altershilfe, das Kinderhilfswerk UNICEF und die Deutsche Multiple Sklerose Gesellschaft zu übernehmen. Ihr Lebenswerk war und blieb – neben ihrer Arztpraxis – die Stiftung für Naturheilkunde. 1984 trat Karl Carstens nicht mehr zur Wahl für das Bundespräsidentenamt an. Sein Nachfolger wurde Richard von Weizsäcker. Für Veronica Carstens, die sich fünf Jahre lang zwischen den Repräsentationspflichten in der Villa Hammerschmidt und ihrer Praxis in Meckenheim geradezu aufgeteilt hatte, war das eine Erleichterung. Aktiv blieb sie bis ins hohe Alter, auch nachdem ihr Mann am 30. Mai 1992 verstorben war. Erst 2008 zog sie sich von öffentlichen Pflichten zurück, im Jahr darauf, mit sechsundachtzig Jahren, auch von ihrer geliebten Praxis. Die letzten Lebensjahre verbrachte die freundliche, herzenswarme alte Dame in einem Seniorenheim in Bonn. Über sich selbst und ihr Lebenswerk meinte sie weise – und in Ergänzung des von ihr häufig zitierten Satzes Viktor Frankls: »In meinem Fall war die Mitarbeit an der Verwirklichung einer zukunftsweisenden Idee nicht nur Sinn meines Lebens geworden, sondern auch ein großes Glück.«[12] Sie starb am 25. Januar 2012 im Alter von achtundachtzig Jahren.

Zahlreiche Menschen kamen zum Trauergottesdienst in der Kreuzkirche in Bonn und eine Woche später zur Gedenkfeier in der Bonner Beethovenhalle. Veronica Carstens hatte testamentarisch die Einzelheiten für den Gottesdienst und die Beerdigung bestimmt. Auch das zeugte von ihrer großen Gelassenheit im Umgang mit der eigenen Endlichkeit. Pfarrer Jochen Siebel, einst Pastor von Meckenheim, hob in seiner Predigt hervor, Veronica Carstens sei auch eine »begnadete Seelsorgerin«[13] gewesen, und meinte damit den ganzheitlichen, Körper und Seele umfassenden Anspruch der von ihr vertretenen Naturheilkunde. Bei der Gedenkfeier nahmen auch Altbundespräsident Horst Köhler und seine Frau Eva Luise Köhler teil, die mit Veronica Carstens persönlich befreundet waren. Dabei zitierte Eva Luise Köhler den Titel der Erinnerungen von Veronica Carstens: »*Dein Ziel wird dich finden.* Das ist eine Ermutigung für alle, die nach dem Sinn des Lebens fragen.«[14]

Ihre Lebenserinnerungen beendete Veronica Carstens mit den tröstlichen Worten: »Ohne die hier geschilderte ›Transzendenz‹ hätte ich nicht leben können. Mit ihr aber werden uns Menschen Flügel geschenkt, mit denen wir uns aus dem Alltag erheben können, Hilfe finden bei allen Vorhaben, die uns zu schwer erscheinen. Wunder über Wunder geschehen. Gelassenheit, Freude, Friede und Liebe kehren ein.«[15]

Marianne von Weizsäcker

*1932

Im April 1985 lud die First Lady der Vereinigten Staaten von Amerika Nancy Reagan »Kolleginnen« aus sechzehn Ländern nach Atlanta im US-Bundesstaat Georgia zu einem »Drogengipfel« ein. Die Veranstaltung nannte sich vollmundig »First Ladies Conference on Drug Abuse« im Rahmen der jährlich stattfindenden »Pride-Conference«. »Pride« steht hierbei als sprechende Abkürzung für »Parents Resource Institute for Drug Education«. Vordergründig gab sich die Veranstaltung als Symposion von Ärzten und Forschern, die über Ursachen, Wirkung und Bekämpfung von Drogensucht referieren sollten. Doch war das nur das wissenschaftliche Accessoire. Der Gipfel geriet vielmehr zu einer großen Show, um Gelder für die gute Sache zu gewinnen. Der Zweck heiligt angeblich die Mittel, auch mögen in Amerika die Hemmschwellen bei der Verquickung von ernstem Anlass und Vermarktung niedriger sein, dennoch rief die Veranstaltung bei Beobachtern aus Europa Befremden und Vorbehalte hervor. Auch die First Lady Deutschlands Marianne von Weizsäcker, die Frau des Bundespräsidenten Richard von Weizsäcker, fühlte sich von der Veranstaltung eher peinlich berührt. Sie hatte seit wenigen Wochen die Schirmherrschaft über den »Bundesverband der Elternkreise drogengefährdeter und drogenab-

hängiger Jugendlicher« inne und hatte diese Aufgabe nicht aus sozialem Pflichtgefühl einer First Lady übernommen, sondern aus ehrlichem und unmittelbarem Interesse. Aber ihre Vorstellungen von Hilfe und Engagement waren anders als die der amerikanischen Präsidentengattin. Das lag an Marianne von Weizsäckers deutscher Mentalität, aber auch an ihrem ganz individuellen Charakter, der von Bescheidenheit und Zurücknahme geprägt ist. Bereits kurz zuvor hatte sie als neue Schirmherrin des Verbandes zu einer Pressekonferenz im kleinen Kreis geladen: Nur auserwählten Journalisten weniger Tageszeitungen hatte Marianne von Weizsäcker bei einer Tasse Tee von ihrem neuen Engagement erzählt. Als die Frage eines Reporters nach der Bankverbindung des Verbandes kam, »weil das Leben halt so ist, daß die Leute Geld spenden wollen«[1], hatte die First Lady beinahe unwirsch gekontert: »Dann muß sich eben das Leben ändern.«[2]
Doch so einfach war die Angelegenheit nicht zu steuern. Das zeigte sich wenig später, als Nancy Reagans Einladung auf Marianne von Weizsäckers Schreibtisch im ersten Stock der Villa Hammerschmidt landete. Das übereifrige, publicityträchtige Engagement der amerikanischen First Lady machte schließlich auch vor Deutschlands Türen nicht halt: Beim Staatsbesuch von Ronald und Nancy Reagan Anfang Mai 1985 brachte die erzfromme Amerikanerin nicht nur der todkranken Mildred Scheel einen vom Papst geweihten Rosenkranz mit (was diese zu einem Lachanfall veranlasst habe), sondern sie zauberte aus ihrer Handtasche auch einen Scheck über fünftausend Dollar, den sie Marianne von Weizsäcker überreichte, zum Wohle der Elternkreise drogengefährdeter Jugendlicher. Marianne von Weizsäcker nahm den Scheck an und arrangierte sich auch sonst mit der für sie noch ungewohnten Situation der Charity-Lady. Das Betteln mit der Sammelbüchse, das Mildred Scheel so exzellent und skrupellos beherrscht hatte, widerstrebte ihr indes. Dass Nancy Reagan aktionistische Unruhe in ihr Metier brachte, war ihr nicht recht, musste sie aber um der politischen Raison willen über sich ergehen lassen. Friedbert Pflüger, damals enger Mitarbeiter des Bundespräsidenten, erinnerte sich: »Die amerikanische Seite zeigte sich zunächst enttäuscht. Man hatte einen öffentlichkeitswirksamen Besuch Nancy Reagans in einer Familie mit einem drogensüchtigen Kind geplant. Fernsehwirksam sollte sie sich über ein

bleiches, zitterndes Gesicht beugen. Stattdessen hatte die deutsche Seite darauf bestanden, ›nur‹ eine Begegnung mit Bonner Eltern von drogenabhängigen Jugendlichen im Beisein von Marianne von Weizsäcker vorzusehen. Der Versuch allerdings, dieses Gespräch ohne Fernsehkameras durchzuführen, scheiterte. Wenn schon kein Familienbesuch, dann wenigstens ein dramatisches Gespräch vor surrenden Fernsehkameras!«[3]
Ähnlich diskrepant erlebte Pflüger ein Gespräch in den Räumen der Villa Hammerschmidt am 2. Mai 1985:
»Während Richard von Weizsäcker unten im Kaminzimmer mit Ronald Reagan über Bitburg spricht, hält Nancy Reagan im ersten Stock der Villa Hammerschmidt Hof. Man sitzt im Kreis, Kameras laufen, Fotoapparate klicken, Journalisten schreiben jedes Wort mit. In grauem Tweedrock und beigefarbener Bluse aus Angora-Cashmere und ebenfalls beigen Lackpumps, mit drei Brillantringen an den Fingern, einem Goldreif um den Arm, großen Perlenclips an den Ohren und einer Kette mit goldenen und silbernen Gliedern sitzt die amerikanische First Lady da und lauscht mit unbeweglichem, blassem, aber stark geschminktem Gesicht den vorbereiteten Berichten der Eltern. Neben ihr, in einem einfachen cremefarbenen Crêpe-Kostüm, Marianne von Weizsäcker, die etwas ausgeliefert wirkt. Es mißfällt ihr, daß hier ganz persönliche Probleme aus den Familien auf dem offenen Markt ausgebreitet werden. Für die Amerikaner ist das nicht fremd, dort redet jeder öffentlich über seine Schwierigkeiten mit sich und dem eigenen Psychiater.
Auch wenn die Berichte der Eltern rührend wirken, so bleibt das Gespräch doch an der Oberfläche, plätschert dahin. Die Eltern allerdings scheinen das nicht zu empfinden. Vielleicht freuen sie sich auch über die Aufmerksamkeit von Nancy Reagan, die immerhin zuzuhören scheint. Auch gibt sie zwischendurch Kommentare, mit herber Stimme professionell vorgetragen und mit markanten Armbewegungen untermalt. Sie versteht es geschickt, die komplizierte Drogenthematik in die Form der vom US-Fernsehen geforderten, zwanzig Sekunden langen sound-bites zu pressen. Allein die Reduzierung der schwierigen Drogenthematik auf ein fernsehgerechtes Statement widerspricht dem ganzen Empfinden Frau von Weizsäckers zutiefst.«[4]

Die Journalistin Almut Hauenschild kommentierte damals in der *Hannoverschen Allgemeinen*: »Die knallharte amerikanische Show wird die zurückhaltende, nachdenkliche deutsche Freifrau jedoch sicher nie so perfekt beherrschen wie ihre amerikanische Kollegin.«[5] Das war auch nicht nötig. Marianne von Weizsäcker bewies nach anfänglichen Berührungsängsten mit den Medien, was in ihr steckte. Freilich, das Spiel mit der PR war ihre Sache nicht und wurde es auch nie. Sie lernte sehr schnell, die ihr eigenen »Waffen« im Dienste ihrer Sache einzusetzen: ihre Natürlichkeit, ihre Wärme, ihre Toleranz, ihre Fähigkeit, andere ernst zu nehmen. Das kam bei den Menschen gut an und machte sie zur vielleicht nicht bekanntesten First Lady Deutschlands, wohl aber zu einer authentischen, natürlichen. Darin ähnelte sie ihrer Vorgängerin Veronica Carstens.
Marianne von Weizsäcker erhielt in den zwei Amtsperioden ihres Mannes viel Zuspruch, von Bürgerinnen und Bürgern, von Eltern und Jugendlichen der von ihr als Schirmherrin vertretenen Organisation. Das schönste Kompliment jedoch stammt von ihrem Mann Richard. In seinen Erinnerungen anerkennt er die Leistung seiner Frau, die sie in jenen Jahren als First Lady ganz selbstverständlich erbracht hat: »Darüber hinaus bearbeitete meine Frau ein besonderes Aufgabenfeld, das sie mit der Not in ungezählten Familien zusammenführte: mit der Drogensucht junger Menschen. [...] Diese nahezu weltweite Thematik brachte meine Frau bei jeder unserer zahlreichen Reisen mit den entsprechenden Problemen und Lösungsversuchen in anderen Ländern in Kontakt und füllte ihr Arbeitspensum zusätzlich an, oft tage- und nächtelang. Aus den Fragen mancher Medienvertreter hätte man schließen können, als ginge es für die Frau des Präsidenten vor allem um Kleider, Souvenirs und dergleichen. In Wahrheit leistet sie eine ebenso hochinteressante wie harte Arbeit, die maßgeblich dazu beiträgt, die Belange unseres Landes gut gelingen zu lassen [...]«[6]
Richard von Weizsäcker schrieb das nicht nur als ehemaliger Bundespräsident über seine engste »Mitarbeiterin«, sondern vor allem als ein Ehemann, der seine Frau seit nunmehr über sechzig Jahren voller Liebe und Achtung begleitet. Marianne von Weizsäcker sagte einmal über die geistige Nähe zu ihrem Mann: »Eine große gemeinsame Aufgabe zu haben ist ein Reichtum.

Auch ist es ein Geschenk für uns, da wir nicht getrennt sind, sondern unter einem Dach leben und arbeiten können.«[7] Das Wissen um dieses Privileg gab der First Lady Kraft für eine Aufgabe, die sie vielleicht mit weniger »Showappeal« als eine Nancy Reagan erledigte, dafür aber sicherlich mit warmer Anteilnahme.

»Dass das Materielle nichts Bleibendes ist« ❱ Marianne von Kretschmann wurde am 17. Mai 1932 in Essen geboren. Der Vater war Kaufmann, die Vorfahren väterlicherseits stammten aus Franken und Potsdam und hatte einige Pastoren und Offiziere hervorgebracht. Zudem war die einstmals bekannte Sozialistin und Frauenrechtlerin Lily Braun (1865–1916), Tochter des Generals Hans von Kretschmann, eine Ahne.

Es war eine Kindheit im Krieg – dennoch wussten die Eltern ihre Töchter (nach Marianne kamen noch zwei Mädchen zur Welt) vor den Auswirkungen der Kämpfe großteils zu bewahren. Freilich erinnerte sich Marianne von Weizsäcker sehr wohl an Bombennächte, die sie im Keller verbringen musste: »Vor den Souterrain-Fenstern lagen Sandsäcke gegen Bombensplitter und Druckwellen. Wir hatten da unten immer voll angezogen im Bett zu liegen, bereit für eine Flucht in den nächsten Bunker. Uns war in diesem gruseligen Keller oft langweilig. Das Beste war die knarrende Treppe, die das Nahen der Erwachsenen ankündigte.«[8] Die Kinder bauten die Kriegswirklichkeit in die Fantasie ihrer Spiele ein – vielleicht eine unbewusste psychische Bewältigungstaktik: »So konnten wir viele Nachtstunden ungestört spielen – und zwar Bombenangriff! Es lagen da nämlich scharenweise Kellerasseln herum, die wir mit kleinen Steinchen zu bombardieren versuchten. [...] Mit unseren Augen betrachtet, war der Krieg zunächst beinahe nur ein Straßenspiel, besser als Völkerball und Häuschen-Hüpfen.«[9]

Als die Angriffe auf Essen zunahmen, wurden die Mutter und beide Töchter nach Oberstdorf im Allgäu evakuiert. Dort kam eine dritte Tochter zur Welt. In der ländlichen Abgeschiedenheit verbrachte die Familie vom Krieg weitgehend unberührte Monate. Als Einbruch einer neuen Zeit wurde bei Kriegsende jedoch die Besetzung durch französische Truppen empfunden. Dunkelhäutige marokkanische Soldaten tauchten im Allgäu auf,

derer sich Marianne von Weizsäcker als fremde, faszinierende Gestalten erinnerte. Entsetzt war man, als die Soldaten alle Hühner des Bauernhofs, auf dem mehrere Familien einquartiert waren, requirierten, kochten und verspeisten und die fette Brühe achtlos wegschütteten. Es war das Recht der Sieger und wurde von der ausgehungerten Bevölkerung als Schmach und Unrecht empfunden. Die Kinder freilich hatten an der fetten Rutschbahn im Hof noch tagelang ihren Spaß.
Nach dem Krieg – der Vater versuchte unterdessen in Hamburg eine neue berufliche Existenz aufzubauen – kehrte die Mutter mit den drei Töchtern nach Essen zurück, in das unversehrt gebliebene Haus der Großeltern im Stadtteil Bredeney. Man richtete sich im Frieden ein, der zunächst hauptsächlich als materielle Not empfunden wurde: Aus Vorhängen wurden Kleider genäht, der Ziergarten wurde umgegraben, Kartoffeln und Gemüse wurden angebaut, um die Familie durchzubringen. Marianne konnte endlich wieder einen geregelten Unterricht besuchen. Sie ging auf das Mädchengymnasium in Bredeney, lernte mit dem Eifer jener Generation, die Bildung als nicht selbstverständliches Privileg empfand. »Als Kind«, so gestand sie, »erlebte ich, daß das Materielle nichts Bleibendes ist, daß nur das überdauert, was man sich erwirbt, und zwar geistig erwirbt. [...] Kriegs- und Nachkriegszeit lehrten mich, daß es vor allem auf die inneren Kräfte im Menschen ankommt.«[10] Ihre Lieblingsfächer waren Deutsch, Mathematik und Kunstgeschichte. Auch lernte sie gern Sprachen, beherrschte später sehr gut Englisch und Französisch (und lernte als First Lady auch noch Spanisch), was ihr den gesellschaftlichen Austausch bei Empfängen und auf Staatsreisen erleichterte. Der geistige Hunger war damals immens. Marianne von Weizsäcker bewahrte ihn sich ein Leben lang. Sie las die junge Literatur, die in Deutschland wieder erscheinen durfte, die Werke der Gruppe 47, die französische, englische und amerikanische Moderne, sie lernte die unter den Nationalsozialisten als »entartet« geschmähte bildende Kunst kennen. Und sie ging gern in Konzerte und in die Oper.
Auch das Reisen gehörte zu den Dingen, die man – geistig ausgehungert – nachholen wollte – im Rahmen sehr bescheidener Verhältnisse. Marianne von Kretschmann konnte immerhin Freunde der Familie in Schweden be-

suchen und erlebte eine wundersame Welt, in der es keine Kriegsschäden und keine materiellen und seelischen Zerstörungen gab.

1950, sie ging noch zur Schule, lud ein Onkel sie zu einer Jagdgesellschaft bei Kettwig ein. Dort lernte sie einen zwölf Jahre älteren Rechtsreferendar kennen. Sein Name: Richard von Weizsäcker. Sie erinnerte sich: »Ich war erst 17 und dachte noch gar nicht an Männer. Mit meinem Onkel war ich zum Zugucken gekommen. Wir standen nach der Jagd um ein Lagerfeuer herum. Da trafen wir uns. Ich weiß bis heute nicht, wieso Richard mich entdeckte. Ich trug einen umgeänderten Mantel aus Loden, der schwer und weit an mir herunterhing. Meine blonden Haare hatte ich unter eine Mütze gestopft.«[11]

Sie tat zunächst desinteressiert – das gehörte sich damals so. Der junge, gut aussehende Referendar ließ nicht locker. Abends kamen sie bei der Jagdfeier in einer Gastwirtschaft ins Gespräch. Der Kontakt riss nicht ab. Sie verliebten sich. Vor der Hochzeit schloss Marianne von Kretschmann erst noch die Schule in Essen mit dem Abitur ab und machte eine Zeit lang eine kaufmännische Ausbildung an einer Hamburger Handelsschule, ohne diese jedoch zu Ende zu führen. Am 10. Oktober 1953 heiratete das Paar in Hamburg-Blankenese standesamtlich, die kirchliche Trauung folgte in der protestantischen Kirche in Essen-Bredeney.

Es war für Marianne von Weizsäcker selbstverständlich, dass sie »an der Seite ihres Mannes« stand, sich um Haushalt und Kinder (drei Söhne und eine Tochter kamen im Laufe der Jahre zur Welt) kümmerte, und darüber hinaus ihrem Mann den Rücken freihielt, auch beruflich. Darin glich sie der Mehrzahl der Frauen ihrer Generation. Ihre Berufung als Ehe- und Hausfrau, als Gefährtin und Mutter zweifelte sie nie an. Auch ihre späteren Aufgaben und Pflichten als First Lady sah sie in diesem Licht und übernahm sie ohne Protest – obgleich es ihr anfänglich nicht leicht fiel, so sehr im Fokus der Öffentlichkeit zu stehen.

Der Journalistin Ursula Salentin gab sie später ausführlich Antwort auf deren Frage nach ihren Ansichten zur weiblichen Emanzipation und zur Vereinbarkeit von Familie und Beruf:

»Frauen denken nicht anders als Männer, sie setzen nur andere Prioritäten, und das ist wichtig für uns alle. [...] ich finde, daß es hier außerordentlich

schwierig ist, eine eindeutige Haltung einzunehmen, einen verbindlichen Rat zu geben. Selbstverständlich verstehe ich, daß junge Frauen, vor allem wenn sie eine qualifizierte Berufsausbildung abgeschlossen haben und mit Freude in ihrem Beruf tätig sind, diesen nicht aufgeben wollen. Andererseits bedürfen Kinder der vollen Zuwendung. Dieses Dilemma wird man nur jeweils im Einzelfall lösen können.«[12]
Die Verbindung mit ihrem Mann hat Marianne von Weizsäcker indes nie als Einschränkung empfunden, sondern – neben der ganz persönlichen Bereicherung und der gegenseitig geschenkten Liebe – auch als geistige Anregung.
»Das war ein durch eine harte Welt geprägtes Leben«, meinte sie einmal bezüglich der Erfahrungen, die Richard von Weizsäcker als junger Mann im Krieg hatte machen müssen. »Mein Mann brachte an mich eine Welt heran, die ich nicht kannte, die mich aber herausforderte und, wenn man will, schnell erwachsen werden ließ.«[13]

FREIHERREN IM BLUTIGEN 20. JAHRHUNDERT ❱ Richard von Weizsäcker geriet – auch durch die öffentliche Rolle seiner Familie – früh in die politischen und moralisch-ethischen Konflikte des 20. Jahrhunderts. Er wurde am 15. April 1920 als viertes Kind des Diplomaten Ernst von Weizsäcker und dessen Frau Marianne, einer geborenen von Graevenitz, im Neuen Schloss zu Stuttgart geboren. Später wurde er – auch in der eigenen Familie – ob dieses königlichen Geburtsortes gerne aufgezogen. Allerdings war das Zufall: Zu jener Zeit wehte die rote Fahne der Spartakisten über dem Schloss, der König hatte längst abgedankt, und die Großeltern wohnten nur kurzzeitig in der Residenz. Der liberale Großvater Karl Weizsäcker war von 1906 bis 1918 Ministerpräsident der »königlichen Republik Württemberg« gewesen, wie das Land vom deutschen Kaiser Wilhelm II. spöttisch genannt wurde. Von König Wilhelm II. von Württemberg wurde die Familie erst 1916 in den erblichen Freiherrenstand erhoben – damit ist der Adel der Familie von Weizsäcker sehr jung.
Richard von Weizsäcker hatte drei Geschwister: die Schwester Adelheid und die Brüder Carl Friedrich (später Philosoph und Friedensforscher) sowie Heinrich. Der Vater Ernst von Weizsäcker war Diplomat, die Familie

folgte ihm in die Schweiz, nach Dänemark und nach Berlin, wo Ernst von Weizsäcker 1938 Staatssekretär im Auswärtigen Amt wurde und im selben Jahr der NSDAP und der SS beitrat. Er hatte auch maßgeblich an der deutschen Positionierung der Münchner Konferenz vom September 1938 Anteil, nach eigenen Angaben in der Hoffnung, damit den von Hitler angestrebten Krieg zu verhindern. Diese Hoffnung scheiterte. Stattdessen mündete Hitlers Okkupations- und Annexionspolitik in den Angriffskrieg. Die Brüder Richard und Heinrich von Weizsäcker wurden vom ersten Kriegstag an eingesetzt. Bereits am zweiten Tag fiel Heinrich an der polnischen Front. In einem Interview aus dem Jahre 2009 meinte der Altbundespräsident über dieses Erlebnis:

»Wir sind dann am 1. September mit der ersten Angriffswelle im sogenannten polnischen Korridor eingesetzt worden. Am 2. September ist mein Bruder Heinrich wenige hundert Meter von mir entfernt gefallen, und ich habe ihn selber beerdigt. Die Empfindungen, die sich damit verknüpfen, brauche ich nicht zu schildern. [...] Kein Mensch, der in den Krieg zieht, kann sich vorstellen, was er mit sich bringt. Dass der Krieg auch mein eigenes Erlebnisbewusstsein tief verändert hat, bis auf den heutigen Tag, das ist die Wahrheit. [...] Weil der Krieg menschliche Nachbarschaft zerstört. Weil er niemals ein Mittel der Politik sein darf, weil die Politik der Kultur zu dienen hat. Die Kultur dient dem humanen Zusammenleben, und der Krieg ist das Gegenteil.«[14]

Als Soldat war Richard von Weizsäcker in Polen und in der Sowjetunion eingesetzt. Im April 1945 wurde er in Ostpreußen verwundet und zurück nach Potsdam transportiert.

Wenig später nahm er in Göttingen ein Studium der Rechtswissenschaften auf und arbeitete als Assistent bei dem angesehenen Rechtsanwalt Hellmut Becker, der im sogenannten Wilhelmstraßen-Prozess 1948/49 gegen die Hauptverantwortlichen des Auswärtigen Amts auch Ernst von Weizsäcker verteidigte. So wurde der Sohn zum Hilfsverteidiger des Vaters. Ernst von Weizsäcker wurde wegen Verbrechen gegen die Menschlichkeit zu fünf Jahren Haft verurteilt, aber bereits 1950 im Zuge einer allgemeinen Amnestie aus dem Kriegsverbrechergefängnis Landsberg am Lech entlassen. Er starb 1951.

»DIE MITTE DER FAMILIE« ❯ Richard von Weizsäcker schloss bereits 1950 mit dem Referendarexamen ab und wechselte in die Wirtschaft, arbeitete bei der Mannesmann AG in Gelsenkirchen und nach dem Assessorexamen 1953 am Düsseldorfer Standort des Unternehmens. Dort wirkte er in der Rechtsabteilung und seit 1957 als Leiter der wirtschaftspolitischen Abteilung. 1955 promovierte er zum Doktor der Rechte. 1958 wurde er – nicht zuletzt durch Vermittlung der Familie seiner Frau – Geschäftsführer der Bankhäuser Waldthausen in Essen und Düsseldorf. In dieser Zeit begann auch sein parteipolitisches Engagement: 1954 trat er der CDU bei, weniger, wie er selbst einmal bekannte, aus Überzeugung, sondern weil ihm diese Partei am wenigsten entgegenstand. Mehrmals musste die junge Familie umziehen, von Gelsenkirchen nach Düsseldorf, in den 1960er Jahren nach Ingelheim (wo Weizsäcker geschäftsführender Gesellschafter des Chemiekonzerns Böhringer wurde, dessen Eigentümer mit den Weizsäckers befreundet waren), später nach Bonn und Berlin.
Es kamen vier Kinder zur Welt: Robert Klaus (1954), Andreas (1956; er starb 2008 an einem Lymphom), Marianne Beatrice (1958) und Fritz Eckhart (1960). Die Erziehung der Kinder lag hauptsächlich in Marianne von Weizsäckers Händen. Alle Kinder machten ihren Weg, beruflich und privat. Robert Klaus wurde Wirtschaftswissenschaftler, Andreas ein anerkannter Bildhauer, Marianne Beatrice Juristin und Journalistin und Fritz Eckhart Molekularbiologe und Klinikarzt. Über ihre Erziehungsgrundsätze sagte Marianne von Weizsäcker in einem Interview: »Vorstellungen und Praxis der antiautoritären Erziehung spielten, als meine Kinder heranwuchsen, noch keine öffentlich diskutierte Rolle. Ich hätte sie mir auch wohl kaum zu eigen gemacht! Bei der Erziehung meiner Kinder leitete mich die Erfahrung meines eigenen Lebens – und nicht nur meines eigenen –, daß das Elternhaus wesentliche Hilfen geben kann, damit der junge Mensch den Anforderungen des späteren Lebens gewachsen ist.
Schon das Kind sollte lernen: auf Eltern und Geschwister Rücksicht zu nehmen, auch wenn ihm die Durchsetzung des eigenen Willens sehr am Herzen liegt; unterschiedliche Meinungen fair zu diskutieren und auch zu tolerieren; Spiele mit Anstand zu verlieren; dem andern etwas zu gönnen […]«[15]

Richard von Weizsäcker hat die Leistung seiner Frau für Haus und Familie sehr wohl anerkannt. Ihm war auch bewusst, dass die geistige Aura in der Villa Hammerschmidt und in Schloss Bellevue keineswegs nur von Mitarbeitern abhing, sondern entscheidend vom Wesen seiner Frau. So verwundert es nicht, dass er Familienleben und Residenz im Amtssitz einmal in einem Atemzug nannte: »Meine Frau Marianne ist die Mitte der Familie. Ihre zurückhaltende, aber entschiedene Haltung hat wesentlich dazu beigetragen, die Villa Hammerschmidt zu einem kultivierten Ort des Gesprächs zu machen.«[16]

Die Kultur des Gesprächs war stets ein persönliches und besonderes Anliegen der Weizsäckers – in der Familie, im Beruf, im ehrenamtlichen Engagement. Zu Letzterem gehörte für Richard von Weizsäcker über viele Jahre auch die Arbeit im Präsidium des Deutschen Evangelischen Kirchentages. Darin ähnelte er einem seiner Vorgänger im Amt, Gustav Heinemann. Und bereits 1968, vor der Wahl Heinemanns zum Bundespräsidenten, war Richard von Weizsäcker im Gespräch für das höchste Amt im Staat. Er hat – anders als Walter Scheel oder Karl Carstens – dieses Amt nicht generalstabsmäßig erobert, vielmehr blieb er in seiner Karriere, sei es in der Wirtschaft oder der Politik, immer gelassen, von freiherrlicher Noblesse und Zurückhaltung.

Immerhin erfreute sich Richard von Weizsäcker über lange Zeit der besonderen Wertschätzung und Berücksichtigung durch Helmut Kohl. Der mächtige Pfälzer berief ihn bereits 1966 in den Bundesvorstand der CDU, dem Richard von Weizsäcker bis 1984 angehörte. 1968 unterlag Weizsäcker bei der Bewerbung um die Kandidatur zum Bundespräsidenten seinem Parteikollegen Gerhard Schröder (1910–1989), 1974 unterlag er Walter Scheel.

LIEBE ZU BERLIN ❱ Sein Weg ins höchste Amt führte Richard von Weizsäcker über Berlin: Von 1981 bis 1984 war er Regierender Bürgermeister von West-Berlin, zunächst mit einem CDU-geführten Minderheitssenat, seit 1982 in einer Koalition aus CDU und FDP. Die Stadt galt damals als unregierbar. Große soziale Spannungen entluden sich in Straßenkämpfen und Hausbesetzungen. Richard von Weizsäcker gelang es in diesen Jahren, eine Politik der Deeskalation zu betreiben, die Fronten aufzuweichen, mit Gegnern im Senat und auf der Straße ins Gespräch zu kommen, die Infrastruktur und die Wirtschaft der Stadt zu verbessern, die sozialen Konflikte zu entschärfen. Zudem bemühte er sich um das Gespräch mit dem anderen Deutschland und bereiste 1983 die DDR, wo er von Erich Honecker empfangen wurde und als Ratsmitglied der Evangelischen Kirche in Deutschland in der Stadtkirche von Wittenberg sprach. Er wurde bekannt und beliebt, über Bonn und Berlin hinaus, gleichermaßen im Westen wie im Osten. Selbst Helmut Kohl, so munkelte man, fürchtete die Konkurrenz des weltmännischen Freiherrn. Es kam dem Bundeskanzler daher nicht ungelegen, als Franz Josef Strauß 1983 den Regierenden Bürgermeister von Berlin wieder ins Gespräch für das Amt des Bundespräsidenten brachte.

Nicht nur Richard von Weizsäcker war bei den Berlinern beliebt. Auch seine Frau Marianne geriet zunehmend ins Licht der Öffentlichkeit, obgleich das ihrem zurückhaltenden Wesen zunächst fremd war. Als Wahlkampfhelferin ihres Mannes hatte sie bereits 1979 die Stadt und ihre Bewohner kennen- und lieben gelernt. Teilweise war sie selbst von Tür zu Tür gegangen, hatte Prospekte verteilt, war mit den Bürgerinnen und Bürgern ins Gespräch gekommen, hatte von deren Wünschen, Sorgen und Nöten erfahren. In der Bevölkerung schätzte man ihre natürliche Art, ihre freundliche Ausstrahlung, ihre Fähigkeit, zuzuhören.

Das war nicht ihr erstes und einziges öffentliches Engagement. Bereits seit den frühen 1970er Jahren war Marianne von Weizsäcker vielfältig involviert: So wirkte sie zwischen 1972 und 1981 im Presbyterium der evangelischen Friedenskirchengemeinde in Bonn und arbeitete ehrenamtlich als sogenannte »Grüne Dame« in der Patientenpflege im Evangelischen Kinderkrankenhaus St. Augustin, ebenfalls in Bonn. Seit 1973 hatte sie zudem einen Sitz im Auswahlausschuss der Studienstiftung des Deutschen Volkes und seit 1979 in deren Kuratorium inne. Die Stiftung vergibt Stipendien an besonders begabte junge Menschen.

Als ihr Mann am 23. Mai 1984 zum sechsten Bundespräsidenten gewählt wurde, bedeutete das für Marianne von Weizsäcker eine große Umstellung. Hauptsitz des Bundespräsidenten zu jener Zeit war de facto die Villa

Hammerschmidt, und so hieß es wieder umziehen und das liebgewonnene Berlin zumindest zeitweise verlassen. Immerhin betonte Richard von Weizsäcker – dem Gegner und Freunde gleichermaßen den Vorwurf machten, er habe sich für die Neigung und gegen die Pflicht entschieden –, er habe sich zwischen zwei Neigungen und zwei Pflichten entscheiden müssen. Und in seinen Erinnerungen schrieb er: »Daß ich auch danach einer der ihren geblieben bin, haben die Berliner später stets empfunden, auch die zunächst enttäuschten Freunde.«[17]

»ICH BIN NICHT SO ERZOGEN« ❯ Marianne von Weizsäcker nahm die ihr auferlegten Pflichten und Aufgaben als First Lady gelassen hin, wenngleich sie sich nicht für alles vor den Karren spannen lassen wollte. Zahlreiche Angebote zur Übernahme von Schirmherrschaften über wohltätige Organisationen flatterten ihr gleich zu Beginn auf den Tisch. Sie hielt sich zurück, wog ab, ließ sich nicht drängen. Die Schirmherrschaften über das von Elly Heuss gegründete Müttergenesungswerk und über das Deutsche Komitee von UNICEF übernahm sie gern, das war eine Tradition und eine Ehre. Darüber hinaus wollte sie eigene Akzente setzen.

Pflichten zu übernehmen war für sie eine Selbstverständlichkeit und keine Last. Als sie zu Beginn der zweiten Amtszeit ihres Mannes gefragt wurde, ob sie vor weiteren fünf Jahren nicht zurückschrecke, antwortete sie gelassen und pragmatisch: »Ich bin nicht so erzogen, daß ich in einer Frage von solcher Rangordnung sagen würde, ich habe keine Lust.«[18]

Bereits seit den 1960er Jahren verschärfte sich in vielen Ländern der westlichen Welt die Drogenproblematik bei Jugendlichen und jungen Erwachsenen. Erst langsam musste die deutsche Gesellschaft lernen, darüber auch zu sprechen, nach den Ursachen zu fragen, nach Auswegen, nach Enttabuisierung. Nicht nur Suchtopfer waren betroffen, sondern auch Angehörige, allen voran Eltern. Um sich besser zu artikulieren, Erfahrungen und Sorgen auszutauschen, gründeten sich damals überall Gesprächskreise und Selbsthilfegruppen betroffener Eltern, die sich schließlich zu einem Bundesverband zusammenschlossen. Marianne von Weizsäcker entschied sich schließlich, diesen Verband zu unterstützen und übernahm im Februar 1985 die Schirmherrschaft. Drei Jahre später folgte auf ihren Anstoß hin

die Gründung der »Stiftung Existenzhilfe für ehemals Drogenabhängige«. Die Erfahrung auf der »Pride-Conference« im April 1985 in Atlanta war nicht eben glücklich, dennoch lernte die First Lady nach und nach, ihre Scheu vor Presse und Öffentlichkeit im Dienste eines guten Zwecks abzulegen. Auch hierin entwickelte sie einen gesunden Pragmatismus, der vielleicht nicht so konsequent mahnend wie der von Nancy Reagan oder Mildred Scheel war, aber dennoch konservative und verklemmte Kreise in Verlegenheit bringen konnte. So konsternierte sie auf einem Staatsbesuch in London die Gastgeber, als sie anstelle des üblichen Damenprogramms bei Tee und mit unverfänglichen Konversationsthemen auf dem Besuch eines »Phoenix-Hauses« bestand, wo ehemalige Drogenabhängige wohnten und in das gesellschaftliche Leben wiedereingegliedert wurden. Mehr noch: Abends, beim Dinner in der Residenz des deutschen Botschafters, bei dem Marianne von Weizsäcker neben Prinz Charles saß, nutzte sie die Gelegenheit, sich mit ihm über die Drogenproblematik auszutauschen. Wollte sie anfangs bei offiziellen Anlässen nur ungern sprechen oder hielt sich krampfhaft an vorbereitete Redetexte, so wurde sie im Laufe der Jahre lockerer. Als Richard von Weizsäcker auf einem Staatsbesuch in Mali im März 1988 das Essen – frisch geschlachtetes Kamel – nicht vertrug und heftig erkrankte, vertrat seine Frau ihn souverän bei einem Empfang in der deutschen Botschaft in Bamako. Friedbert Pflüger erinnerte sich: »Die Gäste in der Botschaft, die zum Teil von weither angereist sind, um Weizsäcker einmal persönlich zu erleben, sind enttäuscht. Marianne von Weizsäcker allerdings vertritt ihn glänzend. Mit viel Lampenfieber und ohne Manuskript hält sie eine kleine Begrüßungsrede, die jeder lobt. Kurz darauf wird ihr allerdings selbst übel.«[19]
Richard und Marianne von Weizsäcker betonten immer wieder ihre geistige Nähe zu Berlin. Deshalb hielten sie sich auch gern im zweiten Amtssitz des Bundespräsidenten, in Schloss Bellevue, auf. 1987 wurde das Schloss saniert und umgebaut und den Bedürfnissen als Wohn- und Repräsentationsgebäude behutsam angepasst. »Das ist für meinen Mann und mich mehr als ein Symbol«, meinte sie in einem Interview. »Wir sind beide mit Berlin verwurzelt und haben nie aufgehört, uns dort zugehörig zu fühlen. [...] Berlin ist ein Teil unseres Lebens.«[20]

Die Presse über sie war und blieb größtenteils freundlich, Als First Lady erntete sie einmal den Anflug von Protest, als sie im Juli 1986 in einem handgeschriebenen Brief den Intendanten des Süddeutschen Rundfunks Hans Bausch nachdrücklich darum bat, den Film *Wir Kinder vom Bahnhof Zoo* über das Schicksal drogenabhängiger Jugendlicher in Berlin aus dem Programm zu nehmen. Dahinter steckte keine moralische Piefigkeit denn vielmehr die Sorge, der Film (nach dem gleichnamigen Buch der Fixerin »Christiane F.«) könne Jugendliche zum Drogenkonsum eher verführen und anleiten als sie davon abhalten. Wenn überhaupt, so Marianne von Weizsäcker, solle der Film erst um Mitternacht ausgestrahlt werden. Bausch indes wies das Ansinnen der First Lady zurück: Er halte den Film sowieso für »langweilig« und glaube nicht, »daß von der Ausstrahlung im Fernsehen eine neue Gefahr ausgeht«.[21]

Keineswegs stand Marianne von Weizsäcker mit der Kunst auf Kriegsfuß. Was den Film über Christiane F. anbelangte, fürchtete sie nur einen Rückschlag für den von ihr als Schirmherrin vertretenen Verband. Indes widmete sie als First Lady dem Austausch mit zeitgenössischen Künstlern, Literaten, Musikern, Regisseuren und Schauspielern viel Aufmerksamkeit. Sie und ihr Mann luden gerne Kunstschaffende in die Villa Hammerschmidt oder nach Schloss Bellevue ein: Martin Walser und Wolfgang Koeppen waren ebenso unter den Gästen wie Golo Mann und Hans-Georg Gadamer, Theodor Eschenburg und Otto von Simson ebenso wie Klaus Maria Brandauer und Heinz Rühmann, George Tabori, Claus Peymann und Hans Neuenfels ebenso wie Bruno Ganz und Otto Sander, Günter Grass und Günter de Bruyn ebenso wie Marianne Hoppe und Jutta Lampe.

»Ernte der Freundlichkeit« ❱ Marianne von Weizsäcker zeigte noch weiteres soziales Engagement: Seit April 1988 amtierte sie im Kuratorium der Nationalen AIDS-Stiftung (was auch zur Enttabuisierung der damals dämonisierten Krankheit beitrug). Und auch im Evangelischen Johannesstift in Berlin und im Verein der Freunde der Preußischen Schlösser und Gärten war sie Mitglied des Kuratoriums. »Es wäre falsch«, meinte sie, »anzunehmen, ich müsse diese Aufgaben erfüllen. Ich muß es nicht! Die ererbten Schirmherrschaften [...] habe ich übernommen, weil ich von

ihrer Notwendigkeit und ihrem segensreichen Wirken überzeugt bin.«[22]
Die Verbindung zu Berlin wurde noch enger, als die Stadt nach der deutschen Wiedervereinigung per Parlamentsbeschluss zur Hauptstadt erkoren wurde. Bereits vorher hatte Bundespräsident Weizsäcker demonstrativ seinen Hauptwohnsitz in Schloss Bellevue aufgeschlagen, um den Menschen in Stadt und Land ein Zeichen zu setzen.
Die Liebe zu Berlin hielt: Das Ehepaar blieb nach dem Ende der zweiten Amtszeit Richard von Weizsäckers in der Stadt an der Spree. Heute bewohnen sie ein Haus im Stadtteil Dahlem. Von hier aus beobachten sie noch immer mit regem Geist und ehrlichem Interesse die Entwicklungen und Veränderungen in Berlin und Deutschland. Marianne von Weizsäcker indes genießt den Rückzug ins private Leben: »Durch die gute Amtsführung meines Mannes in der Vergangenheit sind auch alle Leute freundlich zu mir. Diese Ernte der Freundlichkeit, die ist wirklich schön.«[23]

Christiane Herzog

1936–2000

Christiane Herzog, siebte First Lady der Bundesrepublik Deutschland, Ehefrau von Bundespräsident Roman Herzog, galt als konservativ. Freilich hatte ihr Konservatismus einen anderen Anstrich als etwa der Wilhelmine Lübkes. Die Bayerin aus evangelischem Pastorenhaus war konservativ im ureigensten Sinne des Wortes: Werte waren ihr sehr wichtig, und sie orientierte sich an Moralvorstellungen, die sie als richtig für sich erkannte. Ihr Traditionalismus speiste sich nicht aus unhinterfragt übernommenen Versatzstücken, sondern gründete auf erlebtem und gelebtem Familiensinn, den sie im Elternhaus vermittelt bekommen hatte, aber auch in der eigenen Familie vorlebte.

Das stieß in Öffentlichkeit und Presse nicht überall auf Verständnis und Zustimmung. Bezeichnend für eine Gesellschaft, in der einerseits das Recht der Frauen auf Selbstbestimmung und -verwirklichung lauthals eingefordert wird, andererseits aber linke feministische Strömungen genau die Frauen anfeinden, die sich bewusst für einen traditionellen Lebensentwurf entscheiden, war ein kleiner »Eklat«, den eine Äußerung Christiane Herzogs im März 1994 hervorrief, die von der Presse genussvoll ausgeschlachtet und instrumentalisiert wurde: Damals war der Präsident des Bundesverfassungsgerichts Roman Herzog Kandidat der CDU/CSU für das Amt des Bundespräsidenten. Seine Frau Christiane stand dadurch plötzlich im Scheinwerferlicht der Öffentlichkeit. Im Karlsruher Kongresszentrum fand eine Veranstaltung mit ihr und Dschihan as-Sadat, der Witwe des 1981 ermordeten ägyptischen Staatspräsidenten Muhammad Anwar as-Sadat, statt. Die Ägypterin, eine Frauenrechtlerin und promovierte Literaturwissenschaftlerin, sprach zum Thema »Frauen im Nahen Osten« und warb für mehr Emanzipation der Frauen im arabischen Kulturraum. Am Schluss der Veranstaltung sprach Christiane Herzog spontan ein vorher nicht abgesprochenes Schlusswort – und stieß dabei einige Anwesende vor den Kopf: Sie habe heute aus Dschihan as-Sadats Mund den Begriff »Emanzipation« zum ersten Mal gehört, sonst spreche sie doch immer von »Gleichstellung«.[1] Ihr, Christiane Herzog, gefalle aber der Terminus »Gleichstellung« besser, denn er betone die Gleichheit der Partner, »wie sie auch vor Gott gleich sind«. Das Wichtigste im Leben sei, einen Glauben »als festen Pfahl zu haben«. Das mochten die konfessionell gebundenen Zuhörer und Zuhörerinnen noch hinnehmen. Ratlos machte viele jedoch die nachfolgende Äußerung der angehenden First Lady: Es sei die schönste Aufgabe, die »wir Frauen überhaupt haben, Kinder zu erziehen und für das Leben vorzubereiten«. Das erschien vielen im Saal zu einseitig, traditionell und altbacken. Ein im Saal anwesender ehemaliger Verfassungsrichter und Exkollege Roman Herzogs meinte gegenüber der Presse sogar: »Es war eine Panne.«

Das Image Christiane Herzogs war von da an bei vielen Feministinnen und links orientierten Intellektuellen in Beton gegossen. Nicht eben die beste Voraussetzung für eine angehende First Lady (wobei sie diese Bezeichnung für sich immer ablehnte). Sie sollte indes in den kommenden fünf Jahren zu einer der beliebtesten und breiten Bevölkerungsschichten vertrauten Bundespräsidentenfrauen werden, wobei sie ohne Berührungsängste auch das Fernsehen für sich und ihr soziales Engagement nutzte und einsetzte. Sie brauchte keine Scheu zu haben, weil sie anderen und sich nichts vorspielen musste. Sie verfügte über ein gesundes Selbstbewusstsein und eine geradlinige Anschauung zum eigenen Leben und zu ihren Lebensprinzipien – auch wenn die nicht jedem gefielen. Von sich selbst sagte sie: »Ich habe von Zeit zu Zeit einfach auch an mich gedacht, war dann nicht nur für die Familie da.«[2] Und strafte damit das Klischee von der Hausmutti, das einige von ihr im Kopf trugen, Lügen.

EINE RELIGIÖSE ERZIEHUNG ❯ Das konservative Traditionsbewusstsein Christiane Herzogs nährte sich nicht zuletzt aus dem Wertekanon, der ihr von ihrem Vater, einem evangelischen Pfarrer, vermittelt wurde – weniger durch strenge Erziehung denn durch ein gelebtes Vorbild. Geboren wurde Christiane Krauß am 26. Oktober 1936 in München als Tochter des Pfarrers Paul Krauß (1902–1966) und seiner Frau Friedel, einer geborenen

Merz. Christiane war die erste Tochter, nach ihr kam noch Johanna (geboren 1939) zur Welt.
Es war eine Kindheit im Krieg, dennoch hatte Christiane Herzog nach eigenem Bekunden nie das Gefühl, in Bedrängnis zu sein. Freilich sorgten die Eltern dafür, dass die Töchter von der hässlichen Fratze der damaligen Zeit weitgehend verschont blieben. Dabei hätte vor allem Paul Krauß mehr als genug zu erzählen gehabt: Als Militärpfarrer der Siebten Bayerischen Division diente er im Zweiten Weltkrieg an der Front in Polen, Frankreich und Russland, sah genug Gräuel und musste sich als Seelsorger oft genug mit Tod und Todesangst, mit existenzieller Not und der Frage, warum Gott das zulasse, auseinandersetzen. Den Töchtern suchte er die Wirklichkeit der Diktatur und des Krieges zu verbergen, nicht aus Weltflucht, sondern um ihre Kinderseelen nicht zu gefährden. Christiane Herzog erinnerte sich später, dass sie das Zimmer verlassen mussten, wenn die Eltern über das Zeitgeschehen sprachen. Sie selbst wurde zwar mit sechs Jahren noch in München eingeschult, als jedoch die Bombardements zunahmen, zog die Mutter, eine aus Nürnberg gebürtige Lehrerstochter, mit den beiden Töchtern zur Großmutter nach Hindelang im Allgäu. Dort war der Krieg fern, bis zuletzt. Christiane genoss die ländliche Abgeschiedenheit, spielte mit Freunden in der freien Natur, ging zum Bergsteigen und zum Skilaufen. Die Mutter Friedel veranstaltete Lesenachmittage und brachte den Mädchen manches aus der Weltliteratur nahe. Später erinnerte sich Christiane Herzog: »Sie [die Mutter] hat bei uns Kindern in schwieriger Zeit für eine schöne Jugend gesorgt. Daß Krieg war, daß wir uns in Sicherheit bringen mußten, Bombennächte in Kellern ausharrten, ist uns Kindern gar nicht so bewußt geworden. Unsere Mutter hat es immer verstanden, uns durch Geschichten und angenehme Überraschungen vom schrecklichen Geschehen abzulenken. Positive Dinge standen im Vordergrund, weniger die Problematik des Krieges.«[3]
Die holte die Mädchen schließlich doch noch ein, wenngleich auf Umwegen: Nach dem Krieg zog die Familie ins oberbayerische Berchtesgaden. Dort hatte Paul Krauß eine Pfarrstelle erhalten. Doch gerade in dem von äußeren Kriegsschäden verschont gebliebenen Winkel am Fuße der Alpen sammelten sich Flüchtlinge, Reste versprengter Heereseinheiten, National-

sozialisten und SS-Männer auf der Flucht, zum Teil unter falschem Namen und in der Hoffnung, über die Grenze entkommen zu können. Das Pfarrhaus war ein Sammel- und Treffpunkt all dieser Versprengten, denn hier wurden Nachrichten ausgetauscht, hier wurde eine Suppenküche eingerichtet und im Pfarrsaal ein Matratzenlager aufgeschlagen. In der Schule saßen Christiane und Johanna plötzlich neben Kindern von Flüchtlingen und Nationalsozialisten, von Opfern, Mitläufern und Mittätern des untergegangenen Regimes. Die Gegensätze prallten aufeinander. Einer der im Ort lebenden jungen Männer ging im Sommer nicht mit zum Baden – erst später begriff Christiane, dass er ein einstiger SS-Mann war, der sich die eintätowierte Mitgliedsnummer hatte entfernen lassen und sich scheute, das Hemd auszuziehen, aus Furcht, man könne nach der Narbe fragen.
Nicht leicht muss es für Paul Krauß – der in der NS-Zeit Mitglied der oppositionellen Bekennenden Kirche gewesen war – gewesen sein, in einer Zeit von materieller und geistiger Not den Töchtern diese Zuspitzungen und Konflikte verständlich zu machen. Eines jedoch lehrte er sie stets: Achtung vor dem anderen zu haben, Toleranz zu zeigen, ohne dabei eigene Wertvorstellungen zu verraten. Christiane Herzog erinnerte sich nicht unkritisch: »Mein Vater war nicht autoritär, sondern ein gütiger Mensch. Durch seine Güte hat er auf uns stark eingewirkt. Wir sind mit Moralin erzogen worden. Das ist manchmal schlimmer, als einen autoritären Vater zu haben. Wir konnten uns seiner moralischen Grundeinstellung nicht entziehen. Er überzeugte uns, und wir handelten genauso. Seine Maßregelungen wurden akzeptiert.«[4]
Diese Einstellung verinnerlichte Christiane Krauß. Auch später, im Licht der Öffentlichkeit, an der Seite ihres Mannes, trug sie ihre Prinzipien ohne Scheu vor, ohne jedoch Andersdenkende zu verunglimpfen oder zu verurteilen. Freilich, manches moralische Prinzip, das Christiane Herzog für sich als richtig und bindend erkannt hatte, konnte in der öffentlichen Diskussion hart erscheinen. Dazu gehörte ihre strikte Ablehnung der Abtreibung: »Da schätze ich mich als eine sehr konservative Frau ein. Ein Kind abzutreiben bedeutet für mich Mord. In Deutschland müßte doch jeder die Möglichkeit haben, eine Empfängnis zu verhüten, wenn er sie verhüten möchte.«[5]

Vor dem Hintergrund ihrer Herkunft und ihrer religiösen Erziehung sind solche Äußerungen nur zu verstehen. Die moralische Rigidität des Elternhauses war wegweisend, konnte aber auch – wie sie selbst zugab – bisweilen beengend wirken. Die positiven Eindrücke überwogen allerdings, selbst in der zeitlichen Distanz. Noch Jahrzehnte nach dem Tod des Vaters (er starb 1966 an Darmkrebs) erinnerte sich Christiane Herzog seiner voller Wärme: »Er hat uns nicht erzogen, sondern hat Liebe, Güte und Pflichtbewußtsein vorgelebt.«[6]

Christiane Krauß erfuhr nicht nur im Elternhaus eine strenge Erziehung nach ethisch-moralischen Grundsätzen. Sie wechselte mit zwölf Jahren von der Oberrealschule in Berchtesgaden an das Mädchengymnasium der Zisterzienserinnen in Landshut. In der niederbayerischen Stadt hatte Pfarrer Krauß eine Stelle erhalten. Ungewöhnlich zur damaligen Zeit, die vielfach nach Geschlechtern und Konfessionen getrennte Schulen kannte, war für eine evangelische Pastorentochter der Besuch einer katholischen Klosterschule. Das Institut der Zisterzienserinnen hatte einen exzellenten Ruf – nach den damaligen pädagogischen Vorstellungen. Es ging autoritär und streng zu. »Ich fand das schrecklich und war oft zornig«,[7] erinnerte sich Christiane Herzog. Was den Unterricht als Wissensvermittlung anbelangt, so galt das Gymnasium damals sicherlich als exzellent. Christiane brillierte vor allem in Englisch (das sie später perfekt sprach) und Mathematik. Die große Liebe war die Musik: Sie sang im Chor, spielte Klavier und Geige und wirkte auch im Schulorchester mit. Bei allem schulischen Eifer stand für die Eltern fest: Ihre Töchter sollten einen »handfesten« Beruf ergreifen, die Schule nur die Grundlage für eine spätere Ausbildung sein. Keine sollte heiraten, ohne auf eigenen Beinen stehen zu können. »Ohne eine solide Berufsausbildung verläßt keine meiner Töchter das Haus«,[8] war Friedel Krauß' Maxime. Für die damaligen althergebrachten gesellschaftlichen Vorstellungen war das schon recht progressiv.

KLASSENPRIMUS UND PASTORENTOCHTER ❯ Christianes späterer Mann Roman Herzog trat in jenen Jahren in ihr Leben, machte jedoch zunächst keinen guten Eindruck auf sie: Der fünfzehnjährige, Klassenprimus im humanistischen Hans-Carossa-Gymnasium in Landshut, wo Paul Krauß evangelische Religionslehre unterrichtete, erkrankte und konnte eine Zeit lang nicht am Unterricht teilnehmen. Deshalb kam er zu Pfarrer Krauß nach Hause, um den versäumten Stoff nachzuholen. Dort lernte er auch die ältere der Pfarrerstöchter kennen, die dreizehnjährige Christiane. Die allerdings fand ihn nach eigenem Bekunden arrogant und neunmalklug, ihm ging es ähnlich. Dennoch verlor man sich nicht mehr aus den Augen. Schließlich, im Fasching des Jahres 1953, begegneten sich der inzwischen achtzehnjährige Roman und die sechzehnjährige Christiane wieder – und verliebten sich ineinander. »Plötzlich ist die Liebe ausgebrochen«,[9] meinte Roman Herzog später. Einige alte Landshuter erinnern sich noch heute an ein junges Paar, das damals oft durch die Straßen promenierte und dabei einen Kinderwagen vor sich her schob: Es war jedoch nicht das eigene Kind, sondern ein Nachzügler von Paul und Friedel Krauß, das Mädchen Ulrike. Da die Mutter nach der Geburt des Kindes längere Zeit krank war, kümmerte sich Christiane um das Geschwisterchen und übernahm gemeinsam mit ihrer Schwester Johanna und der Großmutter aus Nürnberg die Sorge für Haus und Familie. Bereits damals zeigte Christiane Krauß ein besonderes Geschick in hauswirtschaftlichen Fragen.

Roman Herzog wurde am 5. April 1934 in Landshut geboren. Der Vater Karl Theodor Herzog arbeitete sich in einer Schnupftabakfabrik vom Buchhalter bis zum Geschäftsführer empor. Nach dem Zweiten Weltkrieg avancierte er zum Stadtarchivar und konnte somit seinem Faible, der Geschichtswissenschaft, nachgehen. Auch das Haus der Familie Herzog war evangelisch. Und ähnlich wie in der Familie Krauß widerstand man auch hier der nationalsozialistischen Ideologie. Roman Herzog erinnerte sich, sein Vater habe die Werber der nationalsozialistischen Eliteschule »Napola« mit den Worten weggeschickt: »Meine Söhne erziehe ich selbst.«[10] Dass er seinen Söhnen Roman und Theo bessere Chancen bot, als er selbst sie einst hatte, war für den Vater eine Ehrensache. Was sie aus diesen Chancen machten, war ihre Angelegenheit. Sie wussten indes, dass Bildung kein Selbstzweck war, sondern der einzige Weg, gesellschaftlich aufzusteigen. Roman Herzog war das, was man salopp einen geistigen Überflieger nennt. In der Schule war er der Beste. Er war nicht nur überdurchschnittlich intelligent und besaß ein fulminantes Gedächtnis, sondern war auch fleißig und ehrgeizig, ohne seinen Aufstiegswillen zur Schau zu tragen. Der wiederum verband Vater und Sohn. Als Vater Herzog 1948 ins Stadtarchiv wechselte, paukte der Sohn mit ihm Latein. Der Vater bestand das Latinum und schenkte Roman zum Dank eine Uhr. Ein gegenseitiger, einvernehmlicher Respekt herrschte zwischen den beiden. 1953 (durch die Wirren des Kriegsendes mit einem Jahr Verzögerung) bestand Roman Herzog das Abitur mit lauter Einsen – als Bester seines Jahrgangs. Im selben Jahr entflammte auch seine Liebe zu Christiane Krauß. Sein Aufstiegswille und ihr Versprechen gegenüber der Mutter, erst eine Berufsausbildung zu absolvieren, ließen Roman Herzog und Christiane Krauß mit dem Heiraten warten.

Roman Herzog studierte in München zunächst Physik, wechselte nach einem Jahr jedoch zur Rechtswissenschaft, weil er im juristischen Berufsfeld mehr mit Menschen zu tun haben würde. 1958 bestand er sein Referendarexamen und wurde daraufhin Assistent bei seinem Doktorvater Theodor Maunz (1901–1993). Bei ihm promovierte er zum Thema »Grundrechtsbeschränkung nach dem Grundgesetz und Europäische Menschenrechtskonvention«. Maunz, der als Staatsrechtler und Kommentator zum Grundgesetz bekannt wurde und seit 1957 bayerischer Staatsminister für Unterricht und Kultus war, musste 1964 von seinen Ämtern zurücktreten, als bekannt wurde, dass er für nationalsozialistische Organe publiziert und zudem in den 1950er Jahren in der *Deutschen National-Zeitung* des Vorsitzenden der rechtsextremen Deutschen Volksunion Gerhard Frey unter Pseudonym geschrieben hatte. Als das publik wurde, zeigte sich Roman Herzog über den Doktorvater persönlich enttäuscht und verärgert. Dessen ungebrochene Karriere wurde ihm zum warnenden Beispiel und prägte seine Haltung zur Demokratie und seine Überzeugung, dass sich eine demokratische Gesellschaft sehr wohl gegen ideologische Tendenzen zu wehren habe. Während Roman Herzog in München an der Ludwig-Maximilians-Universität studierte (und aus Gründen der Sparsamkeit weiter in Landshut lebte und dort auch Nachhilfeunterricht gab), machte seine Freundin Christiane Krauß 1955 das Abitur und zog nach München in ein Studentenheim. In der Landeshauptstadt absolvierte sie eine Ausbildung zur Hauswirtschaftslehrerin an der Pädagogischen Hochschule in München-Pasing. »Ein langes Studium«, so Christiane Herzog in der Rückschau, »wollte ich nicht, und ich habe mir einen Beruf gesucht, der mir einerseits Spaß machte und mit dem ich andererseits später etwas anfangen konnte.«[11] Die Freundschaft wurde zur Wochenendbeziehung und blieb es auch nach der Verlobung, die am 18. Juni 1956 im Hause Krauß stattfand. Zwei Jahre später, am 2. August 1958, wurde endlich Hochzeit gefeiert, wobei – das war Ehrensache – Dekan Krauß Tochter und Schwiegersohn traute. Christiane Herzog hatte den Wunsch der Eltern erfüllt und ihre Ausbildung zur Hauswirtschaftslehrerin erst noch beendet, mit der Note sehr gut. Sie arbeitete damals in einer Hauswirtschaftsschule der Stadt München in der Wittelsbacher Straße.

DIE FRAU HINTER DEM ERFOLGREICHEN PROFESSOR ❱ Das junge Ehepaar bezog eine Zweizimmerwohnung in der Pappenheimer Straße in München. Im Jahr darauf, am 3. November 1959, kam der Sohn Markus zur Welt, viereinhalb Jahre später, am 11. April 1964, folgte der zweite Sohn, Hans-Georg. Mit der Geburt der Söhne und der beginnenden Karriere des Mannes war für Christiane Herzog klar: Sie verließ ihren Beruf. Sie betrachtete das nicht als Opfer, sondern sah zeitlebens die Tätigkeit als Mutter und Hausfrau als eigenständigen Beruf – und Berufung; und eckte mit dieser konservativen Meinung in einer Zeit zunehmend ideologisch geführter feministischer Diskussionen gehörig an – vor allem, als sie ab 1994 als First Lady im Licht des öffentlichen Interesses stand.
Sie hat sich zeitlebens im Dienste der beruflichen Karriere ihres Mannes gesehen. Auch das mag heute befremden. Sie wollte ihrem Mann den Rücken freihalten und beriet ihn – das betonte sie immer wieder – in schwierigen Entscheidungen. Das war nicht nur so dahingesagt: Roman Herzog galt und gilt als ein zwar kommunikativer, aber auch distanzierter Mensch, der kaum enge Freundschaften pflegte und von dem stets – bei aller menschenfreundlichen Grundhaltung – etwas Kühles ausging. Christiane Herzog wusste das auszugleichen: Sie war unproblematisch im Umgang mit Menschen und galt als kontaktfreudig. Insofern war sie für ihren Mann – auch in Entscheidungen von juristischer und politischer Tragweite – von immenser Wichtigkeit, auch wenn es ihr an juristischer Fachkompetenz mangeln musste. In jedem Fall war sie aber durch ihren gesunden, am Leben geschulten Verstand so etwas wie ein Fenster zur Welt.

Die Erziehung der Söhne oblag in erster Linie ihr. Roman Herzog war beruflich bedingt viel unterwegs, vor allem, nachdem er 1973 von der Wissenschaft in die Politik gewechselt war. Aber auch die vielen Umzüge der Familie erforderten Opfer und besonders von Christiane Herzog viel Organisationsgeschick. 1965 wurde Roman Herzog als ordentlicher Professor für Staatsrecht und Politik nach Berlin berufen, zunächst an die Freie Universität, dann an das Otto-Suhr-Institut. Die Familie bezog ein hübsches Haus in der Nähe des Botanischen Gartens im Stadtteil Dahlem, in gutbürgerlicher Lage. Roman und Christiane Herzog lernten Berlin mit seinem herben Charme lieben. Später, als Herzog als Bundespräsident in die neue, alte deutsche Hauptstadt zurückkehrte, äußerten seine Frau und er sich darüber beglückt, hatten sie doch – obwohl von urbayerischer Mentalität – großen Gefallen an der Stadt und ihren Menschen gefunden.

In den 1960er Jahren freilich war Berlin noch eine geteilte Inselstadt, zugleich aber ein Eldorado für Boheme und linksintellektuelles Milieu. Dahlem war beschaulicher Villenvorort, die Institute der Freien Universität größtenteils in großbürgerlichen Residenzen der Kaiserzeit untergebracht. Hinter den altehrwürdigen Mauern jedoch brodelte es: Die Studentenbewegung formierte sich nicht nur in den Kneipen Kreuzbergs, sondern auch in Hörsälen und Seminaren, hauptsächlich in den Fachbereichen der Geistes-, Politik- und Sozialwissenschaften.

Davon bekam man im Hause Herzog nur mittelbar, aus den Erlebnissen Roman Herzogs an der Universität, etwas mit. Das Familienleben verlief in ruhigen und geregelten Bahnen, Haus und Familie erforderten das ganze Engagement Christiane Herzogs. Bei der Erziehung der Söhne wandte sie ein vernünftiges Mittelmaß an. Sie verachtete die aufkommende »antiautoritäre« Erziehung. Sie war streng, teilte auch schon mal eine Ohrfeige aus oder erteilte Hausarrest, zeigte sich aber auch geduldig und wollte – wie sie es im eigenen Elternhaus erfahren hatte – den Kindern ein Vorbild sein und ihnen ethische Richtlinien vermitteln. Eine betont religiöse Erziehung, wie sie noch in Landshut üblich gewesen war, vermieden Roman und Christiane Herzog. Markus Herzog meinte später: »Ich kann mich nicht erinnern, in Berlin zur Kirche gegangen zu sein. Wir wurden religiös erzogen, aber nicht als Kirchgänger. Die Tat war immer wichtiger als das

Wort.«[12] »Selbstachtung und Achtung des anderen«,[13] umriss Roman Herzog in einem Interview seine Erziehungsideale. Erziehung zur Eigenverantwortung muss hier ebenfalls genannt werden: Christiane und Roman Herzog verteilten an ihre Söhne Aufgaben und erwarteten von ihnen, dass sie mit dem ihnen entgegengebrachten Vertrauen sorgsam umgingen. So mussten die Söhne weder als Kinder Rechenschaft über die Verwendung des Taschengelds ablegen noch später, als sie studierten und mit größeren Summen von den Eltern unterstützt wurden. Sogar in ernsthaften Angelegenheiten wurden sie ins Vertrauen gezogen, etwa, als die Eltern ohne die Kinder nach Indien reisten und Roman Herzog dem fünfzehnjährigen Sohn erklärte, wo das Testament zu finden sei und was er, sollten die Eltern tödlich verunglücken, zu tun habe. Später gestand Christiane Herzog: »Wir waren zum Teil auch egoistische Eltern. Wir haben unsere Kinder Stück für Stück in die Eigenverantwortung gedrängt.«[14]

Es scheint indes beiden Söhnen nicht geschadet zu haben: Markus Herzog studierte später Physik an der Technischen Universität München und promovierte über »Lichtemission heißer Ladungsträger«, um dann nochmals beruflich umzusatteln. Er machte eine Ausbildung zum Patentassessor und wurde Anwalt für Europäisches Patentrecht. 1986 heiratete er eine Realschullehrerin. Das Paar hat einen Sohn und eine Tochter. Christiane und Roman Herzogs zweiter Sohn, Hans-Georg, studierte ebenfalls, nämlich Elektrotechnik, und fand eine Anstellung am Lehrstuhl für elektrische Maschinen und Geräte an der Technischen Universität München.

Bei aller intellektuellen und kulturellen Großzügigkeit Berlins wurde es Roman Herzog in der Zeit der Studentenunruhen zu viel: Weder die Ziele der von Kommunisten und Spartakusbund unterwanderten Revolte noch deren Mittel und Ausdrucksformen gefielen ihm. Er sah darin einen Angriff auf die freie Lehre und eine Gefährdung der demokratischen Grundordnung. Selbst die Dahlemer Idylle litt darunter. Sohn Markus erinnerte sich später: »Wir durften nur bei bestimmten Klingelzeichen ans Telefon gehen. Dreimal läuten, Pause, dreimal läuten, Pause, dreimal läuten, Pause, dreimal läuten, Pause. Erst beim viertenmal durften wir den Telefonhörer abnehmen.«[15]

GEMEINSAMER AUFTRITT IN BONN ❱ Für Roman Herzog bot sich eine andere Position, in der politisch ruhigeren pfälzischen Provinz: 1969 wurde er ordentlicher Professor für Staatsrecht und Politik an der Hochschule für Verwaltungswissenschaften in Speyer und avancierte sogar zum Dekan der Fakultät. Die Familie bezog ein großzügiges Haus in Ziegelhausen bei Heidelberg, auf der anderen Rheinseite. An diese vier Jahre erinnerte sich Christiane Herzog gern: »Wir konnten schöne Feste feiern, ohne jemanden zu stören, bis nachts auf der Terrasse sitzen. Es war ein herrlich mildes Klima. Die Jahre in Ziegelhausen waren Jahre der Erholung.«[16] Für Roman Herzog freilich wurde die Zeit in Speyer lang. Die Hochschule dort war ihm zu klein, zu erstarrt. Wieder bot sich ihm ein Karrieresprung, diesmal von der Wissenschaft in die Politik. Der damalige Ministerpräsident von Rheinland-Pfalz Helmut Kohl wurde auf ihn aufmerksam, lud ihn zu einem Gespräch in die Staatskanzlei nach Mainz und bot ihm die Position des Bevollmächtigten des Landes Rheinland-Pfalz beim Bund in Bonn an. Roman Herzog zögerte zunächst, doch seine Frau wies ihn zurecht: »Entweder nimmst du das Angebot des Ministerpräsidenten an, oder ich will nie wieder etwas von deiner Unzufriedenheit über deine berufliche Situation hören.«[17] Auch das war eine Seite Christiane Herzogs: Sosehr sie in dieser Zeit nach außen als »bloße« Frau für Haus und Familie gelten mochte, so hatte sie doch Einfluss auf ihren Mann – und ihren ganz eigenständigen gesunden Menschenverstand, der sie bisweilen auch ein Machtwort sprechen ließ.

Damals lag die Öffentlichkeitsarbeit der Landesvertretung von Rheinland-Pfalz beim Bund im Argen. Was heute als selbstverständlich gilt, auch gegenüber den Bürgern, nämlich das jeweilige Land in der Bundeshauptstadt kulturell zu repräsentieren, galt als neumodischer Schnickschnack. Politik war noch staubtrocken und verstand sich überwiegend als Arbeit hinter verschlossenen Bürotüren. Es wurde für Christiane Herzog die erste Nagelprobe: Obwohl sie – wie auch später als First Lady – keine bezahlte Anstellung hatte, initiierte sie von 1973 bis 1978 eine ganze Reihe von Veranstaltungen. Die Vertretung in der Bonner Schedestraße wurde zu einem Aushängeschild des Landes Rheinland-Pfalz und zu einem Publikumsmagneten für alle Interessierten. Zu den Veranstaltungen gehörten

Weinproben, Ausstellungen mit Keramik aus dem Westerwald, mit Musikinstrumenten aus dem Bezirk Koblenz, mit Edelsteinen aus Idar-Oberstein, Konzerte, Buchvorstellungen, Filmabende, Ausstellungen zeitgenössischer und historischer Kunst. Zudem begann Christiane Herzog, sich sozial-karitativ zu engagieren, etwa für das Angebot »Essen auf Rädern«, das Wilhelmine Lübkes Idee gewesen war, und in der Altenpflege. Von 1985 bis 1993 war sie Vizepräsidentin des Christlichen Jugenddorfwerks und übernahm gemeinsam mit ihrem Mann die Patenschaft für einen jungen Vietnamesen, der als Boat-People-Flüchtling zunächst nach Malaysia gelangt war und im Hause der Herzogs ein neues Heim fand.

WAHLEN IN BADEN-WÜRTTEMBERG UND BERLIN ❱ Bereits nach fünf Jahren musste die Familie Bonn wieder verlassen: Roman Herzog wurde zum Minister für Kultur und Sport (1978–1980) und anschließend zum Minister des Innern (bis 1983) des Landes Baden-Württemberg berufen. Zudem zog er als Kandidat für ein Landtagsmandat des Kreises Göppingen in den Wahlkampf, wobei ihn seine Frau häufig auf Veranstaltungen begleitete. Herzog gewann den Wahlkreis für die CDU – Christiane Herzog war zu diesem Zeitpunkt längst aus dem Schatten der »Nur-Hausfrau« herausgetreten. Als Frau eines Landesministers hatte sie immer mehr mit Protokollfragen und Repräsentationspflichten zu tun. Sie meisterte auch das mit ihrem Charme, ihrem Faible für modische Kleidung, ihrem natürlichen Auftreten und mit einem wachsenden Selbstbewusstsein.
Nochmals gab Roman Herzog seiner Karriere eine andere Richtung: 1983 wurde der exzellente Jurist ans Bundesverfassungsgericht nach Karlsruhe berufen, zunächst als Vorsitzender des Ersten Senats und Vizepräsident, seit 1987 war er sogar Präsident des obersten deutschen Gerichts. Wieder musste sich Christiane Herzog in ein neues Umfeld gewöhnen. In jene Zeit fielen das Ende der DDR und die deutsche Wiedervereinigung. An die Nacht vom 2. auf den 3. Oktober 1990, die das Ehepaar Herzog gemeinsam mit Freunden und Bekannten aus Politik und Gesellschaft auf den Stufen des Berliner Reichstagsgebäudes stehend erlebte, erinnerte sich Roman Herzog noch Jahre später: »Als die Flagge aufgezogen wurde und das Deutschlandlied erklang, habe ich zu meiner Frau gesagt: ›Entwarnung.

Die Gefahr ist gebannt. Jetzt muß einer aus den neuen Ländern Bundespräsident werden.«"[18]
Die »Gefahr« war mitnichten gebannt. Und keineswegs sah sich Roman Herzog ungern in der Rolle eines möglichen Kandidaten für das Bundespräsidentenamt. Seine Äußerung auf den Stufen des Reichstags war eher Understatement. Insofern hatte er recht, als er zu jener Zeit tatsächlich immer wieder einmal als Kandidat in die öffentliche Diskussion eingebracht wurde. Auch war klar, dass nach der deutschen Wiedervereinigung ein ostdeutscher Kandidat aus Gründen politischer Raison bevorzugt würde. Als sich die Ära von Bundespräsident Richard von Weizsäcker dem Ende zuneigte, wurde von der CDU/CSU der sächsische Justizminister Steffen Heitmann ins Feld geführt. Als der wegen einiger reaktionärer Äußerungen stark in die Kritik geriet, zog er am 25. November 1993 seine Kandidatur zurück. Rasch einigte man sich in der CDU/CSU auf den unbescholtenen und politisch versierten (noch dazu von Bundeskanzler Helmut Kohl geschätzten) Roman Herzog. Der hätte nach acht Jahren als Präsident des Bundesverfassungsgerichts im Jahr 1995 in den Ruhestand gehen sollen – nun eröffnete sich ihm ein Aufstieg ins höchste Staatsamt.
Am 23. Mai 1994 trat zum ersten Mal seit 1969 die Bundesversammlung wieder in Berlin zusammen. Sie war seither wegen Schikanen der DDR-Behörden und der sowjetischen Besatzungsmacht in Bonn abgehalten worden. Die Wahl des Bundespräsidenten fand im Reichstagsgebäude statt. Damit sollte unterstrichen werden, dass es die erste von Wahlmännern und -frauen aus Ost- und Westdeutschland abgehaltene Wahl eines gemeinsamen Staatsoberhaupts war. Christiane Herzog war an diesem Tag an der Seite ihres Mannes. Die Chancen Roman Herzogs waren nicht allzu gut. Kandidat der SPD war der beliebte Johannes Rau (der Herzog fünf Jahre später ins höchste Amt folgen sollte), Kandidatin der FDP die hochgeachtete Hildegard Hamm-Brücher. Die Konkurrenz aus den anderen Lagern war also stark, es war klar, dass nicht alle Wahlmänner und -frauen sich an die Vorgaben ihrer jeweiligen Parteien halten würden. Christiane Herzog erinnerte sich an den Wahltag: »Wir waren morgens zuerst in der Kirche. Auf den Stufen hinauf trafen wir das Ehepaar Rau. Gemeinsam sind wir in die Kirche gegangen. Danach, auf dem Weg zum Reichstag, ha-

ben wir uns beide eigentlich völlig relaxed gesagt: Jetzt lassen wir alles auf uns zukommen. Vorher haben wir uns ja schon lange hin und her überlegt, ob mein Mann diese Kandidatur annehmen sollte oder nicht, denn es gab ja eigentlich keinen Grund dafür, sie anzunehmen. Mein Mann hätte seine Jahre in Karlsruhe fertig gemacht, wollte dann für ein halbes Jahr nach Rom gehen und nochmal ein bisserl Ruhe haben. Aber dann haben wir uns beide gesagt: Gut, wenn einem das höchste Amt im Staate angetragen wird, und wenn auch nur als Kandidatur, dann hat man eigentlich die verdammte Pflicht und Schuldigkeit, auch dazu zu stehen und sich dieser Wahl zu stellen. Ganz egal, wie es ausgeht. Und das hat mein Mann dann auch getan. Und ich habe ihn unterstützt. So waren die drei Wahlgänge für uns gar nicht weiter aufregend. Ich saß da oben auf der Empore und habe mir dieses Geschehen einfach angeschaut. Und zwischen dem zweiten und dritten Wahlgang sind mein Mann und ich im Tiergarten spazieren gegangen. Dann war es halt gelaufen.«[19]

Ganz so einfach verlief der Wahltag nicht: Erst als nach dem zweiten Wahlgang Hildegard Hamm-Brücher auf eine weitere Kandidatur verzichtete und damit die Wahlmänner und -frauen der FDP »frei« wurden, erhielt Roman Herzog im dritten Wahlgang, in dem die einfache Mehrheit genügte, die erforderliche Mehrheit von 696 gegen 605 Stimmen.

HOHENZOLLERNSCHLOSS UND BAYERISCHE BÜRGERLICHKEIT) Roman Herzog war siebter Bundespräsident, und Christiane Herzog neue First Lady. Bereits damals meinte ein alter Freund aus Münchner Studententagen enthusiastisch: »An Herzenswärme hat sie ihrem Mann einiges voraus und wird eine First Lady sein, wie man sie sich besser nicht vorstellen kann.«[20]

Für den ersten von einer gesamtdeutschen Bundesversammlung gewählten Bundespräsidenten wurde das im Krieg stark beschädigte und unzureichend wiederaufgebaute Hohenzollernschloss Bellevue in Berlin als Amtssitz grundlegend saniert und neu eingerichtet. Gern erzählt wird die Anekdote, wie hinter einer Rigipswand der zwei Meter hohe Safe für die Pelze Wilhelmine Lübkes zum Vorschein kam. Den brauchte man nun nicht mehr. Das Image einer First Lady und ihre modischen Bedürfnisse hatten sich stark gewandelt. Mit dem Wechsel von der Bonner zur Berliner Republik sollte auch der Bundespräsident an der Spree residieren, wenngleich die alte Idee vom Bürgerpräsidenten damit auch architektonisch ein wenig konterkariert wurde. Immerhin hatte gerade das Ambiente der bürgerlichen Villa Hammerschmidt genau diesem Image ganz gut entsprochen. Zwar war das Schloss Bellevue seit 1954 Berliner Amtssitz des Bundespräsidenten, aber wegen der deutschen Teilung und der Insellage West-Berlins eher symbolisch. Nun erhielt das höchste Amt im Staate äußerlich ein fürstliches Gepräge. Beide, Roman und Christiane Herzog, verstanden es, dem mit bayerischem Humor und ihrer bürgerlichen Natürlichkeit entgegenzuwirken. Während freilich Roman Herzog auch im höchsten Staatsamt immer ein wenig der dozierende Juraprofessor blieb und sich der Allgemeinheit am ehesten noch mit seinen »Berliner Reden« im Foyer des Hotels Adlon einprägte (so mit der berühmten »Ruck-Rede« vom 26. April 1997), war Christiane Herzog als First Lady der empathische Teil. Anfangs gab es Kritiker, die ihr nicht zutrauten, sich sicher und gewandt auf dem diplomatischen Parkett zu bewegen. Die jedoch verstummten bald. Christiane Herzog selbst meinte recht gelöst auf die Frage der Journalistin Maria von Welser nach den Anfängen im Bundespräsidialamt: »Sie wissen vorher nie, was dieses Amt alles für Sie bereit hat. Sie können sich eigentlich nur so ein Modell zurechtbauen und in der Beobachtung der Vergangenheit sagen: Das wird von dir erwartet. Das kommt hundertprozentig auf dich zu. Während der Karlsruher Jahre konnte ich wirklich mein eigenes Leben führen. [...] Als mein Mann dann gewählt war, kamen als erstes die Mitarbeiter des Präsidialamtes und haben mir gesagt, was sie eigentlich alles von mir erwarteten und was die Pflichten der Hausfrau sind. Okay, naja, okay, gut so. Und es hat sich etwas gedeckt mit dem, was auch meine Verpflichtungen waren, als mein Mann Bevollmächtigter des Landes Rheinland-Pfalz in Bonn gewesen ist. Also auch diplomatische Verpflichtungen, die Vorbereitung von Empfängen, Abendessen. Und ich habe gesagt: Das hat dir damals Spaß gemacht, warum soll's mir jetzt keinen Spaß machen? Aber das sagt Ihnen vorher ja niemand. Denn kommt dieses Amt nicht auf Ihren Mann zu, dann würde jeder mit Recht sagen: naja, aber die hat sich ja vorher schon soweit reingehängt. Offensichtlich wäre sie's doch gern geworden. Und jetzt ist sie's nicht geworden. Also halten Sie vorher den Mund, lassen die Dinge auf sich zukommen und sagen sich: Würde ich das meistern können? Oder nicht? Und da habe ich für mich entschieden, ich könnte es. Und siehe da: ich kann's auch.«[21]

MUKOVISZIDOSE UND TALK AM HERD ❱ Im Gegensatz zu einigen First Ladys vor ihr musste sich Christiane Herzog nicht erst ein karitatives Betätigungsfeld suchen. Selbstverständlich übernahm sie die Schirmherrschaft über das Müttergenesungswerk und das Deutsche Komitee der UNICEF. Sie hatte jedoch längst auch ihr ganz eigenes Metier gefunden: Bereits 1986 hatte sie den Förderverein »Mukoviszidose-Hilfe e.V.« gegründet, den sie 1997 in die »Christiane-Herzog-Stiftung für Mukoviszidose-Kranke« überführte. Zweck dieser Stiftung ist die Unterstützung von Selbsthilfegruppen und Therapieeinrichtungen für Betroffene und Angehörige sowie die Förderung der Wissenschaft zur Erforschung und Therapie der Mukoviszidose.
Die Mukoviszidose ist eine vererbte Stoffwechselerkrankung, an der in Deutschland rund achttausend Menschen leiden. Vier Prozent der Bevölkerung, rund drei Millionen Menschen, sind zwar Träger eines defekten Gens, aber selbst gesund. Sie können die Krankheit weitervererben, die bei ihrem Kind nur dann ausbricht, wenn das zweite Elternteil auch Träger eines defekten Gens ist und das Kind von beiden Eltern ein defektes Gen geerbt hat. Jedes Jahr werden in Deutschland rund dreihundert Kinder mit dem Krankheitsbild geboren. Ein genetischer Defekt an den Zellmembranen stört den Elektrolythaushalt der Körperdrüsen. Die Sekrete der Bronchien, der Bauchspeicheldrüse, der Leber und Galle, der Geschlechtsdrüsen und des Dünndarms werden zähflüssig, es kommt zu Funktionsstörungen. Folgen können sein: Lungeninfekte, Lungenentzündungen, Diabetes mellitus, chronische Durchfälle, Mangelernährung, Leberzirrhose, Gallensteine, Unfruchtbarkeit. Bis in die 1990er Jahre wurden die Betroffenen selten älter als zwanzig Jahre und starben oft eines qualvollen Todes. Dem entgegenzuwirken war und ist die Aufgabe der von Christiane Herzog ins Leben gerufenen Stiftung. Dafür reiste sie nicht nur in Deutschland umher, sondern besuchte auf den Auslandsrei-

sen ihres Mannes auch Krankenhäuser, um dort für die Arbeit ihrer Stiftung zu werben, Aufklärung zu betreiben und die Patienten mit Medikamenten zu versorgen. Täglich, so schätzte sie, wandte sie sechs Stunden für die Stiftung auf – neben den üblichen Aufgaben und Pflichten einer First Lady.

So ehrenwert und verdienstvoll dieses Engagement auch war (und bis heute fortwirkt) – zu wirklicher Popularität gelangte Christiane Herzog als Fernsehköchin. Zu einer Zeit, da dieses TV-Genre noch in den Kinderschuhen steckte, besaß ihre Sendung beinahe ein Alleinstellungsmerkmal und verband geschickt die Präsentation einer guten, gleichwohl bodenständigen (und meist bayerischen) Küche mit der Werbung für ihre Stiftung und dem lockeren Talk mit prominenten Studiogästen. In ihrer Sendung »Zu Gast bei Christiane Herzog«, die in der Küche im Berliner Schloss Bellevue gedreht und von der ARD sonntags zur besten Sendezeit ausgestrahlt wurde, empfing Christiane Herzog ihre Gäste. Unvergessen, wie sie mit mütterlichem Witz und bayerischem Mundwerk selbst ein eingefleischtes Profi-Plappermaul wie Thomas Gottschalk geistreich in die Schranken wies: »Nun lassen S' den Herrn [Michael] Schumacher doch auch amal ausreden! Der kann sich körperlich abreagieren – so was fehlt Ihnen.«[22]

Sie entlockte illustren Gästen wie Liselotte Pulver, Harald Juhnke, Inge Meysel und Günter Strack oder dem Meisterkoch Otto Koch bei Erbsensuppe und Russischen Orangen Details aus dem Privatleben und befragte sie zu Gott und der Welt. Ihre Rezepte sammelte sie und gab sie als Kochbücher heraus, die rasenden Absatz fanden (allein vom ersten Buch wurden innerhalb weniger Wochen 140 000 Exemplare verkauft). Und auch die Zeitschrift *Kochen & Genießen* wurde regelmäßig von der First Lady mit Rezepten versorgt. Die Tantiemen und Honorare aus Büchern, Zeitschriftenartikeln und dem Fernsehen kamen der Christiane-Herzog-Stiftung zugute. Die Idee, den Kochbuchmarkt zu bedienen, soll der Bundespräsident selbst gehabt haben. Er, so Christiane Herzog im Gespräch mit Maria von Welser, habe ihr einmal vorgeschlagen, sie solle ein Kochbuch über Kartoffeln schreiben, da man die Knollenfrucht in Deutschland immer noch zu wenig schätze.

Aufsehen erregte Christiane Herzog auch, wenn sie bisweilen selbst in Fachgeschäften in Berlin, München oder Fürstenfeldbruck (wo sie und Roman Herzog eine Wohnung für den Rückzug ins Private hatten) einkaufte und dabei besonders auf biologische Anbauqualität und regionale Herkunft der Lebensmittel achtete. »Ist sie's oder nicht?« war in solchen Momenten die Dauerfrage anderer Kundinnen und Kunden – und Christiane Herzog scheute sich nicht, sich mit ihnen auf einen kleinen Tratsch einzulassen.

Sie spannte auch Prominente vor den Karren ihrer Mukoviszidose-Stiftung: Eben weil die Krankheit der breiten Bevölkerung so wenig bekannt war, wollte sie dem mit bekannten Frontfiguren entgegentreten. Der Boxer Axel Schulz und der Formel-1-Fahrer Dirk Müller gehörten zu ihren Stiftungsbotschaftern – wenngleich Christiane Herzog auf die Frage, ob sie sich von Müller nach Schloss Bellevue chauffieren lassen würde, weise antwortete: »Vielleicht besser nicht.«[23]

1999 schied Roman Herzog aus dem Amt. Begründet hatte er seinen Verzicht auf eine Kandidatur für eine zweite Amtszeit mit dem Verweis auf seine angeschlagene Gesundheit. Die vor der Öffentlichkeit verborgene Wahrheit war: Seine Frau war krank. Sie litt an Darmkrebs. Das Paar zog sich in die bayerische Heimat, nach Dachau, zurück. Lange konnte Christiane Herzog den gemeinsamen Ruhestand nicht genießen. Sie starb am 19. Juni 2000 in München und wurde im heimatlichen Landshut beerdigt. Roman Herzog heiratete am 4. September 2001 eine langjährige Freundin, Freifrau Alexandra von Berlichingen.

Zu Beginn der »Amtszeit« Christiane Herzogs als First Lady hatte die *Frankfurter Allgemeine Zeitung* in ihrer Beilage noch gekrittelt: »Das wahre Problem ist, daß Christiane Herzog andere Wege als ihre eigenen niemals auch nur in Erwägung gezogen hat. [...] Mit einer anderen Frauenrolle [...] hat sie nicht einmal kokettiert.«[24] Vielleicht war das weniger Starrheit und mangelnde Flexibilität als vielmehr etwas vermeintlich Altmodisches wie Charakterstärke. Viele Bürgerinnen und Bürger haben ihr das gedankt. Übrigens selbst der zu ihrer Zeit so übermächtige Bundeskanzler Helmut Kohl. Der, so meinte Roman Herzog, hatte »mehr Respekt vor meiner Frau als vor mir«.[25]

Christina Rau

*1956

Johannes Rau galt über Jahrzehnte als eingefleischter Junggeselle. Fragen nach Beziehungen zu Frauen konterte er mit der flapsigen Bemerkung: »Man kann auch im Stillen Gutes tun.«[1] Im bisweilen etwas groben Politjargon an Rhein und Ruhr, Raus Heimat, konnte die Frotzelei eines Freundes auch schon mal so klingen: »Wahrscheinlich findest du eine Diakonisse aus Kaiserswerth, die dich noch heiratet.«[2] Insofern wunderte sich jeder in seinem Umfeld, als der als Skatspieler bekannte und geschätzte Johannes Rau, seit 1978 Ministerpräsident von Nordrhein-Westfalen, Anfang 1981 ein vierundzwanzigjähriges »Fräulein Christina Delius« zum Skatabend in die Wuppertaler Gastwirtschaft »Karpathen« mitbrachte. Einer der Mitspieler meinte anerkennend: »Die ist nicht zu bremsen, kloppt den Skat inzwischen fast wie ein Alter und kann kaum genug bekommen.«[3] Fast ein Vierteljahrhundert später betonte die »Skatklopperin«, inzwischen Frau Christina Rau, selbstbewusst in einem Interview: »Ich behaupte nach wie vor, erfolgreicher zu spielen. Ich reize überlegter – das ist das Geheimnis!«[4] Obwohl die junge Frau nicht nur beim Kartenspiel reizen konnte, nahm

man sie in der Öffentlichkeit zunächst nicht recht wahr. An seinem fünfzigsten Geburtstag, am 16. Januar 1981, erlaubte sich der Junggeselle Johannes Rau den Scherz: »Wie, du willst schon gehen, wir wollten uns doch noch verloben.«[5] Der eigentliche Antrag folgte wenig später. Am 9. August 1982 wurde die standesamtliche Trauung in London, dem damaligen Wohnort von Christina Delius, in der Westminster City Hall vollzogen, in Anwesenheit der Eltern Eduard und Christa Delius, die auch Trauzeugen waren. Die kirchliche Trauung folgte am 22. August 1982, unter Ausschluss der Öffentlichkeit und der Presse, nur im allerkleinsten Kreis. Geeignet erschien hierfür die Urlaubsinsel Spiekeroog, wo die Eltern der Braut ein Ferienhaus besaßen. Es war ein Sonntagmorgen. Es regnete in Strömen. In der kleinen Inselkirche versammelten sich Inselbewohner und Feriengäste zum Gottesdienst mit dem Kurpastor Berend Rauterberg. Am Ende des Gottesdienstes bat er das Brautpaar und die kleine Gesellschaft aus engsten Anverwandten zu den vorderen Plätzen. Einige der Gäste erkannten den Politiker und tuschelten: »Das ist doch der Rau.«[6]
Im normalen Gottesdienst sollte die kirchliche Hochzeit sein. Die Braut trug ein schlichtes, geschmackvolles, knielanges weißes Kleid, in den Händen hielt sie einen Strauß von blassroten Rosen und Männertreu, der zuvor in einem Garten auf der Insel gepflückt worden war.[7] Der Bräutigam trug einen graublauen Straßenanzug. Die Zeremonie stellte der Pfarrer unter die Losung aus dem Epheser-Brief: »Die Liebe sei die Wurzel und das Fundament eures Lebens.« Die Anwesenden wussten zu berichten, beim Jawort des Brautpaars seien die Wolken aufgerissen und die Sonne habe ins Kircheninnere geschienen. Schließlich intonierte der Kirchenchor noch den Choral »Du, meine Seele, singe« nach Worten des evangelischen Dichters Paul Gerhardt. Ein Foto zeigt das Brautpaar vor der Kirche, mit anderen Gottesdienstteilnehmern. Einem Zeitungsbericht zufolge soll einer der anwesenden Urlauber angemerkt haben: »Datt find ich goldrichtig, datt der Rau alles ohne Publicity gemacht hat.«[8]
Johannes Rau selbst erinnerte sich später, dass er sich nochmals verabschiedet habe, um von der Sakristei aus per Telefon die wichtigsten Parteifreunde über seine Heirat zu informieren. Das war gegenüber der Braut nicht eben charmant, zumal nicht alle Gesprächspartner sich kurz fassten.

Insbesondere Helmut Schmidt scheint sich an diesem Sonntagvormittag über einen Plausch mit dem Ministerpräsidenten gefreut zu haben. Rau berichtete: »Einer, den ich anrief, war Helmut Schmidt. Dem sagte ich, ich müsse ihm was erzählen, etwas Wichtiges: ich hätte gerade geheiratet.«[9]
»Darauf er: ›Wie alt bist du, wie alt ist sie?‹
›Sie ist wesentlich jünger.‹
›Das habe ich nicht gefragt. Wie alt ist sie, wie alt bist du?‹
›Sie ist 26.‹
›Hat die Mut!‹«[10]
»Und dann fragte er mich, was ich von einigen linken Parteifreunden hielte; aber er wollte eine Antwort gar nicht hören. Er war froh, am Telefon jemand gefunden zu haben, mit dem er reden konnte. Und so sprach er fast eine Dreiviertelstunde. Draußen schien die Sonne, es wartete die Braut und die Festversammlung. Und endlich durfte ich dann gehen.«[11]
Diese Absenz gleich nach der Trauung war in gewisser Weise ein Omen. Johannes Rau war als Berufspolitiker eng mit der SPD verbunden. Dennoch haben er und seine Frau Christina es in ihrer Ehe verstanden, ihr Privatleben zu wahren und den gemeinsamen Kindern eine intakte Familie und ein sicheres Heim zu bieten. Christina Rau meinte einmal recht pragmatisch gegenüber der Presse: »Wer einen Politiker heiratet, sollte wissen, was auf ihn zukommt.«[12] Dass die Politik von Anfang an eine große Rolle in dieser Beziehung spielte, wurde auch symbolisch deutlich: Sie trugen die Eheringe von Hilda und Gustav Heinemann, den Großeltern Christina Raus. Zugleich war Gustav Heinemann ein politischer Ziehvater Johannes Raus und wurde von diesem sehr verehrt.

EINE JUNGE FRAU VON WELT ❭ Christina Delius ist die Tochter von Christa Delius (einer der Töchter der Heinemanns) und Eduard Delius. Sie kam am 30. Oktober 1956 in Bielefeld als viertes von sechs Kindern zur Welt. Es war ein wohlhabendes, gutbürgerliches Haus, der Vater führte den Familienbetrieb, ein Textilunternehmen. Regen Kontakt gab es zu den Großeltern Heinemann. Insofern wuchs Christina Delius ohne Berührungsangst vor der Welt der Wissenschaft und der hohen Politik auf. Das sollte sich später, als sie First Lady war, als von Vorteil erweisen.

Wegen einer starken Bronchitis wurde der Elfjährigen zu einem Klimawechsel angeraten: Christina Delius wechselte auf ein Internat in die Schweiz, ins Engadin. Gut zwei Jahre später schickten die Eltern die Vierzehnjährige nach England. Dort besuchte sie eine Schule in Bexhill-on-Sea, an der Südküste bei Hastings gelegen, und erlangte die Ordinary Levels, was der mittleren Reife entsprach. Danach wechselte sie nochmals Schule und Wohnort und ging nach Gordonstoun in Schottland. Das dortige Internat war, ebenso wie das von Schloss Salem, von dem bekannten Pädagogen Kurt Hahn gegründet worden und verfolgte ein ganzheitliches Bildungskonzept. Es war eine Eliteschule, einer von Christina Delius' Mitschülern war Prince Andrew, der Sohn der Queen. Hier machte Christina Delius, deren Lieblingsfächer Geschichte, Englisch und Französisch waren, mit achtzehn Jahren das Abitur. In Gordonstoun wurde aber auch die sportliche Begeisterung gefördert. So war Christina Delius in der Berg- und Rettungswacht aktiv und spielte in der Hockey-Schulmannschaft. Sport war und ist eine ihrer Leidenschaften, bis heute: Fallschirmspringen, Paragliding, Tauchen, Reiten und Inline-Skating gehören dazu.
Christina Delius blieb in Großbritannien und studierte in Aberystwyth, Wales, Politikwissenschaften, Volkswirtschaft und Geschichte, anschließend am King's College in London. Sie graduierte mit den Abschlüssen eines Bachelor und eines Master of Arts (mit einer Arbeit über »Zivile Verteidigung und nukleares Gleichgewicht«). In diesen Jahren reiste sie auch viel, unter anderem mit dem Interrailticket nach Skandinavien, Italien, Griechenland, durchquerte Kanada und die USA mit dem Greyhound-Bus und lernte Portugiesisch in Rio de Janeiro.
Elf Jahre hatte sie in England gelebt, fühlte sich dort gut sozialisiert, hatte Freunde. Dennoch kehrte sie zu Beginn der 1980er Jahre nach Deutschland zurück, um an der Bonner Universität bei Professor Hans-Adolf Jacobsen zu promovieren. Ihr Thema: »Die deutsche Frage aus britischer Sicht«. Sie recherchierte und sammelte, stand zu Beginn der Niederschrift ihrer Dissertation – da begegnete sie dem damaligen Ministerpräsidenten von Nordrhein-Westfalen Johannes Rau und entschied sich bereits nach kurzer Zeit für ihn. Der Altersunterschied von über fünfundzwanzig Jahren war beträchtlich. Der damalige Landwirtschaftsminister unter Rau, Hans Otto

Bäumer, warnte seinen Chef und Freund salopp: »Die ist viel zu schade für dich, Johannes.«[13] Entgegen allen Unkenrufen sollte die Ehe von Christina und Johanes Rau glücklich und erfüllt sein, bis zu Johannes Raus Tod im Jahre 2006. Björn Engholm, eine enger Freund der Raus, umschrieb beider Verhältnis einmal so: »Beide Partner erfüllen ihre Aufgaben autonom, er die seinen in der Polis, sie die ihren in Haus, Erziehung, Freundschaften und Repräsentation, keiner ist des anderen Anhängsel – zwei eigene Seiten einer gemeinsamen Medaille. Gegenseitige Zuneigung, Respekt vor Leben und Leistung des Partners, Achtung und Toleranz bilden eine starke Brücke über die Jahrgangsdifferenz.«[14]

BÜCHER, THEOLOGIE UND DIE POLITIK ❱ Johannes Rau wurde am 16. Januar 1931 in Barmen (heute ein Stadtteil von Wuppertal) als drittes von fünf Kindern des Laienpredigers Ewald Rau und seiner Frau Helene geboren. Später wurden auch noch zwei Pflegekinder aufgenommen. Das war für die Eheleute Rau eine Selbstverständlichkeit, es war gelebte Nächstenliebe, trotz bescheidener materieller Verhältnisse. Vater Rau hatte 1925 sein Textilgeschäft in Barmen aufgegeben und war Vereinssekretär des »Blauen Kreuzes« in Wuppertal geworden, einer pietistischen Gesinnungsgemeinschaft. Als Prediger einer modernen religiösen Erweckung, die vom Antialkoholismus getragen war, reist er durch die Lande – mit einigem Erfolg, wie Zeitzeugen versicherten. Ewald Rau war ein autodidaktisch gebildeter Mann. »Gegen den«, so Johannes Rau einmal, »bin ich heute noch taubstumm.«[15] Das Rede- und Predigttalent schien der Sohn vom Vater geerbt zu haben. Auch Johannes Rau sprach später hin und wieder als Laienprediger in Gemeinden, hatte freilich sein eigentliches Betätigungsfeld in der Polis. In diesem alten Sinne verstand Rau die Politik. Für ihn war sie Dienst an der Gesellschaft, am Nächsten, und bedurfte weniger der Bürokraten als der charismatischen Idealisten.

Johannes Rau besuchte nach der Grundschule ein altsprachliches Gymnasium. Damals stand für ihn fest, dass er Theologie studieren wolle. Als sich im Krieg die Luftangriffe auf Barmen und Elberfeld mehrten, wurde die Mutter mit den Kindern nach Chemnitz, später nach Erfurt evakuiert. Als sie 1943 nach Wuppertal zurückkehrten, war das altsprachliche Gymnasium zerstört. Es wurde nur noch ein Notunterricht erteilt. Erst nach dem Krieg, 1947, konnte Johannes Rau wieder ein Gymnasium besuchen, diesmal ein neusprachliches. Die Kriegs- und Lebenswirren hatten ihn erschüttert. Er lernte schlecht. Die Schule langweilte und unterforderte ihn. Der Vater stellte ihn zur Rede, aber nicht mit einem Donnerwetter, sondern einem pragmatischen Vorschlag: »Dann meldest du dich von der Schule ab.« »In Ordnung«, meinte der Sohn. Später gestand er: »Ich habe das als sehr befreiend empfunden.«[16]

1948, mit siebzehn Jahren, begann Johannes Rau eine Lehre in der Verlagsbuchhandlung »Emil Müller«. Nicht nur beruflich hatte er viel mit Büchern zu tun. Er las auch leidenschaftlich gern und erwarb sich – ähnlich dem Vater – durch Lektüre eine breite Bildung. Sein Leben lang hielt diese Liebe zu Büchern. Johannes Rau war ein ausgesprochen bibliophiler Mensch und trug im Laufe seines Lebens eine große Bibliothek zusammen.

1952 schloss Rau seine Ausbildung mit der Gesellenprüfung ab. Dann wechselte er als Vertriebsleiter in den Luther- und Eckardt-Verlag nach Witten an der Ruhr, kurz darauf, 1953, als Geschäftsführer in den Jugenddienst-Verlag. Dessen Leiter Hermann Ehlers – CDU-Bundestagsabgeordneter und wahrer Menschenfreund – verlegte sogar den Verlagssitz von Oldenburg nach Wuppertal, in die Rau'sche Wohnung in der Riescheider Straße. Dort wurden zwei leer stehende Zimmer zu Verlagsbüros umfunktioniert. Einer Karriere im Verlagswesen schien nichts entgegenzustehen.

Das Jahr 1953 war vom Tod des Vaters überschattet: Johannes Rau arbeitete zu der Zeit nebenberuflich als freier Mitarbeiter für den *General-Anzeiger* der Stadt Wuppertal. Am 15. Dezember 1953 ging eine Polizeimeldung ein, die von Johannes Rau bearbeitet und in den Satz gegeben wurde. Es handelte sich um einen tödlichen Unfall: Das Türschloss eines städtischen Busses war defekt. In einer Kurve ging die Tür auf, ein Fahrgast konnte sich nicht festhalten und wurde auf die Straße geschleudert, wobei er sich tödliche Verletzungen zuzog. Johannes Rau hatte die Arbeit eben erledigt, als ein Anruf der Polizei in der Redaktion einging: Ob sein Vater Ewald Rau heiße? Sie hätten ihm, dem Sohn, eine traurige Mitteilung zu machen: Der Verunglückte sei sein Vater. Johannes Rau wurde an den Unfallort gerufen. Eine furchtbare Erfahrung.

1950 hatte Johannes Rau auf der »Reichstagung der Schülerbibelkreise« in Marburg ein für ihn prägendes Erlebnis: Dort begegnete er Gustav Heinemann und war von seiner Art, offen auf junge Menschen zuzugehen und sich ihren Fragen zu stellen, beeindruckt. Im selben Jahr trat Heinemann aus Protest gegen die Wiederbewaffnungspolitik Adenauers aus der CDU aus und gründete gemeinsam mit Helene Wessel eine eigene Partei, die Gesamtdeutsche Volkspartei (GVP). Ihr schloss sich auch Johannes Rau an. Im Rahmen der Parteiarbeit lernte er Gustav Heinemann näher kennen und schätzen. Dass er, Rau, einmal Nachfolger Heinemanns im höchsten deutschen Staatsamt werden würde, und zudem dessen »Schwiegerenkel«, hätte er sich nicht einmal in seinen kühnsten Träumen vorgestellt.

1957 löste sich die erfolglose GVP selbst auf. Ihren Mitgliedern empfahl die Parteiführung, der SPD beizutreten. Das tat auch Johannes Rau, obgleich die Partei zwei Jahre vor der Verabschiedung des Godesberger Programms (1959) ein noch sehr klassenkämpferisches, atheistisches Gesicht trug – mithin nicht das, was dem tiefreligiösen Johannes Rau behagte.

Die SPD wandelte sich indes zur Volkspartei mit unterschiedlichen Lagern und Gruppierungen – und in ihr und für sie stieg Johannes Rau auf, wurde zu einem ihrer besten Zugpferde. Nur die wichtigsten Stationen und Positionen seien genannt: 1958 wurde Rau für die SPD in den Landtag von Nordrhein-Westfalen gewählt. Einundvierzig Jahre lang gehörte er diesem Parlament an. 1969 wurde er Oberbürgermeister seiner Heimatstadt Wuppertal. Bereits im Jahr darauf berief ihn Ministerpräsident Heinz Kühn in sein Kabinett, Rau wurde Minister für Wissenschaft und Forschung.

Der Mann, der die Schule abgebrochen hatte, als Autodidakt und Selfmademan Bildung aber hoch schätzte, wurde als Wissenschaftsminister an Rhein und Ruhr legendär: Unter seiner Ägide entstanden in acht Jahren fünfzehn neue Fachhochschulen, fünf neue Gesamthochschulen und die Fernuniversität Hagen. Zu Beginn seiner Amtszeit im Wissenschaftsministerium hatten in Nordrhein-Westfalen 100 000 junge Menschen studiert, zu dessen Ende waren es rund 300 000. Bildung, so das erklärte Ziel der sozialdemokratischen Aufbruchsjahre, sollte allen ungehindert möglich sein, kein junger Mensch sollte wegen sozialer Herkunft oder materieller Not davon ausgeschlossen werden.

1978 übernahm Rau das Amt, mit dem er wie kein Zweiter verwuchs: Er wurde Ministerpräsident seines Heimatlandes Nordrhein-Westfalen. Dreimal (1980, 1985 und 1990) erhielt die SPD bei Landtagswahlen die absolute Mehrheit und stemmte sich damit gegen den bundesdeutschen Trend (seit Oktober 1982 regierte in Bonn unter Bundeskanzler Kohl eine Koalition aus CDU/CSU und FDP). Erst 1995 verlor Raus SPD die absolute Mehrheit, konnte aber in einer Koalition mit den Grünen an der Regierung bleiben. Auch damit ebnete Rau – unbewusst – einen neuen Weg: den zur Ablösung der Regierung Kohl und zur neuen Bundeskoalition aus SPD und Grünen im Jahre 1998. Erst 1998 trat Johannes Rau vom Amt des Ministerpräsidenten zurück, um im Jahr darauf das Bundespräsidentenamt im zweiten Anlauf zu erringen (er war fünf Jahre zuvor als Kandidat der SPD dem von der CDU/CSU favorisierten Roman Herzog unterlegen).

NICHT INS SCHLOSS! ❱ Christina Delius hatte 1982 einen Spitzenpolitiker geheiratet, der bereits auf höchst erfolgreiche Jahre als Oberbürgermeister, Landesminister und Ministerpräsident zurückblicken konnte. Rau verband die Gegensätze: Einerseits war er ein Karrieremensch, der sich – nicht zuletzt durch seine rhetorische Predigergabe – im richtigen Moment durch eine fulminante Rede durchzusetzen wusste (etwa beim Parteitag 1978, als es um die Nachfolge von Heinz Kühn ging). Andererseits wusste er sich auch politische Gegner zu loyalen Freunden zu machen, allein durch seine Fairness. Den Gegensatz von Öffentlichkeit und Privatleben konnte Johannes Rau – und insbesondere seine Frau Christina – ebenfalls überbrücken und meistern. Freilich, Christina Rau verzichtete auf eine eigene Karriere in Wissenschaft oder Wirtschaft und beschränkte sich auf Ehe und Familie. Diese »Beschränkung« sollte keineswegs wertend verstanden werden. Sie verstand es in all den Jahren und Jahrzehnten, ihrem Mann eine lebenskluge Begleiterin und Beraterin zu sein, in privaten, aber bisweilen auch politischen Dingen. Und sie wusste das Familienleben vor der Presse in seinem Privat- und Intimcharakter zu wahren. Besonders eine geschützte Sphäre der drei Kinder lag ihr und ihrem Mann am Herzen: Anna Christina kam am 19. Dezember 1983 zur Welt, Philip Immanuel am 28. Januar 1985 und Laura Helene am 10. November 1986.

In die Rolle als First Lady in Schloss Bellevue wuchs Christina Rau – wie andere Politikergattinnen auch – im Lauf der Jahre hinein. Sie musste sich von Anbeginn ihrer Ehe – an der Seite des Ministerpräsidenten des bevölkerungsreichsten Bundeslandes – nolens volens damit anfreunden, im Licht der Öffentlichkeit zu stehen, und meisterte diese Rolle mit Bravour. Nicht zuletzt ihre gutbürgerliche Sozialisation, aber auch ihre reiche Auslandserfahrung hatten ihr ein sicheres Stilempfinden und einen natürlichen, selbstbewussten Verhaltenskodex antrainiert, der selbst in nicht immer unverkrampften, traditionsverhafteten Schichten gut ankam. Aus ihrer Zeit als First Lady Deutschlands ist überliefert, dass sie bei einem Staatsdinner in Dänemark die anwesende Hautevolee – die königliche Familie, Adelsfamilien, hohe Politiker, Diplomaten – durch ihre kluge Art und selbstbewusste Ausstrahlung sofort für sich gewann.

Als Johannes Rau 1994 Roman Herzog bei der Bundespräsidentenwahl im dritten Wahlgang unterlag, war das für ihn ein schwerer Schlag. Das höchste Amt im Staat war sein Lebenswunsch, nicht um Karriere und Ansehen willen, sondern weil er getragen von seiner Idee war, als Präsident aller Deutschen in einer Zeit wieder aufbrechender innerdeutscher Konflikte und auflebender Klischees die Menschen im Land zueinanderzuführen: »Versöhnen statt spalten« war eines seiner Lebensmottos, auch und besonders in seiner Amtszeit als Bundespräsident. Ein anderes war: »Teneo quia teneor«, »ich halte, weil ich gehalten werde«, das Motto der Bekennenden Kirche.

Seine Frau Christina hatte ihn nach der Wahlniederlage 1994 wie immer ermutigt, an diesem Vorhaben festzuhalten und eine Wiederwahl fünf Jahre später zu wagen. Am 23. Mai 1999 wurde Johannes Rau im zweiten Wahlgang zum Bundespräsidenten gekürt. Die Gegenkandidaten waren die thüringische Wissenschaftsministerin Dagmar Schipanski (für die CDU) und – eine kuriose Konstellation – die parteilose Theologin Uta Ranke-Heinemann (Christina Raus Tante), die von der PDS aufgestellt worden war.

Für Johannes und Christina Rau stand also ein Umzug nach Berlin bevor. Freilich konnten sich beide mit Rücksicht auf ein möglichst normales Familienleben nicht mit dem Gedanken anfreunden, in das repräsentative

Schloss Bellevue einzuziehen. Die Kinder, so Christina Rau, sollten nicht ausgestellt werden, sie sollten ganz normal zur Schule gehen, Freunde finden und am sozialen Leben teilnehmen können. Also wurde die noch vom Ehepaar Herzog genutzte, neunzig Quadratmeter große Präsidentenwohnung in einem Seitenflügel des Schlosses aufgegeben (auch die Bundespräsidenten Köhler, Wulff und Gauck und ihre Familien wohnten nicht mehr im Schloss). Stattdessen bezogen die Raus eine Dienstvilla in Berlin-Dahlem. »Ich hoffe«, meinte Christina Rau kurz vor der Übersiedlung nach Berlin, »daß sich nicht allzu viel ändern wird. Die Familie hier soll der Ruhepol bleiben.«[17] Und in Bezug auf ein mögliches mediales Interesse am Tun und Lassen der damals halbwüchsigen Kinder sagte sie beinahe barsch: »Wenn andere meinen, es gehe sie etwas an, was wir tun, dann ist das deren Problem. Darf man das sagen?«[18] Sie durfte. Gleichwohl musste sie sich ins Protokoll einarbeiten und einleben – häufig in Begleitung eines Mitarbeiters des Bundespräsidialamts. Christina Rau war lebens- und welterfahren genug, um sich den Forderungen des »Amts« rasch anzupassen, ohne sich zu verbiegen oder zu verleugnen. Die Gefahr, im Fokus öffentlicher Meinung und Kritik zu stehen, erkannte sie gleichwohl von Anbeginn: »Man bekommt irgendwann ohnehin ein Image zugedacht. Was da hinterher für Klischees entstehen, werden wir sehen.«[19]

Rasch gewöhnte sich Christina Raus Familie in Berlin ein. »Ich empfinde Berlin«, so bekannte sie knapp ein Jahr nach dem Umzug, »als eine Stadt, die man nie ganz in den Griff bekommt – egal, wie lange man hier lebt.«[20] Sie empfand die Gegensätze, die Berlin vereint, als Herausforderung, aber nicht mit Antipathie. Das wurde auch in ihren vielfältigen Begegnungen mit Menschen in dieser Stadt deutlich.

»MEIN MANN WURDE GEWÄHLT, NICHT ICH« ❯ Christina Rau war ein ausgesprochener Glücksfall für die Position einer First Lady und für das Land. Von ihrem Wesen gingen und gehen gleichermaßen Selbstbewusstsein und Bescheidenheit aus, Klugheit und Zurückhaltung. Björn Engholm umschrieb Christina Raus Wesen und Stil so: »Sie entzieht sich den Trends, haßt Diktate, kleidet sich ›der Gelegenheit angemessen‹, bevorzugt erstklassige Naturmaterialien, dezente Schnitte, legeren Sitz (wie von einer norddeutschen Modeschöpferin kreiert). Dazu wenig Schmuck, eine Goldkette, die seltene, von Johannes geschenkte Jugendstilbrosche, kaum Make-up, auch nicht, als der Fotograf erscheint. Der Verzicht auf Selbstinszenierung, auf Körper-, Seelen- und Geist-Design, ihre auffällige Fähigkeit zur Bescheidung haben nichts gemein mit Puritanismus, entsprechen eher einer Bescheidenheit, die nur bei ausgeprägtem Selbstbewußtsein und starker Identität möglich ist. ›Ich bin halt ich‹, sagt sie, bar jeder Selbstgefälligkeit und ohne Ironie.«[21]

Christina Rau hielt sich angenehm zurück, ohne ihre Repräsentationspflichten und karitativen Aufgaben gering zu schätzen. Stets betonte sie: »Mein Mann wurde gewählt, nicht ich.«[22] Ein andermal konstatierte sie klipp und klar: »Ich will kein Damenprogramm! Ich nehme an den politischen Gesprächen des Bundespräsidenten teil.«[23] Freilich relativierte sie diese Aussage wenig später: »Als Ehefrau des Bundespräsidenten spielen Sie keine Rolle, da haben Sie eine.«[24]

Als First Lady prüfte sie die Angebote, Schirmherrschaften zu übernehmen, genau. Sie wollte sich nicht vorschnell vereinnahmen lassen. Zu Beginn ihrer Zeit in Berlin meinte sie: »Da habe ich einen gewissen Druck. Ich möchte die Erwartungen dieser Menschen nicht enttäuschen. Aber ich weiß, das wird nicht gehen. Ich muß lernen, nicht immer mit dem schlechten Gewissen zu leben.«[25] Sie hatte sich auch schon in ihrer Zeit in Wuppertal sozial engagiert, etwa für die Kindernothilfe oder für das Künstlerdorf Schöppingen. Jetzt, als First Lady, übernahm sie die Schirmherrschaften über das Müttergenesungswerk und das Deutsche Komitee der UNICEF. Aber auch zu etlichen anderen Einrichtungen pflegte sie Kontakte – als Schirmherrin, Rednerin, Besucherin. Das war nie ein Abklappern eines Pflichtprogramms, sondern stets mit ehrlichem Interesse und Empathie verbunden. Sie engagierte sich für den Bundesverband der Organtransplantierten, das Jugendrotkreuz, die Deutsche Kinder- und Jugendstiftung, die Women's International Zionist Organization, um nur einige zu nennen. Ihr Wirkungskreis ging weit über Deutschland hinaus: Sie reiste nach Südafrika, um Aids-Waisen zu besuchen und auf deren Schicksal aufmerksam zu machen. Sie machte Visite im Bürgerkriegsland

Sierra Leone, um die Weltöffentlichkeit auf den Missbrauch von Kindern als Soldaten hinzuweisen. Sie besuchte Minenopfer in Kambodscha. Und in Rumänien informierte sie sich über die schlimmen Zustände in den Waisenhäusern. Gegenüber der Presse umriss sie den Antrieb ihres sozialen Engagements so: »Mir ist wichtig, dass man Mitmenschlichkeit lebt.«[26] Zugleich hob sie die Spendenbereitschaft in Deutschland hervor, lobte aber auch die Bereitschaft breiter Bevölkerungsteile zu ehrenamtlichem Engagement: »Es gibt viel mehr ehrenamtliche Tätigkeit, als wir wissen. [...] Wir leben von dem, was wir über Beamtenrecht und Tarifverträge hinaus tun.«[27]

Auch publizistisch äußerte sie sich bisweilen, wenn es ihrer Sache dienlich schien. So veröffentlichte *Die Welt* am 8. Dezember 2001 einen Artikel Christina Raus über ihre Reise nach Südafrika, wo sie ohne alle Kontaktscheu Aids-Kranke besucht hatte. Darin war unter anderem zu lesen: »Jeder zweite Teenager wird an Aids sterben, täglich infizieren sich weiter 1 600 Menschen mit dem Virus – und das allein in Südafrika. [...] ich war dieses Jahr in Südafrika und habe gesehen, welch unermessliches Leid sich hinter der nüchternen Statistik verbirgt.

So wie bei dem achtunddreißigjährigen Solly Koho, den ich an seinem Krankenlager besucht habe – in einer kleinen, nackten Ziegelhütte auf einer Matratze am Boden. Zwei Jahre zuvor war Aids bei Solly ausgebrochen, seine Familie hatte ihn verlassen, er wusste, dass er sterben würde. Ich habe mich sprachlos gefühlt, mich unwillkürlich über ihn gebeugt und getröstet – und wusste nicht einmal, ob er das noch merkt. [...]

In einem Hospiz nahe Pretoria habe ich den kleinen Johannes getroffen. Seine Mutter war zwei Jahre zuvor an Aids gestorben, er selbst mit dem Virus infiziert. Johannes war ein schweigsamer kleiner Junge, aber in der Gemeinschaft des Hospizes ging es ihm gut. Hier konnte er mit den anderen Kindern spielen und mit ihnen lernen. Sie alle sind Teil einer Gemeinschaft, die sich mit dem Leben und mit dem Tod auseinandersetzt. Sie sind nicht allein. Ein Hoffnungsschimmer – auch das gibt es in Südafrika.

Deshalb bin ich trotz allem nicht mit einem Gefühl der Hoffnungslosigkeit zurückgekommen. Denn bei all dem Leid hat mich eines sehr beein-

druckt: die Menschen dort. Viele von ihnen haben so viel Energie und so viel Willen, gegen diese Seuche zu kämpfen. Einige der von UNICEF unterstützten lokalen Organisationen bewirken wirklich Großartiges. Gemeinsam mit Jugendlichen arbeiten sie an Aufklärungsprogrammen. [...]
Es geht in Südafrika vor allem um die Suche nach neuen Modellen und Strukturen. Aufklärung, Beistand und Ausbildung sind die wichtigsten Grundlagen für eine Zukunft der Hoffnung.«[28]

»ICH WÜRDE NICHT GERN AUF EIN EINZIGES WORT REDUZIERT WERDEN« ❱ Christina Rau machte nicht nur als Charity-Lady im In- und Ausland eine gute Figur. Bei Staatsempfängen wirkte sie als Mit-Gastgeberin ebenso souverän wie als Gast in Präsidentenpalais und königlichen Schlössern. Und sie fiel immer wieder durch ihren sportlichen Elan auf. Auf einer Staatsvisite in Australien im Mai 2001 etwa wollte sie partout die Harbour Bridge besteigen, die sich bis zu einer Höhe von zweihundert Metern über die Bay spannt. Selbst ein Gewitter und heftiger Regen ließen sie nicht verzagen. Sie zog »einen Overall über ihr Kostüm, legte den schweren Gürtel mit Walkie-Talkie und Halteleinen um. Staatsbesuch hin oder her – die Sicherheitsregeln verlangen einen Promille-Test vor dem Aufstieg. Also musste auch Christina Rau ins Röhrchen blasen: 0,0 Promille. Bei strömendem Regen kletterte sie Stufe für Stufe bis in zweihundert Meter Höhe. Der Bundespräsident verfolgte die Tour von Bord eines Schiffes. Durch die Regenschleier waren seine Frau und die Begleitmannschaft kaum als kleine schwarze Punkte zu erkennen. Oben genoss Christina Rau sichtlich das Wetterbrausen und die Aussicht.«[29]
Solch spektakuläre Aktionen griff die Presse dankbar auf: Das war publicityträchtiger als so manche Aktivität im Stillen. Doch gerade dorthin, wohin sonst kaum einer geht, wo die sind, die keine Stimme und keine Aufmerksamkeit haben, wandte sich die First Lady bevorzugt. Beeindruckend war ihr Besuch in einem Hospiz in Berlin-Neukölln, wo sich die First Lady mit todkranken Patienten unterhielt, die hierhergekommen waren, um auf dem letzten Stück Lebensweg eine sinnvolle Schmerztherapie und auch menschliche Begleitung zu erfahren. Bescheiden, aber nicht verunsichert

sagte Christina Rau zu einer Patientin: »Ich bin heute hier, um zu lernen.« Sie habe zum Beispiel gelernt, dass »Hospiz nicht das Ende des Lebens bedeutet, sondern den Rest schön zu gestalten«.[30]
Solche Auftritte waren auch dazu angetan, das Bild der toughen, sportlichen, unkonventionellen Präsidentengattin zu festigen, vielleicht zu verfestigen, bis hin zum Klischee. Das war bisweilen Christina Raus Sorge. Als sie einmal im Auto mit einem Journalisten unterwegs war, sah sie am Straßenrand ein Plakat mit dem Konterfei des Altbundespräsidenten Roman Herzog, der die Gesellschaft wieder einmal aufforderte, »anzupacken«. Die legendäre »Ruck-Rede« schwang darin mit, und Christina Rau meinte voller Bedenken: »Ich würde nicht gern nach fünf Jahren Amtszeit auf ein einziges Wort reduziert werden.«[31] Ihre Bedenken in eigener Person waren grundlos. Sie ließ sich nicht auf ein Image festlegen, nicht weil sie in ihrer Rolle als First Lady schwer zu fassen gewesen wäre, sondern weil sie alles, was sie tat und wie sie es tat, mit nobler Zurückhaltung vollführte. Ihr »Amt«, das vom Grundgesetz gar nicht vorgesehen ist, relativierte sie immer wieder und brachte damit nicht nur sich selbst, sondern auch die sensationssüchtige Presse zurück auf den Boden der Tatsachen. In Christina Raus saloppem, aber treffendem Ton lautete diese Einsicht: »Unsere Jüngste hat mal gesagt: Du bist für die Leute so lange interessant, bis der Papa kommt. Wenn der auftaucht, hast du nichts mehr zu melden.«[32]
Freilich, der Alltag einer First Lady mit seinen vielen Terminen, seinen Verpflichtungen, der Observanz durch Sicherheitsleute und Protokollchef, den Forderungen der Etikette war anstrengend und aufreibend. Auf dem Jour fixe des Diplomatenclubs bekannte Christina Rau einmal: »Wenn die Kinder morgens aus dem Haus gehen, bin ich meistens schon so erschöpft, dass ich mich am liebsten wieder hinlegen würde. Aber dann beginnt ja erst mein Tag.«[33] Auch solche Phasen bewältigte sie mit Selbstdisziplin. Ein »gewöhnliches« Privatleben vermisste sie dennoch: »Spontan Gäste zu Hause einzuladen, das geht bei uns nicht. Wenn ich zum Friseur möchte, muss ich das in meinen Dienst-Kalender eintragen lassen, damit die Zeit geblockt wird.«[34]
Christina Rau nahm sich hinter das Amt zurück, wie alle ihrer Vorgängerinnen. Die Sache, für die sie sich engagierte, stand im Vordergrund. Im

selben Kreis resümierte sie einmal, was für sie das Schönste sei: »Wenn wir was bewegen können, etwas erreichen. Für andere.«[35]
Sie hat in ihren fünf Jahren im Bundespräsidialamt viel erreicht und vieles angestoßen. Sie war eine unaufdringliche, überzeugende, authentische First Lady, und belehrte im Übrigen auch Bedenkenträger eines Besseren, die geglaubt hatten, sie sei für diese Aufgabe noch zu jung. Im Gegenteil: Sie vereinigte die Reife eines Menschen, der Erfahrungen in der Welt und in der eigenen Familie gesammelt hatte, mit der Flexibilität und der Kraft einer Frau in den »besten Jahren«.

Eine besondere Freude war es für das Ehepaar, als Johannes Rau kurz vor dem Ende seiner Amtszeit als Bundespräsident die Ehrenbürgerwürde Berlins verliehen bekam. Damit wurden nicht nur seine Verdienste um die Stadt gewürdigt, es war für ihn und seine Familie auch das Symbol, neben der alten Heimat Wuppertal endgültig in einem zweiten Zuhause angekommen zu sein. Trotz einiger Kritik zu Beginn seiner Amtszeit, als er bisweilen als »gelähmter Präsident« verunglimpft worden war, lief Johannes Rau in den letzten Jahren seiner Präsidentenwürde noch einmal zu politischer Höchstform auf. Er wurde ein Präsident, der – wie er es sich gewünscht hatte – mehr versöhnte als spaltete, dem auch seine Gegner schließlich Respekt zollten, der im In- und Ausland gleichermaßen geachtet und geliebt wurde, der auch zu schwierigen Themen wie Globalisierung, Wiedervereinigung, Zuwanderung, Holocaust klare Worte fand und auch unangenehme Fragen stellte, ohne dass er das von oben herab, im Kanzelton, getan hätte.

FORTGESETZTES BÜRGERLICHES ENGAGEMENT ❱ Am 23. Mai 2004 wurde Horst Köhler zum Nachfolger Johannes Raus im Amt des Bundespräsidenten gewählt. Die Familie Rau blieb Berlin verbunden, nahm aber auch wieder vermehrt am kulturellen und gesellschaftlichen Leben in Wuppertal teil. Christina Rau meinte zum Ende ihrer »Amtszeit« zufrieden: »Ich habe meine öffentliche Stellung immer nur für den guten Zweck genutzt. [...] Ich kann meinen Erfolg nicht am eigenen Gehaltskonto messen. Aber ich will es auch nicht.«[36]
Sie hatte sich in all der Zeit einen so guten Ruf als Schirmherrin und Koor-

dinatorin erworben, dass Bundeskanzler Gerhard Schröder sie unmittelbar nach der Tsunami-Katastrophe bat, als Sonderbeauftragte für die Partnerschaftshilfe zu arbeiten. Christina Rau nahm ohne Zögern an. Ein knappes Jahr lang koordinierte sie die Hilfe für die von der Flut betroffenen Länder in Asien. Dabei ging es weniger um das Verteilen von Spendengeldern, als vielmehr um den Anstoß und die Organisation von konkreten Hilfs- und Partnerschaftsprojekten. Zu Beginn dieser Arbeit erklärte sie in der *Berliner Zeitung:* »Ich bin eine Anlaufstelle für alle, die noch nicht konkret wissen, an wen sie sich wenden sollen. Ich vermittle Kontakte und versuche die Angebote und Ideen, die mich in zahlreichen Briefen erreichen, an die Richtigen weiterzugeben. [...] Neu an meinem Amt ist, dass ich die Beteiligung an langfristigen Partnerschaften koordiniere. [...] Bei unserer Initiative geht es um eine ganz konkrete feste Bindung engagierter Menschen an ein Projekt, damit beispielsweise eine Schule oder ein Krankenhaus wieder arbeiten kann.«[37] Bereits zehn Monate später konnte Christina Rau vor der Öffentlichkeit den folgenden Rechenschaftsbericht ablegen: »Unsere Aufgabe war es, geeignete Wiederaufbauprojekte zu finden und Partner zu vermitteln, die das vor Ort regeln. Viele Hilfsangebote wurden gebündelt, so dass jetzt fast 300 Projektpartnerschaften in Sri Lanka, Indonesien, Südindien und Thailand angelaufen sind. [...] Die Projektpartnerschaften sind zum Teil längerfristig angelegt, andere sind bald abgeschlossen. [...] Fast alle Hilfsangebote sind vermittelt. Ich werde als öffentliches Gesicht der Initiative nicht mehr so sehr benötigt, deshalb wird mein Büro in Berlin aufgelöst. Die Partnerschaftsinitiative wird aber weiterlaufen.«[38]
Vier Wochen nach dieser Erfolgsbilanz feierte man mit einem Festakt in Schloss Bellevue den fünfundsiebzigsten Geburtstag des Altbundespräsidenten Johannes Rau. Er selbst konnte daran nicht teilnehmen, da er seit einiger Zeit schwer krank war. Seine Tochter Anna Christina sprach auf dem Festakt für ihn. Johannes Rau starb am 27. Januar 2006 in Berlin im Kreis seiner Familie. Am 7. Februar fand im Berliner Dom ein Trauergottesdienst und Staatsakt statt. Rund tausendfünfhundert Personen des öffentlichen Lebens nahmen daran teil. Der österreichische Bundespräsident Heinz Fischer, ein enger Freund Raus, meinte in seiner Ansprache treffend: »Johannes Rau hat die Menschen gern gehabt, und deshalb haben

die Menschen ihn gern gehabt.«[39] Im Anschluss an den Staatsakt führte der Trauerzug zum Dorotheenstädtischen Friedhof, wo Johannes Rau in einem Ehrengrab bestattet wurde.

Christina Rau führte ihr sozial-karitatives Engagement fort: 2006 wurde sie Schirmherrin des Bildungszentrums »Campus Rütli«: Dort wollte man mit einer logistischen und geistigen Umstrukturierung aus der einstigen Problemschule, in der soziale Konflikte und offene Gewalt herrschten, ein Modellprojekt machen und den jungen Menschen eine Zukunft eröffnen. »Wir wollen«, so Christina Rau, »konkret hier an Rütli zeigen: jedes Kind ist uns wichtig.«[40] Das Projekt gelang, auch darauf war und ist Christina Rau stolz.

Ihr gegenwärtiges Engagement resümiert sie so: »Bildung von Kindern und Jugendlichen ist mir ein besonderes Anliegen, ob bei meiner Tätigkeit für die Kindernothilfe, die Zeit-Stiftung, die Deutsche Bahn-Stiftung oder dem Engagement für den Bildungscampus Rütli mit der Stiftung Zukunft Berlin. Beim Deutsch-Israelischem Zukunftsforum geht es um gemeinsame Aktivitäten von jungen Menschen aus Israel und Deutschland. Das Netzwerk der Verbindungen, das in vielen Jahren entstanden ist, hilft mir dabei, die unterschiedlichsten Menschen dafür zu begeistern, nicht in Zuständigkeit zu denken, sondern in Verantwortung zu handeln. Im Juni [2013] findet die vierte Berliner Stiftungswoche, deren Schirmherrin ich bin, statt. Stiftungen zeigen, was sie bewegen, und animieren Bürger sich einzubringen.«[41]

Dem Andenken ihres Mannes ist Christina Rau auch in dessen Heimatstadt Wuppertal weiter verpflichtet. »Er hat«, schreibt sie, »Politik nicht als Karriere gesehen, sondern als Möglichkeit, die Lebenswirklichkeit der Menschen zu verbessern.«[42] Johannes Raus achtzigsten Geburtstag feierte sie gemeinsam mit Verwandten und Freunden mit einem Festakt in der Wuppertaler Immanuelskirche, bei dem Generalmusikdirektor Toshiyuki Kamioka am Klavier spielte. Über die Feierkultur im Hause Rau meinte Christina Rau rückblickend: »Johannes feierte sehr gerne Geburtstag. [...] Der Vater meines Mannes sagte immer: ›Bringt alle mit, die ihr lieb habt.‹ So war es auch bei uns. Jeder war eingeladen, der sich dazugehörig fühlte. Das war immer sehr schön und unkompliziert.«[43]

Dankbar erinnert sich Christina Rau an die Jahre an der Seite ihres Mannes und an die Zeit als First Lady Deutschlands: »Als Frau eines Ministerpräsidenten und als Frau eines Bundespräsidenten wird einem viel Vertrauen entgegengebracht. Ich habe unendlich viel über das vielfältige segensreiche Engagement von Bürgerinnen und Bürgern gelernt und dort, wo es mir möglich war, habe ich versucht, die richtigen Kontakte herzustellen und für Öffentlichkeit für Anliegen zu sorgen und so gewiss in dem einen oder andern Fall helfen können, Mitstreiter und Unterstützer zu gewinnen.«[44]

Eva Luise Köhler

1947

Es war ein Paukenschlag: Am 31. Mai 2010 trat Bundespräsident Horst Köhler gemeinsam mit seiner Ehefrau Eva Luise in einer kurz zuvor anberaumten Pressekonferenz vor Journalisten, Fotografen und Kameraleute und verkündete einer konsternierten Nation:
»Meine Äußerungen zu Auslandseinsätzen der Bundeswehr am 22. Mai dieses Jahres sind auf heftige Kritik gestoßen. [...] Diese Kritik entbehrt jeder Rechtfertigung! Sie lässt den notwendigen Respekt für mein Amt vermissen. Ich erkläre hiermit meinen Rücktritt vom Amt des Bundespräsidenten mit sofortiger Wirkung. Ich danke den vielen Menschen in Deutschland, die mir Vertrauen entgegengebracht und meine Arbeit unterstützt haben. Ich bitte sie um Verständnis für meine Entscheidung. [...] Es war mir eine Ehre, Deutschland als Bundespräsident zu dienen.«[1]
Der Präsident, so versicherten Augenzeugen, hatte Tränen in den Augen. Direkt neben ihm stand im schlichten dunklen Kostüm Eva Luise Köhler. Als der Präsident seine Erklärung verlesen hatte, verließ er, ohne auf Fragen der Journalisten einzugehen, den Raum. Dabei griff er nach der Hand seiner Frau. Gemeinsam traten sie von der politischen Bühne Berlins und Deutschlands ab.
Es war ein ausdrucksstarkes Bild: ein älteres Paar, das in schwerer Stunde sich gegenseitig bei der Hand hielt, einander Mut und Kraft gebend. Gerade dieses Zeichen veranlasste einige Berichterstatter und Kommentatoren noch über Tage zu Betrachtungen – jenseits des Schocks, den die Öf-

fentlichkeit traf, einen bei der großen Mehrheit der Bevölkerung überaus beliebten Bundespräsidenten verloren zu haben. Carmen Böker von der *Berliner Zeitung* etwa schrieb:»Er ging einen halben Schritt vor ihr, aber Schritt, Takt und Tempo schienen allein von Eva Luise Köhler bestimmt zu werden. Als Horst Köhler am Montagmittag zurücktrat von seinem Amt als Bundespräsident, da wich die Gattin keine Sekunde von seiner Seite. Sie begleitete, vielmehr führte ihn zum Rednerpult und wirkte dabei wie eine zwar milde, zugleich in ihrer erzieherischen Entschlossenheit aber äußerst überzeugende Lehrerin. Dies ist ja ohnehin über mehrere Jahrzehnte ihr Beruf gewesen. Auch bei Horst Köhlers so knapper wie zermürbter Erklärung stand Eva Luise nur eine Schulterbreite entfernt von ihm, und nach seinen letzten Worten ergriff sie unmittelbar wieder seine rechte Hand. So wie sie ihn hingebracht hatte, holte sie ihn auch wieder ab. Dass er den Auftritt auch ohne sie durchgestanden hätte, das kann man sich bei dieser Härtefall-Demonstration einer derart symbiotischen Beziehung nicht recht vorstellen. ›Der ganze Präsident ist er nur mit ihr‹, so stand es einmal im Magazin *Stern* über die schwäbelnde First Lady geschrieben.«[2]

Und das *ZEITmagazin* philosophierte noch zehn Tage nach dem Rücktritt des Präsidenten:»Der Partnerlook verstand sich damals als politisches Signal. Er machte den Umbau der Rollen anschaulich. Bei dem ehemaligen Bundespräsidenten Horst Köhler und seiner Frau Eva Luise steht er eher für die enge Symbiose, zu der dieses Paar gefunden hat. Sie sind seit vierzig Jahren verheiratet, gelten als unzertrennlich, ja, als ein Paar, dem es gelungen ist, über diesen langen Zeitraum Verliebtheit und Kameradschaft in Balance zu halten. Wo Herr Köhler auftrat, war Frau Köhler im Bild. Nicht als Frau in seinem Schatten, sondern als der Mensch, durch dessen Anwesenheit sich seine erst rundete. [...] Im gleichen Moment, in dem Horst Köhler der Nation erklärte, sich mit seinem Amt nicht mehr identifizieren zu können und zu wollen, führte er vor, zu welchem Grad der Identifizierung er als Ehe- und Privatmann fähig ist. Man kann auch sagen: Er demonstrierte, wie er Loyalität gewichtet. Die mit der eigenen Frau ist absolut, die mit dem Amt des Bundespräsidenten war es wohl eher nicht.«[3]

Einen ganz anderen Aspekt hinter diesem Rücktritt glaubte indes Hans Peter Schütz vom Magazin *Stern* auszumachen: Seiner Version nach habe

kein anderer als die First Lady ein Machtwort gegenüber ihrem Präsidentengatten gesprochen, als der wegen seiner Äußerung zum Bundeswehreinsatz in Afghanistan von der Presse harsch kritisiert wurde: »[...] Köhlers Ehefrau Eva Luise, seit jeher von großem Einfluss auf ihren Mann, [soll] gesagt haben: Horst, jetzt reicht es!«[4]
Das ist reine Spekulation und Zeilenschinderei, denn keiner der Journalisten war bei der privaten Aussprache des Paars anwesend. Aber diese Äußerungen zeigen doch, welches Image Eva Luise Köhler als First Lady hatte: das einer um ihren Mann zärtlich bemühten Frau, die ihm händereichend beistand und in bestimmten Situationen auch ein Machtwort sprechen konnte. Sie selbst war an diesem Nimbus nicht ganz unschuldig, hatte sie doch im Interview für *Bild* einmal geäußert: »Der Begriff ›Team‹ gefällt mir ganz gut. In einem Team hat jeder seine eigene Aufgabe: er das politisch legitimierte Amt, ich das Ehrenamt. [...] Wenn es ganz hart auf hart kommt, muss ich zugeben, dass mein Mann dann eher derjenige ist, der einlenkt.«[5]
Das war nicht einfach so dahingesagt. Es verriet, wie sehr Eva Luise Köhler, die in ihrer Erscheinungsform eine zierliche, beinahe unscheinbare Frau ist, mit einem festen Willen und mit Durchsetzungskraft ausgestattet ist. Das hat sie nicht nur in ihrer Zeit als First Lady in Schloss Bellevue bewiesen, sondern auch in ihrem langjährigen Berufsalltag als Lehrerin – und nicht zuletzt auch in der Bewältigung einiger Schicksalsprüfungen.

RENDEZVOUS UNTERM REGENSCHIRM ❯ Eva Luise Köhler wurde am 2. Januar 1947 in Ludwigsburg als Tochter des Bankkaufmanns Albrecht Bohnet und dessen Frau Irma geboren. Nach ihr kamen noch zwei Töchter zur Welt. Die Familie stand in einer bürgerlichen, sozialdemokratischen Tradition. Der Großvater väterlicherseits, ein Volksschullehrer, war Mitglied der SPD und musste deshalb in der NS-Zeit teilweise untertauchen.[6]
Eva Luises Vater Albrecht war ein schöngeistig veranlagter Mann, der in seiner Jugend gern Sänger geworden wäre und als Dilettant komponierte. Auch die Mutter Irma, die eine höhere Handelsschule besucht hatte, liebte die Musik. Bei den Bohnets wurde viel musiziert, die Mutter begleitete am Klavier, und der Vater nahm die Darbietungen zum Teil sogar auf Schallplatte auf. Eva Luise Köhler lernte Klavier, Flöte und Gitarre. Ihre Liebe zur

Musik hat sie sich bis heute bewahrt. Selbst in ihrer Zeit als First Lady sang sie in einem Chor.
Bildung wurde im Hause Bohnet großgeschrieben, wenngleich man, wie schon der Vater bewiesen hatte, im Zweifelsfall die künstlerischen Interessen hintanstellte und stattdessen dem Broterwerb den Vorzug gab. Es war selbstverständlich, dass die Töchter eine gute Schulbildung erhielten und einen Beruf ergreifen sollten. Eva Luise besuchte in Ludwigsburg das Goethe-Gymnasium, wo sie besonders in den Fächern Deutsch, Geschichte und Religion brillierte.
Sie war siebzehn, als sie in Ludwigsburg einmal ins Kino »Central« ging, um Ingmar Bergmans Film *Das siebente Siegel* anzusehen. Dort sah sie einen jungen Mann, auf den sie schon seit einiger Zeit aufmerksam geworden war: »Ich hatte schon länger ein Auge auf ihn geworfen. Er hat darauf aber lange nicht reagiert.«[7] Als sie nach dem Film nach Hause gehen wollte, regnete es. Sie spannte ihren Schirm auf. Da wurde sie von dem jungen Mann angesprochen, ob er ein Stück mit ihr unter ihren Schirm kommen dürfe? Er hieß Horst Köhler. In einem Interview für die *Frankfurter Allgemeine Zeitung* erinnerte sie sich später: »Bei diesem ersten gemeinsamen Spaziergang haben wir uns ausführlich über den Philosophen Eduard Spranger unterhalten. Ein hochgeistiges Gespräch war das. Geküßt haben wir uns damals noch nicht.«[8]
Es ging noch sehr sittenstreng zu. Obwohl Eva Luise Bohnet und Horst Köhler bald ein Paar waren, wurde die Konvention ängstlich beachtet. Es war undenkbar, die Freundin über Nacht dazubehalten. Horst Köhler erinnerte sich: »Ausgeschlossen. Vielleicht war ich da auch ein bisschen zurückgeblieben. Das wäre mir nie eingefallen. Es wäre auch schon wegen der sehr beengten Wohnung gar nicht möglich gewesen.«[9]

Ein Flüchtlingsschicksal und die Rückkehr zur Normalität

Horst Köhler kam am 22. Februar 1943 als siebtes von acht Kindern einer Bauernfamilie im ostpolnischen Skierbieszów, das damals unter deutscher Besatzung stand, zur Welt. Die Familie war wenige Monate zuvor aus dem rumänischen Bessarabien, das von Stalin annektiert worden war, zwangsumgesiedelt worden. Wenige Stunden, bevor die deutschen Siedler in Skierbieszów ankamen, hatte man die polnischen Bewohner vertrieben, etliche kamen zur Zwangsarbeit nach Deutschland oder wurden in Konzentrationslager verschleppt. Den deutschen Siedlern wurde dies erst bei ihrer Ankunft klar. Polnische Zeitzeugen berichteten, viele Deutsche hätten, als sie die Umstände durchschauten, Tränen in den Augen gehabt[10] Lange blieben die Deutschen dort nicht: Im Spätherbst 1944 flohen sie vor der anrückenden Roten Armee. Horst Köhler hat später richtiggestellt, dass er sich nicht als Vertriebener sehe: »Nein. Vertrieben wurden meine Eltern. Ich bin als knapp zweijähriges Kind sozusagen geflohen worden.«[11] Die Köhlers kamen nach Markkleeberg bei Leipzig (das Wohnhaus wurde 2004 – Horst Köhler hatte es kurz zuvor nochmals aufgesucht – abgerissen). Hier erlebten sie das Kriegsende, die Nachkriegszeit und die frühe DDR. 1953 flohen sie über die noch offene Grenze nach Westdeutschland, wurden in diversen Flüchtlingslagern untergebracht, bis sie endlich eine Wohnung in Ludwigsburg zugewiesen bekamen. Es wurde die neue Heimat.

Die Lebensverhältnisse blieben bescheiden. Immerhin konnte Horst Köhler das örtliche Mörike-Gymnasium besuchen, für ein Kind aus einer Flüchtlingsfamilie keine Selbstverständlichkeit. Flüchtlinge wurden auch in den Jahren des sogenannten Wirtschaftswunders von vielen Alteingesessenen noch immer als Eindringlinge und soziale Gefährdung angesehen. Misstrauen und Vorurteile waren weit verbreitet. Horst Köhler lernte, mit materieller und sozialer Benachteiligung zurande zu kommen. Bei Mitschülern war er beliebt. Seine schulischen Leistungen jedoch waren eher mäßig. Sport liebte er über alles. Noch als Bundespräsident joggte er jeden Morgen – begleitet von wesentlich jüngeren Leibwächtern – etliche Kilometer durch den Grunewald.

1963 machte Horst Köhler das Abitur und leistete anschließend seinen Wehrdienst ab. 1964 lernte er seine spätere Frau Eva Luise kennen, im Jahr darauf begann er in Tübingen ein Studium der Volkswirtschaftslehre und Politikwissenschaften, das er in vier Jahren zielstrebig und ohne Sympathien für die damals aufbrandende Studentenbewegung absolvierte. Für ihn war – zumal er aus ärmlichen Verhältnissen kam – das Studium ein keineswegs selbstverständliches Privileg, das er nicht durch unwägbare Verzögerungen und politische Abenteuer gefährden wollte. Mit den Zielen der Außerparlamentarischen Opposition konnte er sich nicht identifizieren. Auch der Wunsch, beruflich und finanziell unabhängig zu sein und seine Freundin endlich heiraten zu können, waren Beweggründe für ein rasches Studium.

1969 beendete er es mit dem Abschluss eines Diplomvolkswirts. Im selben Jahr beendete Eva Luise Bohnet ihre Ausbildung an der Pädagogischen Hochschule in Ludwigsburg (Lehramt für Grund- und Hauptschule mit den Fächern Deutsch, Geschichte und Religion) mit der Ersten Dienstprüfung. Ihre Examensarbeit hatte die Anfänge der Gewerkschaftsbewegung zum Thema – dabei mag auch die familiäre Sozialisation eine Rolle gespielt haben.

Eva Luise Bohnet und Horst Köhler konnten in den Beruf starten und sahen das als tragfähige Grundlage für ein gemeinsames Leben an: Sie heirateten am 29. Oktober 1969 und bezogen eine Wohnung bei Tübingen, wo Horst Köhler eine Stelle als wissenschaftlicher Assistent am Institut für Angewandte Wirtschaftsforschung erhalten hatte. Eva Luise Köhler indes unterrichtete bis 1977 an diversen Sonderschulen für lernbehinderte Kinder und Jugendliche in Winnenden und Herrenberg. 1975 legte sie zudem die Zweite Dienstprüfung ab.

Es kamen zwei Kinder zur Welt: 1973 die Tochter Ulrike, 1977 der Sohn Jochen. Eva Luise Köhler vermittelte in ihrer Erziehung den Kindern ganz bewusst christliche Werte. Den Religionsunterricht verteidigte sie zeitlebens, auch als First Lady (wofür sie unter anderem von der Berliner *Tageszeitung* mit engstirniger Häme überzogen wurde). »Im Religionsunterricht«, meinte Eva Luise Köhler, »werden Werte vermittelt, die Achtung vor dem Menschen, vor der Schöpfung sowie das Bewußtsein, daß es noch eine andere Kraft gibt, wir nicht alles selbst und allein machen können. Und man lernt Vorbilder kennen, in welcher Konfession auch immer. Und bekommt damit Halt und Orientierung.«[12]

ERZIEHUNGSFRAGEN UND SCHICKSALSSCHLÄGE ❱ Ihre konservative Welt- und Lebensanschauung umriss Eva Luise Köhler gegenüber der Zeitung *Die Welt* so: »Mädchen und Jungen sollen ihren Beruf erlernen und jeder sich bewußt sein, daß er für sich und für den anderen mit sorgen muß. Das steht aber in keinem Widerspruch dazu, Familien zu gründen und Kinder zu haben. Ich hoffe sehr, daß junge Leute entdecken, daß Kinder zu haben etwas Sinnstiftendes ist. Und daß die Väter eine Chance haben, mehr daran teilzuhaben als früher. Es wird immer nur von den Frauen geredet, die keine Karriere machen können. Wir sollten mal von beiden Seiten her diskutieren. Und ich sage, ja, einer von beiden kann im Beruf vielleicht nicht Karriere machen. Aber ist denn Erziehung nicht auch eine Form von Karriere? Wir sollten das in der Gesellschaft honorieren.«[13]

Sie wusste, wovon sie sprach. Immerhin oblag ihr – da ihr Mann Karriere in der Forschung, im Ministerial- und Finanzwesen machte – der Hauptanteil der Erziehung der Kinder. Als First Lady mahnte sie – in der Funktion als Schirmherrin des Deutschen Komitees der UNICEF – die Rechte und Interessen der Kinder an: »In einer Gesellschaft, in der es immer weniger Kinder gibt, wird es immer wichtiger, die Meinung der Kinder zu hören.«[14] Die Erziehung der eigenen Kinder sah sie im Rückblick gleichwohl kritisch: »Meine Mutter hat uns Kinder so erzogen, dass man zum Beispiel nicht krank macht. Das war ein Unwort. Krank machen hieß blaumachen. Man blieb nicht wegen jedem kleinen Wehwehchen zu Hause. Ich muss gestehen, dass ich meine Kinder genauso erzogen habe. Einmal habe ich eines meiner Kinder in die Schule geschickt, obwohl es ihm nicht gut ging. Die Lehrerin hat es wieder nach Hause geschickt. Oh, da habe ich mich ganz schlecht gefühlt.«[15] Und ein andermal meinte sie: »Meine Erziehung ging immer dahin, dass man sich hinterfragt«, und verglich dies mit der offeneren Erziehung in den USA, wo Kinder zu mehr Selbstbewusstsein und Selbstdarstellung angehalten würden: »Ein bisschen davon würde uns auch nicht schaden, sofern es nicht in vordergründige Show ausartet.«[16]

Eva Luise Köhler wurde als Mutter auf Proben gestellt. Zum einen war sie vielfach allein für die Erziehung zuständig, während ihr Mann im In- und Ausland Karriere machte – die Familie zog hinterher. Gleichwohl betonte Eva Luise Köhler: »Zum Glück wusste ich: Wenn es ganz hart kommt, dann ist mein Mann da. Dann steht er hinter mir. Und ich wusste auch, wofür er so hart arbeitet. Ich konnte mich mit seiner Arbeit identifizieren.«[17] Zum anderen war das Familienleben nicht nur eitel Sonnenschein: Als die Tochter Ulrike in die Schule kam, wunderten sich Eltern und Lehrer über deren zunehmende Sehschwäche. »Dass etwas nicht stimmt«, so Eva Luise Köhler, »fiel uns erst auf, als meine Tochter in die Schule kam. Sie hatte Schwierigkeiten beim Lesen. Anfangs dachte ich, die Schrift in den Lehrbüchern ist einfach zu klein. Wir haben ihr dann zu Hause alle Texte größer kopiert.«[18] Erst allmählich wurde ihnen klar, dass Ulrike an einer rätselhaften Krankheit litt. Mit zehn Jahren erblindete sie – eine schwere Prüfung für die ganze Familie. Erst zehn Jahre später fand Eva Luise Köhler in Boston einen Arzt, der die genaue Diagnose stellen konnte: Retinitis Pigmentosa. Eva Luise Köhler erklärt: »Retinitis Pigmentosa ist eine Augenkrankheit, die zur Erblindung führt, und diverse Begleiterkrankungen mit sich führen kann wie etwa Entzündungen in den Gelenken.«[19] Die Familie trug dieses Schicksal gemeinsam. Ulrike Köhler studierte später Anglistik in Frankfurt am Main und promovierte. Heute unterstützt sie als Beirätin die Arbeit der von den Köhlers gegründeten Stiftung für Menschen mit seltenen Erkrankungen.

Sorgen bereitete auch der Sohn Jochen. Mit siebzehn Jahren wurde er Vater. Für Eva Luise und Horst Köhler ein Schock, fürchteten sie doch, die jungen Eltern könnten dadurch in ihrem Lebens- und Berufsweg gehindert sein. Auch diese Herausforderung meisterte die Familie. Eva Luise Köhler urteilte später mit differenzierendem Abstand: »Wir sind sehr glücklich über unser Enkelkind, so wie es immer wunderbar ist, wenn ein Kind auf die Welt kommt. Sicherlich können alle Eltern aber auch nachvollziehen, dass man nicht unbedingt begeistert ist, wenn so eine Situation eintritt. Ganz einfach, weil ein Jugendlicher noch nicht reif genug ist, um mitten in der Schulzeit ein Kind zu erziehen. Das war auch für die Mutter eine große Herausforderung.«[20]

EINE INTERNATIONALE KARRIERE ❱ Eva Luise Köhler hatte über etliche Jahre eine doppelte Herausforderung zu bewältigen, als Ehefrau und Mutter einerseits, als Berufstätige andererseits. Darin ist sie eine typische Vertreterin ihrer Generation. Sie hat ihren Beruf als Lehrerin an Grund- und Sonderschulen mit Unterbrechungen bis 1998 ausgeübt. Zudem engagierte sie sich eine Zeit lang in der SPD (bereits Eltern und Großeltern waren Mitglieder oder Sympathisanten der Sozialdemokraten). 1972 trat Eva Luise Köhler unter dem Eindruck von Willy Brandts Ostpolitik der Partei bei und arbeitete einige Jahre lang auf Orts- und Kreisebene, war 1977 sogar kurzzeitig im Ortsrat Herrenberg-Mönchberg (bei Tübingen), bevor die Familie nach Meckenheim bei Bonn umzog. Danach endete die aktive Mitarbeit bei der SPD. 1990 gab sie das Parteibuch zurück – aus Enttäuschung über die Politik Oskar Lafontaines und über die Tendenz, soziale Gerechtigkeit durch staatliche Regulierung schaffen zu wollen. Auf die Frage, ob ihr Mann sie zum Austritt aus der SPD bewogen habe, meinte sie lachend: »Im Leben nicht. Schließlich habe ich ihm auch erlaubt, in die CDU einzutreten.«[21]

Bei aller Selbstbestimmung, allem Selbstbewusstsein, aller eigener beruflicher Verankerung: Eva Luise Köhler und die Kinder mussten der Karriere Horst Köhlers »nachreisen«. Der war nach dem Studium sieben Jahre (bis 1976) wissenschaftlicher Assistent am Institut für Angewandte Wirtschaftsforschung in Tübingen, danach fünf Jahre in der Grundsatzabteilung des Bundeswirtschaftsministeriums in Bonn tätig. 1977 promovierte er in Politikwissenschaften mit einer Dissertation über die Arbeitsmarktbedingungen des technischen Fortschritts. Kurze Zeit, in den Jahren 1981/82, war Horst Köhler in Kiel Referent des damaligen Ministerpräsidenten von Schleswig-Holstein Gerhard Stoltenberg. Damals trat er der CDU bei. Als 1982 unter dem neuen Bundeskanzler Helmut Kohl in Bonn eine Regierung aus CDU/CSU und FDP an die Macht kam und Stoltenberg Bundesfinanzminister wurde, folgte ihm Horst Köhler als Leiter des Ministerbüros an den Rhein. Die Familie Köhler bezog ein Haus in Meckenheim, wo viele Beamte und Politiker, darunter das Ehepaar Carstens, wohnten.

Bis 1993 war Horst Köhler im Bundesfinanzministerium tätig und erwarb sich dort den Ruf eines exzellenten Fachmanns für Finanzfragen Deutschlands und der Europäischen Union. Nachdem er Leiter des Ministerbüros gewesen war, wurde er 1987 Abteilungsleiter und 1990 Staatssekretär. In dieser Funktion war er in der Zeit nach der Wiedervereinigung auch für die Treuhandanstalt zuständig und wurde von Bundeskanzler Helmut Kohl als Berater und Unterhändler in internationalen Wirtschafts- und Finanzfragen geschätzt. So setzte sich Köhler unter anderem in den Verhandlungen über den Maastrichter Vertrag für eine gemeinsame europäische Währung ein, er handelte die Zahlungen für den Abzug der sowjetischen Streitkräfte aus Deutschland und die deutsche Finanzhilfe für den Golfkrieg von 1991 aus.

1993 verließ Köhler das Ministerium und wurde Präsident des deutschen Sparkassen- und Giroverbands, fünf Jahre später übernahm er den Vorsitz der Europäischen Bank für Wiederaufbau und Entwicklung in London. Im März 2000 wurde er auf Vorschlag des Bundeskanzlers Gerhard Schröder zum Direktor des Internationalen Währungsfonds gewählt. Horst Köhler und seine Frau zogen für vier Jahre nach Amerika. In seiner Tätigkeit für den IWF setzte sich Köhler unter anderem für einen Dialog der Industrieländer mit den Entwicklungsländern ein und forderte, Förderkonzepte nicht mehr nur nach den Vorstellungen der hochentwickelten Länder durchzusetzen. Vor allem die politische und wirtschaftliche Stärkung der jungen Demokratien in Afrika lag ihm am Herzen. Auch später, als deutscher Bundespräsident, lag einer seiner Arbeitsschwerpunkte auf diesem Gebiet.

Im Frühjahr 2004, nachdem Johannes Rau seinen Verzicht auf eine erneute Kandidatur bekannt gegeben hatte, suchte man in den Reihen der Oppositionsparteien CDU/CSU und FDP nach einem geeigneten Kandidaten für das höchste Amt im Staat. Es wurde ein Pokerspiel um Macht und Ansehen. Nachdem eine Kandidatur Wolfgang Schäubles am Widerstand der FDP gescheitert war, gelang es Angela Merkel in einem nächtlichen Treffen in der Wohnung von FDP-Chef Guido Westerwelle, diesen und den Chef der CSU Edmund Stoiber auf Horst Köhler einzuschwören. Er war ein Überraschungskandidat, zumal Köhler – obwohl Parteimitglied und einstiger Staatssekretär – keine Rolle in der Bundespolitik spielte.

Am 23. Mai 2004 wurde Horst Köhler in der Bundesversammlung im ersten Wahlgang mit 604 von 1202 gültigen Stimmen (bei 1205 Stimmberechtigten) zum neunten Präsidenten der Bundesrepublik Deutschland gewählt. Damit hatte er nur eine Stimme mehr als die erforderliche absolute Mehrheit. Seine Gegenkandidatin Gesine Schwan von der SPD erhielt 589 Stimmen. Die Wahl war eine der spannendsten in der Geschichte der Bundesrepublik und zugleich eine schwere Bürde für Köhler. Es galt, sich in den

folgenden Jahren als Präsident zu beweisen und – da er der Mehrheit der deutschen Bevölkerung kein Begriff war – sich erst einmal ins Bewusstsein zu bringen.
Es gelang ihm. Innerhalb kurzer Zeit wurde er ein von weiten Teilen der Bevölkerung geliebter und geachteter Präsident. Bei Umfragen gaben zwischen siebzig und achtzig Prozent der Befragten an, sie seien mit Horst Köhler als Bundespräsident zufrieden und sprachen sich für eine zweite Amtszeit aus. Tatsächlich stellte sich Köhler für eine Wiederwahl zur Verfügung und wurde am 23. Mai 2009 im ersten Wahlgang mit 613 Stimmen, einer knappen Mehrheit, erneut gewählt – wieder gegen seine Konkurrentin Gesine Schwan.

LIEBE ZU BERLIN ❭ Auch Eva Luise Köhler gelang es rasch, sich in ihre Aufgaben und Pflichten als First Lady einzuarbeiten und Achtung und Zuneigung vieler Menschen zu gewinnen. Bereits einige Wochen vor ihrem »Amtsantritt« meinte sie in einem Interview, ihr liege die Integration am Herzen, und auch das Bewusstsein, »daß die Freiheit, die wir genießen, ein ganz wertvolles und keineswegs selbstverständliches Gut ist«[22]. Auch beabsichtige sie, den Menschen Mut zuzusprechen, auf welche Weise, darüber wolle sie noch nachdenken: »Das soll ja schließlich kein hohles Geschwätz werden.«[23]
Das Ehepaar hatte sich bereits geraume Zeit vor der Wahl Horst Köhlers zum Bundespräsidenten eine Eigentumswohnung am Berliner Savignyplatz gekauft, in der Absicht, hier einmal den Lebensabend zu verbringen. Als im April 2004 die Journalistin Katja Gelinsky die zukünftige First Lady in ihrem Haus in Washington besuchte – vor dem Grundstück hing schon ein Schild »for sale« –, meinte Eva Luise Köhler zu der Perspektive, bereits in wenigen Wochen nach Berlin umzuziehen: »Dort wollten wir ohnehin irgendwann hin. Aber daß es so schnell gehen würde, hatten wir natürlich nicht gedacht.«[24] Auf die Beweggründe, sich eine Wohnung in Berlin zu kaufen, angesprochen, meinte sie: »Mit dem Amt des Bundespräsidenten hatte das natürlich gar nichts zu tun. Aber ich habe an mir festgestellt, daß ich doch immer noch sehr nach Europa und Deutschland orientiert bin, daß mein Denken sehr mit Deutschland verbunden ist.«[25] Ein wenig

bedauerte sie den Weggang aus Amerika, zu dem sie bei aller kulturellen Verschiedenheit »eine sehr positive Grundeinstellung«[26] gewonnen hatte. Pläne, die eigene Wohnung am Savignyplatz zu beziehen, mussten freilich aus Gründen der Sicherheit fallen gelassen werden. Stattdessen ging das Ehepaar in die Dienstvilla des Bundeskanzlers in Berlin-Dahlem – Gerhard Schröder war in die Dienstwohnung im Bundeskanzleramt gezogen.
Die Köhlers schlossen rasch Freundschaft mit Berlin und seinen Bewohnern. Angesprochen auf den sprichwörtlichen rüden Charme der Berliner, antwortete Eva Luise Köhler: »Den kann ich nicht bestätigen. Ich habe in der Regel nette Leute kennengelernt.«[27] Besonders das Nebeneinander von Großstadtleben, dörflicher Kiezstruktur und Natur gefiel ihr: »Berlin kann sich wirklich messen mit anderen Weltmetropolen. Wir hören das auch von ausländischen Gästen. Die Vielfalt des kulturellen Angebots ist immer wieder beeindruckend. Es ist einfach toll, was Berlin zu bieten hat. In welcher Weltstadt können Sie morgens um sieben Uhr in einem natürlichen See schwimmen? Das haben mein Mann und ich heute Morgen gerade wieder im Schlachtensee genossen. Wo gibt es das? Das einzige, was Berlin nicht hat, sind die Berge.«[28] Das Ehepaar ging frühmorgens nicht nur zum Schwimmen, sondern joggte auch oder besuchte ein Fitnessstudio. Gemeinsam machten sie 2006 das Deutsche Sportabzeichen und gönnten sich im August 2008 einen Fahrradurlaub in der Steiermark: 365 Kilometer entlang der Mur, im Schnitt sechzig Kilometer pro Tag. Die bei der Formulierung von Schlagzeilen immer kreative *Bild*-Zeitung nannte den Präsidenten daraufhin »Bundesradler«.[29]
»Gute Figur« machte das Ehepaar auch auf dem Bundespresseball. Während Politiker wie Angela Merkel oder Gerhard Schröder gar nicht erschienen, tanzten die Köhlers sichtlich gerne – nicht nur zu Walzer und Foxtrott. »Wenn Rock'n Roll kommt«, gestand Eva Luise Köhler im langen schwarzen Escada-Kleid, »dann bewege ich meinen Mann zum Tanzen. Bei Elvis Presley oder Fats Domino können wir nicht sitzen bleiben.«[30]
Wenn es der Terminkalender zuließ, besuchten die Köhlers in Berlin Konzerte oder die Oper. Auch konnte man Eva Luise Köhler bisweilen im Garten des »Rosenecks« im Grunewald oder im Garten des Literaturhauses in der Fasanenstraße sehen. »Mitten in der Großstadt kommen Sie in einen

Garten hinein. Das ist doch wunderbar. Hier sitze ich gern, wenn ich mich mit Freundinnen treffe«,[31] meinte sie gegenüber einem Reporter.

»Ich bin nicht im Showgeschäft« ❱ Rasch gewöhnte sie sich in die Regeln und Pflichten ihres Amtes ein, auch in das Protokoll: »Ich empfinde das auch als Hilfe. Das Protokoll ist wie eine Stütze, die einem viele Dinge erleichtert.«[32] Sie ging ihren Aufgaben pflichtbewusst nach. Schmunzelnd meinte die First Lady: »Wenn man aus dem pietistischen Baden-Württemberg kommt und einen Ehemann mit preußischem Arbeitsethos hat, dann bleibt einem gar nichts anders übrig.«[33] Gleichwohl war ihr von Anbeginn bewusst, wie vergleichsweise gering ihr Einfluss und ihre Befugnisse waren: »Die entscheidende Grenze ist, dass die Ehefrau des Bundespräsidenten kein politisches Mandat hat. Das wissen manche Menschen nicht, die mich um Hilfe bitten. Da muss ich dann sagen. Ich bin keine Politikerin.«[34] Und gegenüber dem Medienrummel auch um ihre Person meinte sie gelassen abwehrend: »Ich bin nicht im Showgeschäft.«[35]
Wie ihre Vorgängerinnen übernahm Eva Luise Köhler die Schirmherrschaften über das Müttergenesungswerk und das Deutsche Komitee der UNICEF, zudem den Vorsitz in der Deutschen Kinder- und Jugendstiftung. Amüsiert berichtete die *Berliner Zeitung* am 11. August 2004: »Für das passende Foto zur Nachricht, das die neue Schirmherrin inmitten von Kindern und unter Schirmen des Kinderhilfswerks der Vereinten Nationen zeigt, bekamen extra einige Schüler der 6. Klasse des Lessing-Gymnasiums für ein paar Stunden schulfrei. Man könnte also zusammenfassen: Das Schuljahr begann mit Unterrichtsausfall. Und Schuld war eine (Ex-)Lehrerin.«[36] Am meisten lag ihr jedoch die »ACHSE«, die »Allianz Chronischer Seltener Erkrankungen«, am Herzen – auch vor dem Hintergrund der Krankheit ihrer Tochter Ulrike. Immer wieder klärte Eva Luise Köhler in Interviews darüber auf, dass es rund fünftausend seltene, noch weitgehend unerforschte Krankheiten gibt, an denen allein in Deutschland etwa vier Millionen Menschen leiden, in der gesamten Europäischen Union rund dreißig Millionen. Keineswegs also das Problem einer Randgruppe! Gemeinsam mit ihrem Mann gründete sie auch eine Stiftung, um die Arbeit der ACHSE zu unterstützen. Dazu gehört auch die Förderung

von Forschungsprojekten und die beschleunigte Zulassung sogenannter Orphan Drugs (»Waisen-Medikamente«) zur Behandlung seltener Krankheiten. Über ihre persönliche Betroffenheit zu diesem Komplex meinte die First Lady: »Da werden Sie schon sehr nachdenklich. In gewisser Weise treten kleine Dinge in der Wichtigkeit zurück.«[37]
Ihr vielfältiges Engagement erstreckte sich auf noch andere Bereiche: Sie begleitete ihren Mann auf etlichen seiner Auslandsreisen und warb für mehr wirtschaftliche und politische Gerechtigkeit auf dem afrikanischen Kontinent. Bei einem Besuch in Angola machte sie auf die Minenopfer aufmerksam, in Sierra Leone und Äthiopien erkundigte sie sich vor Ort über die Arbeit der Deutschen Lepra- und Tuberkulosehilfe, verwies auf das Schicksal von Albino-Kindern in Tansania, die oftmals ermordet werden, weil ihre Körperteile als Glücksbringer gelten, und prangerte die Kinderarbeit in der Textilbranche in Ländern Asiens an, wobei sie an ein gewissenhaftes Kaufverhalten der Konsumenten appellierte: »Kinder machen viel Arbeit – dieser Satz bekommt in Entwicklungsländern eine ganz andere Bedeutung.«[38]
Im Inland war sie zu Gast beim intellektuellen Frauenverein »Lyceum-Club« ebenso wie beim Kinder- und Jugendwerk »Arche Berlin-Mitte«, wo bedürftige Kinder wochentags eine warme Mahlzeit erhalten. In Johannes B. Kerners Talkshow befand sie über ihre Position als First Lady: »Eigentlich macht es hauptsächlich Spaß, weil man immer Leute kennenlernt, die sehr interessant sind. Das macht mir Freude – in der Regel ist das immer eine Bereicherung.«[39] Sie lernte Menschen kennen, die selbst an seltenen Krankheiten leiden, oder deren Angehörige, und war beeindruckt, wie souverän und kämpferisch diese mit ihrem Schicksal umgehen. Über die Eltern eines Kindes, das wegen einer seltenen Krankheit nur eine Lebenserwartung von zwei oder drei Jahren haben würde, meinte sie voller Hochachtung: »Mich hat tief beeindruckt, mit welcher Hingabe die Eltern das kurze Leben dieses Kindes so schön und reich wie möglich gestaltet haben. Es beeindruckt mich tief, bei den Eltern chronisch kranker Kinder zu erleben, wie sie trotz der schweren, manchmal absehbar tödlich endenden Krankheit ihrer Kinder nicht aufgeben, sondern sich mit aller Kraft engagieren.«[40]

Auch Prominente waren unter denen, die von den Köhlers nach Schloss Bellevue geladen wurden: So Altbundespräsident Walter Scheel anlässlich seines neunzigsten Geburtstags, oder der Liedermacher und Schriftsteller Wolf Biermann, der zu seinem siebzigsten Geburtstag das Bundesverdienstkreuz erhielt. Einladungen gab es auch im öffentlichen Raum, etwa eine »Tafel der Demokratie« auf dem Pariser Platz in Berlin, wo 1 500 Gäste von den Köhlers zu Erbseneintopf geladen waren, um gemeinsam zu essen und ins Gespräch zu kommen – über Gott und die Welt und das eigene Gemeinwesen.

LIEBESERKLÄRUNG VOR DER BUNDESVERSAMMLUNG ❭ Als im Frühjahr 2008 die Frage aufkam, ob sich Horst Köhler einer Wiederwahl im kommenden Jahr stelle, gab es Gerüchte, er würde auf eine Kandidatur verzichten. Seine Frau habe gesagt: »Fünf Jahre sind genug.«[41] Eva Luise Köhler dementierte das wenig später. Als Horst Köhler am 23. Mai 2009 mit knapper Mehrheit erneut gewählt wurde, wusste er eine weit größere Zustimmung im Volk hinter sich: Rund achtzig Prozent hatten sich in den Umfragen für eine zweite Amtszeit des Präsidenten ausgesprochen. Im Reichstag kam es am Ende jenes Wahltags zu einer anrührenden Geste. Nachdem Horst Köhler die Wahl angenommen und sich kurz bedankt hatte, wandte er sich zu seiner Frau, die das Geschehen von der Besuchertribüne aus beobachtete, und sagte vor der gesamten Bundesversammlung: »Und dir, Eva, möchte ich danke sagen. Jede Stunde mit dir ist ein Geschenk.«[42] Wenig später gestand der neu gekürte Bundespräsident der *Bild am Sonntag*: »Ohne meine Frau könnte ich das Amt des Bundespräsidenten gar nicht ausfüllen. Sie gibt mir Zuspruch, Stärkung und auch Geduld. Das war eine spontane, emotionale Äußerung nach fünf Jahren gemeinsamer Liebe zu Deutschland. Ohne meine Frau gäbe es mich in dieser Form nicht.«[43]
In Deutschland hatte es seit der Abschaffung der Monarchie keine Möglichkeit einer kollektiven Identifikation mit einem im Fokus stehenden Paar gegeben. Das schien wieder möglich, mehr vielleicht als bei den früheren Bundespräsidenten und deren Ehefrauen: Eva Luise und Horst Köhler galten und gelten als Vorzeigepaar, die gemeinsam durch die Höhen und Tiefen eines Menschenlebens gegangen sind, und bei denen bei aller

Routine des Alltags nie Gleichgültigkeit oder Abstumpfung eingesetzt hatte. Das spürte man, es war nicht aufgesetzt, kein Kalkül vor der Öffentlichkeit, sondern noch immer ein unmittelbares, spontanes Gefühl. Nicht nur Horst Köhler war zu jener Zeit ein überaus beliebter Bundespräsident. Auch seine Frau galt in der Bevölkerung viel: Einer Umfrage des Meinungsforschungsinstituts Emnid zufolge setzten zum Muttertag 2010 die Deutschen ihre First Lady auf Platz sechs der beliebtesten »Mütter der Nation« – nach Steffi Graf, Ursula von der Leyen, Rosi Mittermaier, Angela Merkel (obwohl sie keine eigenen Kinder hat) und der Sängerin Nena.[44]
Die deutsche Öffentlichkeit durfte schmunzeln, als Horst Köhler auf die Frage, welche Vorsätze er für seine zweite Amtszeit hege, äußerte: »Ich habe mir vorgenommen, neugierig zu bleiben und noch mehr auf meine Frau zu hören.«[45] Und Eva Luise Köhler kommentierte die öffentliche Liebeserklärung ihres Mannes vor der Bundesversammlung gelassen: »Wenn mein Mann öffentlich bekundet, dass er mich schätzt, dann ist das doch etwas Schönes! Wir spielen niemandem etwas vor – wir sind so. Und das muss man ja auch nicht verbergen.«[46]

INSZENIERTER EKLAT UND RÜCKTRITT ❭ Sie mussten es nicht verbergen – und taten es am wenigsten in der schwersten Stunde von Horst Köhlers Amtszeit, in der Stunde seines Rücktritts. Vorausgegangen war dem eine unbedachte Äußerung, die sogleich von den Medien sensationsheischend aufgegriffen und zum Schaden des Bundespräsidenten mit Unterstellungen belastet wurde: Köhler hatte gemeinsam mit seiner Frau im Mai 2010 die deutschen Truppen in Afghanistan besucht. Auf dem Rückflug am 22. Mai antwortete der Bundespräsident auf die Frage eines Journalisten, ob das bestehende Mandat ausreiche und ob man nicht einen neuen politischen Diskurs zu diesem Thema benötige:
»Nein, wir brauchen einen politischen Diskurs in der Gesellschaft, wie es kommt, dass Respekt und Anerkennung zum Teil doch zu vermissen sind, obwohl die Soldaten so eine gute Arbeit machen. [...] Wir kämpfen dort auch für unsere Sicherheit in Deutschland, wir kämpfen dort im Bündnis mit Alliierten, mit anderen Nationen auf der Basis eines Mandats der Vereinten Nationen, einer Resolution der Vereinten Nationen. [...] Meine

Einschätzung ist aber, dass insgesamt wir auf dem Wege sind, doch auch in der Breite der Gesellschaft zu verstehen, dass ein Land unserer Größe mit dieser Außenhandelsorientierung und damit auch Außenhandelsabhängigkeit auch wissen muss, dass im Zweifel, im Notfall auch militärischer Einsatz notwendig ist, um unsere Interessen zu wahren, zum Beispiel freie Handelswege, zum Beispiel ganze regionale Instabilitäten zu verhindern, die mit Sicherheit dann auch auf unsere Chancen zurückschlagen negativ durch Handel, Arbeitsplätze und Einkommen. [...]«[47]

Die Reaktionen waren heftig, besonders vonseiten der Oppositionsparteien. Man unterstellte Köhler bestenfalls einen gedanklichen Lapsus, schlimmstenfalls eine Äußerung, die einen Wirtschaftskrieg decke, obgleich dies gegen das Grundgesetz stehe. Köhler ließ erklären, »diese Äußerungen [...] beziehen sich auf die vom Deutschen Bundestag beschlossenen aktuellen Einsätze der Bundeswehr wie zum Beispiel die Operation Atalanta gegen Piraterie«,[48] der Afghanistan-Einsatz der Bundeswehr erfolge auf der Grundlage eines UN-Mandats. Diese und andere Richtigstellungen aus dem Bundespräsidialamt und von Politikern der CDU/CSU und FDP verhallten weitgehend ungehört. Die öffentliche Meinung wurde durch die Medien vorgefasst und gegängelt. Daraufhin trat Horst Köhler am 31. Mai 2010 überraschend von seinem Amt zurück. Es war jener denkwürdige Auftritt, bei dem Eva Luise Köhler nicht von seiner Seite wich und damit vor den Augen der Öffentlichkeit ein Zeichen der Loyalität und der Liebe setzte.

PENDELN ZWISCHEN BAYERN UND BERLIN ❯ Eva Luise und Horst Köhler zogen sich ins Privatleben zurück, wobei die ehemalige First Lady die Schirmherrschaft über die ACHSE beibehielt. Von dort hieß es anerkennend: »Sie hat Großartiges für uns geleistet und sich von ganzem Herzen für die Betroffenen engagiert.«[49] Die Köhlers bezogen ihre Wohnung am Savignyplatz und konnten endlich ohne Termindruck und ohne Bodyguards am öffentlichen Leben Berlins teilnehmen. Zudem erwarben sie von den Münchner Barmherzigen Schwestern vom heiligen Vinzenz von Paul einen idyllisch gelegen ehemaligen Gutshof in Unterwössen im Chiemgau, vor der grandiosen Kulisse der bayerischen Alpen. Bei allem

Bedauern um die Umstände des Rücktritts ihres Mannes und das vorzeitige Ende der eigenen Zeit im Bundespräsidialamt meinte Eva Luise Köhler in einem Interview beinahe erleichtert: »Ich glaube, ich habe nie die Bodenhaftung verloren. Ich weiß zum Beispiel noch, wie man im Internet Bahn- oder Flugkarten bucht. S-Bahnfahren übe ich noch.«[50] Und auf die Frage, welchen Rat sie ihrer Nachfolgerin Bettina Wulff geben könne: »Wir haben uns über die Organisationen unterhalten, deren Schirmherrschaften sie eventuell übernehmen will. Als Rat gab ich ihr nur, sie möge mit ihren Kräften haushalten.«[51]

Ganz freilich wollen sich die Köhlers nicht ins Privatleben zurückziehen, obgleich die eigene Familie, darunter vier Enkelkinder, genug Abwechslung böte: Seit August 2012 ist Horst Köhler im Auftrag von UN-Generalsekretär Ban Ki Moon Mitglied einer Arbeitsgruppe, die sich dafür einsetzt, die Kluft zwischen Arm und Reich zu verringern. Damit ist er wieder ganz in seinem alten, ihm besonders am Herzen liegenden Metier tätig. Und Eva Luise Köhler ist nach wie vor als Schirmherrin der Organisation ACHSE engagiert. Über ihr jetziges Leben meint sie: »Natürlich fällt jetzt ein gewisser ›First Lady-Bonus‹ weg – aber die Menschen begegnen mir immer noch mit sehr viel Achtung und Interesse.«[52] An der allgemeinen Hatz gegen Bettina Wulff mochte sie sich nach dem Rücktritt Christian Wulffs und dem dekuvrierenden Buch seiner Frau nicht beteiligen: »Ich habe das Buch nicht gelesen, aber: Frau Wulff hat die Aufgabe der First Lady neben ihrer Familie mit Charme und Engagement gemeistert. Und tatsächlich werden Sie von einem Tag auf den anderen ins kalte Wasser geworfen – und keine Ausbildung der Welt kann Sie auf den Vollzeit-Job vorbereiten. Stattdessen werden große Erwartungen an Sie gerichtet. Aber ich habe die ›Amtszeit‹ als große Bereicherung und Chance empfunden.«[53]

Bettina Wulff

*1973

Als der niedersächsische Ministerpräsident Christian Wulff (CDU) am 30. Juni 2010 von der Bundesversammlung zum Bundespräsidenten gewählt worden war, zollte die Presse dem neuen Staatsoberhaupt überwiegend Respekt, brachte ihm aber wenig Begeisterung entgegen. Auch die Stimmung im Volk war Umfragen zufolge ähnlich. Viele hätten lieber den charismatischen Bürgerrechtler und Pastor Joachim Gauck im höchsten Amt gesehen. Christian Wulff galt als ein gediegener Parteipolitiker, der es mit Fleiß und Geschick, aber wenig politischer Vision nach oben gebracht hatte. Dass er von CDU/CSU und FDP als Kandidat für das Bundespräsidentenamt aufgestellt worden war, hatte er – so ging die Runde – eher der Furcht der Bundeskanzlerin Angela Merkel vor einem direkten Konkurrenten und ihrer damals offenkundigen Abneigung gegen Joachim Gauck zu verdanken. Aber wie auch immer: Fest stand, dass Christian Wulffs junge, damals sechsunddreißigjährige Frau Bettina rascher die Herzen der Menschen und das Interesse der Presse eroberte. Selten zuvor erhielt eine First Lady bereits in den ersten Tagen und Wochen so viele Sympathiebekundungen. Die Mutter zweier kleiner Söhne stand für etwas Neues: Erstmals seit den Tagen von Walter und Mildred Scheel zog wieder eine Familie mit Kindern in den Amtssitz (symbolisch gesehen, denn in Schloss Bellevue war 1999 die Präsidentenwohnung aufgegeben worden). Bettina Wulff, damals Pressereferentin bei der Drogeriemarktkette Rossmann, stand für die Generation junger, dynamischer Frauen, die Ehe, Kinder, Haushalt und Beruf zu vereinen wissen. Sie trat modisch-elegant auf, wusste aber genauso gut in Jeans und T-Shirt zu bezaubern. Sie war sportlich, galt als unkompliziert, freundlich und fröhlich. Auf dem Oberarm trug sie ein Tribal-Tattoo – das verlieh ihr einen Hauch von Unangepasstheit. Die Wulffs stellten eine für unsere Gesellschaft nicht untypische Patchwork-Familie dar: Christian Wulff hat eine Tochter aus erster Ehe, Bettina Wulff einen Sohn aus einer früheren Beziehung, zudem kam 2008 ein gemeinsamer Sohn zur Welt. Auch insofern erschienen sie vielen Bürgern sympathisch, als sie die gesellschaftliche Realität in unserem Land widerspiegelten. Die Wulffs waren nicht so altbürgerlich und distanziert, wie das bei einigen ihrer Vorgänger der Fall war. Sie galten als ein Paar zum Anfassen.

DIE »GERMAN TRAUMFRAU« ❱ Besonders auf Bettina Wulff projizierten sich in der anfänglichen Euphorie viele Wünsche und Sehnsüchte, die man in einer eingefleischten parlamentarischen Demokratie kaum vermutet hätte: Die junge, hübsche First Lady wurde zur Prinzessin der Herzen hochstilisiert. Es scheint so, als habe Bettina Wulff diese Schmeicheleien gern und nicht ohne Eitelkeit empfangen – was keinesfalls zu verurteilen ist. Besonders die *Bild*-Zeitung und *Bild am Sonntag* taten sich hierbei hervor. Es wurde indes ein Lehrstück von der Macht der Medien, wie just das Blatt, das einst den Bundespräsidenten und die First Lady emporhob und bejubelte, nur anderthalb Jahre später zur Demontage und zum Fall des Paars entscheidend beitrug.
In der Ausgabe vom 4. Juli 2010 jedenfalls war *Bild am Sonntag* noch voller Enthusiasmus angesichts der Prinzessin von Schloss Bellevue: »Es fällt leichter, sie [Bettina Wulff] sich mit Michelle Obama und Carla Sarkozy

vorzustellen, als ihren Namen in die Reihe ihrer Vorgängerinnen einzufügen [...] Erst Abiturientin Lena Meyer-Landrut, die den Eurovision Song Contest gewann, dann das überragende Spiel der junge National-Elf, die gestern Argentinien mit 4:0 nach Hause schickte. Und jetzt eine moderne First Lady, die Star-Appeal hat, trotzdem geerdet ist und sich mit Eisflecken [von ihrem kleinen Sohn] herumärgern muss. Das Sommermärchen geht in die Verlängerung.«[1] Der schottische Designer Brian Rennie verstieg sich sogar zu dem Superlativ, Bettina Wulff als »German Traumfrau«[2] zu feiern. Etwas vom Glanz der neuen First Lady strahlte also auf Deutschland und die Deutschen ab. Und auf Bettina Wulffs bisweilen arg biederen Mann: »Seit er mit ihr zusammen ist, wirkt der ehemalige niedersächsische Ministerpräsident weniger konservativ, sein akkurater Seitenscheitel ist verschwunden, ihr Tattoo findet er cool und modern, er trägt öfter Jeans und Hemd [...].«[3]

Bereits am 2. Juli 2010, nur zwei Tage nach der Wahl Wulffs zum Bundespräsidenten, feierte die *Bild*-Zeitung die neue Prinzessin in Schloss Bellevue, indem sie sie mit anderen First Ladys Europas verglich – wobei Bettina Wulff recht gut abschnitt: »Endlich ein Hauch von Glamour in der deutschen Politik! Andere haben Könige, wir haben Präsidenten. Jetzt hoffen die Deutschen auf die neue ›First Lady‹ Bettina Wulff (36). Mit ihrem frischen Charme wird sie einen völlig neuen Stil ins Schloss Bellevue bringen: fröhlicher, unbefangener, herzlicher. Carla Bruni, die wohl schönste First Lady der Welt, hat gezeigt, wie man die Herzen der Menschen im Sturm erobert. Die französische ›Première Dame‹ hat mit Bettina Wulff einiges gemeinsam: SIE, die Schöne, haucht IHM, dem Machtmenschen, Leben ein. Sie bringt ihn zum Leuchten. Sie lächelt jede Regierungskrise weg. Die Sarkozys im Elysee-Palast – die Wulffs auf Schloss Bellevue. [...] Nach Wirtschaftskrise und Dauer-Zoff im schwarz-gelben Lager lechzen viele Deutsche nach ein bisschen Glanz.«[4]

Das war banale Psychologie – und doch hatte *Bild* nicht ganz unrecht: Tatsächlich fehlt vielen Deutschen eine Identifikationsfigur, wie sie etwa die Engländer mit ihrer Queen besitzen. Eine Figur, die Beständigkeit und historische Tradition mit persönlicher Integrität und ein wenig mitmenschlicher Herzlichkeit verbindet. All das wurde vonseiten der Boulevardpresse auf die junge, schöne »Prinzessin« in Schloss Bellevue projiziert. Das Sommermärchen war perfekt, auch als am Abend des 2. Juli 2010 das neue Bundespräsidentenpaar zum traditionellen Sommerfest im Park des Schlosses einlud und man nicht nur in Würden ergraute Häupter erblicken konnte, sondern auch erstaunlich viele jüngere Gäste mit Kindern. Die neue First Lady machte eine gute Figur – in doppelter Hinsicht. Sie war elegant, schön, wusste sich zu bewegen und heiter-gelöste Konversation zu betreiben. Sie galt als Exotikum – und sei es wegen einer so banalen Äußerlichkeit wie eines Tattoos auf dem Oberarm. Noch drei Monate später wurde sie in einem Interview mit dem *ZEITmagazin* darauf angesprochen, und Bettina Wulff antwortete offen: »Ich fände es absolut traurig, wenn dies das einzige bliebe, was man über mich sagt.«[5] Sie ahnte damals, auf dem Gipfel ihrer Popularität, nicht, wie rasch diese Äußerung von der Wirklichkeit eingeholt und überholt werden würde. Die Geschichte Bettina Wulffs erschien manchen wie ein Märchen: zauberhaft, wunderbar und unwirklich – und endete wie eine schlechte Farce, in der die Protagonisten über Fallstricke anderer stolperten und überflüssigerweise auch noch in Gruben fielen, die sie sich selbst gegraben hatten.

HEIMATLIEBE ZUR NIEDERSÄCHSISCHEN PROVINZ ❱ Es ist auffällig, wie treu Bettina Wulff bis heute ihrem Heimatort Großburgwedel geblieben ist. Anders als die anderen First Ladys der Bundesrepublik hat sie – vom Studium im nahen Hannover einmal abgesehen – diesen Ort, der heute rund zehntausend Einwohner zählt und im Kern noch immer dörflichen Charakter besitzt, nie für längere Zeit verlassen. Die gut anderthalb Jahre in Berlin, wo sie in Schloss Bellevue ein Büro hatte und in einer Dienstvilla in Berlin-Dahlem wohnte, waren eine Ausnahme. Und selbst im Vorfeld des Umzugs nach Berlin betonte sie in der Presse, wie sehr ihr Großburgwedel als Heimatort am Herzen liege. Hier ist sie vielen Menschen bekannt, die in ihr die freundliche junge Frau »von nebenan« sahen und sehen. Man mag diese Verbundenheit mit einem Ort der niedersächsischen Provinz belächeln – darin offenbart sich das Bedürfnis nach Ordnung, Harmonie, Geborgenheit. Dass Bettina Wulff selbst nach der Trennung von ihrem Mann weiterhin in Großburgwedel wohnt – in der Nähe der Eltern und

alter Freunde, bestätigt diese emotionale Gebundenheit, die man altmodisch vielleicht am ehesten mit Heimatliebe bezeichnen könnte.
Bettina Körner wurde am 25. Oktober 1973 in Hannover als zweites Kind (vor ihr kam ein Junge zur Welt) von Horst und Inge Körner geboren. Der Vater arbeitete bei der Nord LB. Bettina wuchs in Großburgwedel auf und besuchte das Leibnizgymnasium im zwanzig Kilometer entfernten Hannover, wo sie 1993 das Abitur ablegte. Nach eigener Aussage beschäftigte sie sich als Schülerin besonders gern mit Philosophie: »Ich hatte eine philosophische Phase, das lag an einem sehr guten Philosophielehrer, der uns die alten Philosophen wie Seneca nähergebracht hat.«[6] In der Freizeit spielte sie gern Basketball im Verein. Noch später, in ihrer Zeit als First Lady, betrieb sie diesen Ballsport hin und wieder mit ihrem Mann und den Sicherheitsbeamten. Über ihre Schulzeit äußerte sie sich in einem Interview: »Ich hatte mit 17 einen extremen Freiheitsdrang, nicht in dem Sinn, dass ich gegen alles und jeden rebellieren musste, aber ich wollte unbedingt selbst entscheiden, was ich tue und was ich nicht tue. [...] ich hatte fast alle [Haar-]Farben des Regenbogens schon mal [...]. Außer Lila und Blau. Das gehörte zu meiner Vorstellung von Freiheit: ich entscheide, wie ich aussehe. Das war eine Art von Genugtuung, zu sehen, wie sich manche Lehrer morgens wieder über die neue Farbe entsetzten. Aber ich war auch immer eine gute Schülerin, sehr ehrgeizig. Ich wurde also immer für wilder gehalten, als ich war.«[7] Über ihre Eltern urteilte sie: »Die waren da sehr lässig! Vor allem meine Mutter. Sie sah es so: Solange es in der Schule läuft, ist das andere dir überlassen, da bist du frei.«[8] Bereits als Jugendliche engagierte sie sich, wie sie später im Gespräch betonte: »Ich war seit der fünften Klasse immer Schulsprecherin, habe mich in der Kirche engagiert und bei der Schülerzeitung. Ich war politisch auch interessiert, aber wenn Sie mich nach meiner ersten Wahl fragen, habe ich keine große Erinnerung. Ich bin damals irgendwie mit dem Gefühl groß geworden, Helmut Kohl war und bleibt immer Bundeskanzler.«[9]
Nach dem Abitur studierte Bettina Körner von 1993 bis 2000 Medienmanagement und angewandte Medienwissenschaften am Institut für Journalistik und Kommunikationsforschung der Hochschule für Musik, Theater und Medien in Hannover, ohne jedoch einen Abschluss zu machen. Sie

begann als PR-Assistentin und Pressereferentin zu arbeiten: seit 1998 für eine Internetagentur, in den Jahren 2000 bis 2009 für den Automobilzulieferer Continental in Hannover. 2009 wechselte sie zur Zentrale der Rossmann-Drogeriemarktkette in ihrem Heimatort Großburgwedel. Dort arbeitete sie halbtags als Pressereferentin und war unter anderem für die redaktionelle Gestaltung des Kundenmagazins *Centaur* mitverantwortlich. Im Jahre 2003 brachte Bettina Körner den Sohn Leander zur Welt. Den Vater ihres Kindes heiratete sie nicht, blieb aber nach eigenem Bekunden mit ihm in freundschaftlichem Kontakt.

EINE DEUTSCHE KARRIERE ❱ Bettina Körner lernte ihren späteren Mann Christian Wulff, der damals Ministerpräsident von Niedersachsen war, im April 2006 auf einer Reise nach Südafrika kennen. Sie begleitete die Reise, die sie mit organisiert hatte, als Pressereferentin der Continental AG. Das Unternehmen mit Sitz in Niedersachsen und mit starker internationaler Ausrichtung sollte sich damals in Südafrika präsentieren. Rund vierzig Delegierte aus Wirtschaft und Forschung nahmen an der Reise teil, zudem auch Vertreter der Presse und der niedersächsischen Landesregierung, darunter auch der Ministerpräsident selbst. Bettina Körner und Christian Wulff fanden rasch Gefallen aneinander. Anfang Juni 2006 gab Wulff öffentlich bekannt, dass er und seine Frau, die Rechtsanwältin Christiane Wulff (geboren 1961), sich getrennt hätten. Die gemeinsame Tochter Annalena (geboren 1993) blieb bei der Mutter. Die Ehe wurde 2008 geschieden.
Christian Wulff kam am 19. Juni 1959 in Osnabrück als zweites Kind des Juristen Rudolf Wulff und dessen Ehefrau Dagmar, geborene Evers, zur Welt. Als Christian zwei Jahre alt war, trennten sich die Eltern. Dagmar Wulff ging eine zweite Ehe ein, die jedoch ebenfalls nicht Bestand hatte. Zudem erkrankte Dagmar Wulff an multipler Sklerose. Als Sechzehnjähriger übernahm Christian Wulff die Pflege der inzwischen schwer kranken Mutter und zudem die Erziehung seiner Halbschwester.
Er machte 1980 das Abitur am Ernst-Moritz-Arndt-Gymnasium in Osnabrück und begann ein Studium der Rechts- und Wirtschaftswissenschaften in Osnabrück, das er 1987 mit dem Ersten Juristischen Staatsexamen

abschloss. Drei Jahre später legte er das Zweite Staatsexamen ab. Seit 1994 war er als Anwalt in einer Osnabrücker Sozietät tätig.

Früh engagierte er sich in der Politik: Der bekennende Katholik trat 1975 der CDU bei, war in der Jungen Union tätig und stieg zu deren Landes- und schließlich Bundesvorsitzenden auf. Von 1986 bis 2001 war Wulff Mitglied des Rates der Stadt Osnabrück, von 1994 bis 2010 zudem Abgeordneter im niedersächsischen Landtag, seit 1994 Oppositionsführer gegen die Landesregierung des Ministerpräsidenten und nachmaligen Bundeskanzlers Gerhard Schröder (SPD). Zweimal, 1994 und 1998, scheiterte Christian Wulff beim Versuch, die SPD-Landesregierung in Hannover abzulösen. Erst bei der Landtagswahl von 2003 gelang es einer Koalition aus CDU und FDP, die Mehrheit zu erhalten. Christian Wulff folgte als Ministerpräsident Sigmar Gabriel (SPD). Bei den nächsten Landtagswahlen im Januar 2008 konnten CDU und FDP die Mehrheit im Landtag verteidigen, Wulff wurde wenig später als Ministerpräsident wiedergewählt.

Die Jahre unter seiner Regierung waren von strenger Sparpolitik bestimmt, die auch vor tiefen sozialen Einschnitten nicht haltmachte: So wurden die Mittel für Hochschulen drastisch gekürzt und die pauschale Blindengeldzahlung gestrichen (die jedoch nach breiten Protesten aus den Reihen der Sozialverbände schließlich wieder eingeführt wurde). Zudem wurde die Lernmittelfreiheit an Schulen abgeschafft und das Abitur nach bereits zwölf Schuljahren eingeführt. Auch in der Verwaltung gab es Streichungen und Straffungen, etwa bei der Abwicklung der niedersächsischen Bezirksregierungen.

Persönlich hielt sich Christian Wulff stets viel auf seine Integrationspolitik zugute. Ende April 2010, wenige Wochen, bevor er zum Bundespräsidenten gewählt wurde, machte er dadurch Furore, dass er mit Aygül Özkan als Ministerin für Soziales, Frauen, Familie, Gesundheit und Integration zum ersten Mal in Deutschland eine Muslimin in solch eine hohe öffentliche Position berief. Auch als Bundespräsident lag Wulff die Integration von Einwanderern, vor allem auch aus dem muslimischen Kulturbereich, am Herzen. Eine heftige Debatte löste er aus, als er in einer Rede zum 3. Oktober 2010 äußerte, der Islam gehöre inzwischen zu Deutschland.

Die Berufung zum Kandidaten für das Amt des Bundespräsidenten kam

Anfang Juni 2010 für Christian Wulff überraschend. Bundeskanzlerin Angela Merkel hatte ihn in Hannover angerufen und noch für denselben Abend nach Berlin zitiert: Es gehe um Personalfragen. Nach dem überraschenden Rücktritt von Bundespräsident Horst Köhler am 31. Mai war das höchste Amt im Staat vakant, und der Bundeskanzlerin lag daran, einerseits einen starken Kandidaten zu präsentieren (die Opposition hatte den über Parteien und Konfessionen hinweg beliebten Joachim Gauck ins Gespräch gebracht), andererseits aber einen möglichen Konkurrenten fortzuloben (Wulff war wiederholt als möglicher Nachfolger Merkels im Bundeskanzleramt im Gespräch). Damit hatte Deutschland den mit gerade einmal einundfünfzig Jahren jüngsten Kandidaten für das Amt des Bundespräsidenten. Am 30. Juni schließlich wurde Christian Wulff nach einer neuneinhalbstündigen Zitterpartie erst im dritten Wahlgang – nachdem die Kandidaten von NPD und Linken nicht mehr angetreten waren – von der Bundesversammlung mit 625 Stimmen gewählt. Sein Konkurrent Joachim Gauck erhielt 494 Stimmen.

PARADIESVOGEL IN SCHLOSS BELLEVUE ❯ Christian Wulff war nicht nur der jüngste Bundespräsident, seine Frau Bettina auch die jüngste First Lady. Die beiden hatten gut zwei Jahre zuvor, im März 2008, nur wenige Wochen nach der Scheidung Wulffs von seiner ersten Frau, geheiratet und ein gemeinsames Haus in Großburgwedel bezogen. Bettina Wulff war damals hochschwanger: Im Mai 2008 kam beider Sohn Linus zur Welt.
Bettina Wulff galt als schillernder Paradiesvogel im sonst so langweiligen, angestaubten Umfeld bundesdeutscher Spitzenpolitiker. Bereits seit der Bekanntgabe ihrer Beziehung zu Christian Wulff wurde sie von den Boulevardblättern und Frauenzeitschriften dankbar hofiert. Nach anfänglicher Scheu nahm sie dieses Interesse bereitwillig entgegen und belieferte in steten Dosierungen die laufende Publicity-Maschinerie. Besonders die *Bild* profitierte auf diese Weise von der damals freundschaftlichen Nähe Christian Wulffs zu Chefredakteur Kai Diekmann. Das Boulevardblatt wurde – so konnte man den Eindruck gewinnen – eine Zeit lang beinahe zum Presseorgan der Wulffs. Christian Wulff war eben erst von Angela Merkel zum Präsidentschaftskandidaten nominiert, da brachte *Bild.de* noch am selben

Tag das erste Interview mit der potenziellen neuen First Lady. »Wir müssen sehen, was auf uns zukommt. Dann werde ich sicher meine Rolle finden«, meinte Bettina Wulff vier Wochen vor der anberaumten Bundesversammlung, »ich freue mich für meinen Mann und für das Vertrauen, das in ihn gesetzt wird.«[10] Hohe, allzu hohe Erwartungen wurden auf die künftige First Lady projiziert. Der *Stern* legte bereits am 5. Juni nach: »Miss Perfect will nach Bellevue.«[11] Bettina Wulff litt nach eigener, späterer Aussage (als sie bereits mit ihrem Mann und dem Bundespräsidialamt »abrechnete«) unter dieser überzogenen Erwartungshaltung – versäumte es aber nicht, in diesen Wochen und Monaten die Presse, vor allem die Boulevardblätter, mit Bonbons zu füttern. Einige Wochen lang bot ihr (relativ kleines) Tattoo am Oberarm Diskussionsstoff. Ob das einer First Lady angemessen sei, wurde gefragt, man zog die Tätowierung gar in den Bereich szenischer Anrüchigkeit. Das verriet mehr über die mentale Infantilität gewisser Leserkreise als über die Trägerin solch einer Zierde. Selbst Feuilleton-Barone wie Florian Illies breiteten sich mehr oder minder geistreich über Bettina Wulffs Äußeres aus: »Dass er [Christian Wulff] diese Frau ausgewählt hat, gehört zu seinen besten Personalentscheidungen. Wenn Bettina Wulff nach der Wahl am 30. Juni mit ins Schloss Bellevue einzieht, dann hätte Deutschland eine sechsunddreißigjährige First Lady, deren Foto sich die deutschen Bundeswehrsoldaten sehr gerne in ihre Amtsstuben hängen würden. Auch von unserer Seite: keinerlei Einwände.«[12] Und selbst *Der Spiegel* glaubte sich in seiner Online-Ausgabe bemüht witzig geben zu müssen: »Bettina Wulff, eine mutige, progressive Frau. Wird ihr Beispiel Schule machen? Wird Claudia Roth ihren Dackel piercen lassen? Oder Ursula von der Leyen ihren Mann? Fragen, die auch in Zukunft unter die Haut gehen werden.«[13] Immerhin konnte sich Bettina Wulff auch hierin des Rückhalts ihres Mannes sicher sein. »Ich bin froh, dass mein Mann ja dazu sagt, dass er eine coole Frau hat«,[14] gab sie der *Bunten* bekannt.

SPAGAT ZWISCHEN AMT UND FAMILIE ❱ Man mag von Bettina Wulff – auch nach den unwürdigen Schlammschlachten, die geführt wurden – im Nachhinein halten, was man will: Unzweifelbar ist, dass sie erstens ohne Vorbereitung in den Haifischpool der Berliner Politiker- und Diplomatenwelt geworfen wurde, sie zweitens eine auch ihrer Jugend geschuldete überschaubare Lebenserfahrung besaß und möglicherweise persönlich nicht reif genug, vielleicht auch nicht gewieft genug war. Sicherlich gab ihr die scheidende First Lady Eva Luise Köhler ein paar Tipps und Anregungen – und Bettina Wulff zeigte sich auch dankbar: »Ich habe sie [Eva Luise Köhler] als freundliche, positive Person erlebt, die sehr offen auf die Menschen zugegangen ist. Ihre Art kam bei den Menschen als natürlich an. Das würde ich mir auf jeden Fall zum Vorbild nehmen.«[15] Der Wegzug aus Großburgwedel fiel Bettina Wulff offensichtlich schwer. Noch Mitte Juni 2010 meinte sie zögerlich: »Auf jeden Fall wird nichts übers Knie gebrochen. Großburgwedel ist und bleibt Heimatstadt. [...] Ich fühle mich hier total wohl. Und das hat sicherlich auch damit zu tun, dass ich hier aufgewachsen bin. Dass ich die Menschen kenne. [...] Ganz viele kennen mich ja schon aus Kinderzeiten. Die duzen mich. Da hat sich nichts geändert. Diese Stabilität finde ich sehr positiv für alle, für die gesamte Familie.«[16] Bettina Wulff bemühte sich, die toughe Frau zu geben, wie es von ihr erwartet wurde. Die Entscheidung, dass ihr Mann für das höchste Staatsamt kandidiere, sei gemeinsam gefällt worden: »Wir haben darüber eine Nacht geschlafen, und dann haben wir besprochen, ob wir uns das beide vorstellen können. Dann haben wir gemeinsam entschieden, dass er als Kandidat antritt. Und wir haben gesagt: Okay, wir gehen das an.«[17] Der Druck lag schwer auf ihr und ihrer Familie. Auch sie, die kurz zuvor immer als moderne, zeitgemäße Frau gefeiert wurde, die Familie, Beruf und Alltag lässig unter einen Hut bekomme, musste sich den anstehenden Pflichten und Erwartungen beugen: Bettina Wulff gab die geliebte Stelle in der Pressabteilung der Drogeriemarktkette Rossmann auf und bezog ihr Büro in Schloss Bellevue, wo sie – wie alle ihre Vorgängerinnen auch – unentgeltlich arbeiten sollte. Sie übernahm das zunächst klaglos – auch die Übernahme der Schirmherrschaften über das Müttergenesungswerk und das Deutsche Komitee der UNICEF war ihr eine Selbstverständlichkeit. Den Verzicht auf den eigenen Beruf fasste sie als Chance für etwas Neues auf: »Es steht nirgendwo geschrieben, dass ich nicht arbeiten darf. Und man könnte sicher sagen, ich mache nur die allernotwendigsten repräsentativen Termine, und ansonsten führe ich mein altes Leben. Aber in der Praxis wäre das kaum möglich. Vor allem aber wäre es äußerst unklug, diese Chance, die einem da geboten wird, nicht zu nutzen. Es würde dem Amt schaden, meinem Mann und mir selbst auch, wenn ich diese Rolle nicht annehmen würde.«[18] Hier sprach kein Partygirl und keine Fashiondiva, sondern eine verantwortungsbewusste, mitten im Leben und in der Gesellschaft stehende Frau.

Dennoch bedauerte sie wohl insgeheim, nicht mehr selbst ihr Leben in die Hand nehmen zu können. Ihre Unabhängigkeit – so betonte sie vor dem Umzug nach Berlin – sei ihr immer besonders wichtig gewesen: »Ich bin immer davon ausgegangen, dass ich mein Leben selbst gestalte, und so mache ich das bis heute. Ich habe nie auf jemanden gewartet, der mein Leben in die Hand nimmt oder es mir abnimmt. [...] Diese Selbstständigkeit möchte ich mir so weit wie möglich bewahren.«[19]

Große Sorge trug sie um die Entwicklung ihrer beiden Söhne in einer vom Protokoll geprägten und von der Security eingeschränkten Umgebung. »Idyllisch?«, war ihre Gegenfrage auf den Einwand, Großburgwedel sei sehr übersichtlich, »Ja, ich finde, man braucht auch ein bisschen Idylle um sich herum.«[20]

Die neue First Lady hatte selbst kleine Kinder. Das gab ihrem sozialen Engagement eine ganz andere Note: Immerhin wurde das Müttergenesungswerk von der legendären Elly Heuss gegründet, die dem Alter nach der Großmuttergeneration zugehört hatte. In Bettina Wulff jedoch begegnete man einer Charity-Lady, die um die Belange einer Familie aus eigener, gegenwärtiger Erfahrung wusste. Sie selbst sah das ebenso: »Ich bin eine junge Mutter und natürlich beschäftigt mich die Zukunft der Kinder in diesem Land. Aber ich unterstütze z. B. auch ein Obdachlosen-Projekt – auch in dem Bereich würde ich helfen wollen, an guten Ideen wird es nicht mangeln. [...] Als berufstätige Zweifach-Mutter, die einen Haushalt schmeißt und Termine wahrnimmt, weiß ich: Wenn gehandelt werden muss, schaffe ich das. Ich sehe allem, was vielleicht auf uns zukommt, freudig entgegen.«[21]

Zur Tragik Bettina Wulffs gehörte, dass sie aus dem einmal gefundenen und teils auch aufgezwungenen Image kaum noch heraustreten konnte. Sie war und blieb festgelegt – das wirft auch ein Bild auf die Macht der Medien in unserer Gesellschaft. Was *Bild*, *Bunte*, *Gala* und andere Blätter

im »Stylecheck«[22] schrieben, setzte sich in den Köpfen der Menschen fest: »Was sie auch anzieht, jedes ihrer Outfits macht deutlich, dass unsere neue First Lady auch ein gutes Gespür für Farben hat. Passend zu ihren blonden Haaren und zu ihrer hellen Haut trägt sie gedeckte, erdige – aber helle – Töne und greift auch mal zu pastellenem Rosa.«[23] Sie selbst wehrte sich gegen dieses Image – freilich ohne großen Widerhall: »Es ist verrückt. Und ich muss schon sagen, darauf war ich null vorbereitet. Welche Kleiderfarbe ich wähle? Warum ich ein Tattoo trage? Über so was wird im Ernst diskutiert. Haben wir denn keine anderen Themen? Ich will mich nicht weiter damit beschäftigen, weil ich es wirklich für belanglos halte.«[24]
Bettina Wulff hatte anderes zu tun, als sich nur um ihre Garderobe zu kümmern: Immerhin hatte sie neben ihren Amtsverpflichtungen auch noch die Sorge um die Erziehung ihrer Kinder. Die Aufgaben als First Lady erledigte sie nach einer gewissen Phase der Eingewöhnung mit Geschick und Ernst. Auch bei Staatsbesuchen im Ausland – etwa in Russland oder Katar – machte sie eine gute Figur. Und sie fand rasch Gefallen an ihrer neuen Rolle: »Ja, das neue Amt macht mir Freude, denn ich erlebe gerade auf dieser Reise [im Oktober 2010 nach Russland], dass ich in meiner Position etwas bewirken kann. Dass die Frau des Bundespräsidenten nicht nur nett daneben zu stehen hat, sondern eigene Akzente setzen kann.«[25]
Man muss ihr attestieren, dass – hätte die Amtszeit ihres Mannes länger gedauert – sie ihrer »Position« wahrscheinlich einen ganz eigenen Stempel aufgedrückt und das Image der First Lady verjüngt und mit mehr Glamour versehen hätte – allein, es fehlte ihr dazu wegen der tragischen Umstände des Amtsrücktritts Christian Wulffs die Zeit.
Bettina Wulff übernahm neben den Schirmherrschaften über das Müttergenesungswerk und das Deutsche Komitee der UNICEF auch die über die Deutsche Kinder- und Jugendstiftung. Ihr Engagement in der Obdachlosenhilfe, das sie bereits in ihrer Zeit in Niedersachsen betrieben hatte, führte sie weiter. Besonders lag ihr auch die Förderung junger Menschen in Bildung und Erziehung, aber auch sozial schwacher Familien am Herzen. So engagierte sie sich auch für das Projekt der Familienhebammen: »Im Grunde muss man schon bei den Eltern anfangen, wenn das Kind noch gar nicht geboren ist. Es gibt viele Eltern, die völlig überfordert sind mit

ihrer Lebenssituation. Da müsste die Unterstützung ansetzen. Deshalb ist mir auch das Familien-Hebammen-Projekt in Berlin so wichtig. Die Hebammen treffen lange vor der Geburt auf die Eltern. Eltern müssen lernen, dass man auch etwas geben muss. Und dass sie Verantwortung haben. Es muss möglich sein, dass Eltern ihre Kinder rechtzeitig wecken, ihnen Frühstück zubereiten und sie mit einem Pausenbrot pünktlich in die Schule schicken.«[26]

EIN PRÄSIDENT VERLIERT DIE FASSUNG ❱ Hatte Bettina Wulff zu Beginn der Amtszeit ihres Mannes noch getönt: »Es wäre schön, wenn wir dazu beitragen könnten, das Image von Politikern zu verbessern«,[27] so kam alles anders – und alles schlimmer, als man es sich je hätte vorstellen können. Es begann damit, dass die *Bild*, die bislang das Ehepaar Wulff immer hofiert hatte (und im Gegenzug reichlich mit Interviews und Exklusivbildern verwöhnt worden war), im Dezember 2011 Details über den Privatkredit in Höhe von 500 000 Euro preisgab, den Christian Wulff für den Kauf seines Hauses in Großburgwedel von einem befreundeten Unternehmerpaar in Anspruch genommen hatte, und Wulff vorwarf, dem niedersächsischen Parlament im Februar 2010 darüber falsche Angaben gemacht zu haben.[28] Daraufhin verlor der Bundespräsident die Fassung und rief bei *Bild*-Chefredakteur Kai Diekmann an, den er gut kannte. Da er ihn nicht persönlich erreichte, sprach er auf dessen Mailbox und soll unmissverständlich gedroht haben. Hierbei sollen auch Worte wie »Krieg« und »der Rubikon« sei »überschritten« gefallen sein. Der Vorfall erregte die Öffentlichkeit und wurde als Angriff auf die Freiheit der Presse gewertet. Wenig später räumte Wulff ein, er habe in den vergangenen Jahren sechs Urlaube auf Anwesen befreundeter Unternehmer verbracht. Am 22. Dezember 2011 entließ Christian Wulff seinen Pressesprecher und langjährigen Berater Olaf Glaeseker. Dessen Haus wurde am 19. Januar 2012 auf Anordnung der Staatsanwaltschaft durchsucht. Glaeseker soll lobbyistische Verbindungen und Vorteilsannahmen Wulffs mit diversen Unternehmen gefördert haben. Im Laufe der kommenden Wochen erhärteten sich Verdächtigungen, Christian Wulff habe sich Urlaube und Gefälligkeiten von Unternehmern bezahlen lassen. Er geriet zunehmend in den Verdacht der Vorteilsannah-

me und der Bestechlichkeit. Die Aufklärung der Vorwürfe beschäftigt bis heute (2013) Staatsanwaltschaft und Gerichte.
Unter all diesen Vorgängen litt nicht nur die Person Christian Wulff, sondern auch das Amt des Bundespräsidenten. Im Januar und Februar 2012 wurden Forderungen nach seinem Rücktritt immer lauter – auch im wortwörtlichen Sinn: Demonstranten versammelten sich vor Schloss Bellevue und verlangten in Sprechchören den Rücktritt Christian Wulffs, wobei sie ihren Protest mit Transparenten, drohend geschwenkten Schuhen und dem ohrenbetäubenden Lärm von Vuvuzela-Tröten verdeutlichten. Die Staatsanwaltschaft beantragte am 16. Februar, die Immunität des Bundespräsidenten aufzuheben.
Anderntags, am 17. Februar 2012, trat Christian Wulff vor die Presse und erklärte seinen sofortigen Rücktritt vom Amt des Bundespräsidenten. Neben ihm stand seine Frau Bettina. Der Bundespräsident dankte ausdrücklich auch ihr: »Vor allem danke ich meiner Frau, die ich als eine überzeugende Repräsentantin eines menschlichen und eines modernen Deutschland wahrgenommen habe. Sie hat mir immer – gerade auch in den vergangenen Monaten – und auch den Kindern starken Rückhalt gegeben.«[29]
Es war der zweite Rücktritt eines Bundespräsidenten innerhalb von nur einundzwanzig Monaten. Das höchste Amt im Staat schien damals nachhaltig beschädigt zu sein – eine schwere Hypothek auch für den Nachfolger und dessen Frau.

RECHENSCHAFT UND ABRECHNUNG ❱ Auffällig war bei der kurzen Erklärung auch Bettina Wulffs Körpersprache: Hatte Eva Luise Köhler beim Rücktritt ihres Mannes seitlich hinter ihm gestanden, nah genug, um ihm ihre Nähe und Stütze zu vermitteln, so verharrte Bettina Wulff in Abstand neben Christian Wulff, in gleicher Linie, doch in betonter Distanz. Bereits damals gab es erste Gerüchte, das Ehepaar stecke auch in einer persönlichen Krise. Am 8. März 2012 wurde Christian Wulff mit dem Großen Zapfenstreich im Park von Schloss Bellevue verabschiedet. Viele geladene Gäste aus der Politik blieben der Zeremonie fern, die zudem aus der Ferne, jenseits der Parkmauer, von Demonstranten lauthals mit Rufen wie »Schande, Schande« und »kein Geld, kein Geld«[30] gestört wurde.

Die Wulffs zogen sich aus der Öffentlichkeit weitgehend zurück und lebten wieder in ihrem Haus in Großburgwedel. Nur zu manchen Anlässen, etwa bei der Amtsübergabe an Joachim Gauck, ließen sie sich vor der Kamera blicken, oder als Bettina Wulff im April 2012 im Rathaus von Berlin-Neukölln die Bilanz der Stiftung »Eine Chance für Kinder« vorstellte, deren Schirmherrin sie war.

Zu einem Paukenschlag geriet im September 2012 die Veröffentlichung von Bettina Wulffs autobiografischem Buch *Jenseits des Protokolls*. Es war als Rechenschaft und Richtigstellung gedacht. Zu jener Zeit tauchten Gerüchte auf, Bettina Körner habe in ihrer Zeit als Studentin angeblich als Escort-Dame gearbeitet. Verschiedene Zeitungen griffen diese Ondits auf, auch in Fernseh-Talkshows wurden in dieser Richtung Behauptungen in die Welt gesetzt. Bei der Internet-Suchmaschine Google wurde in diesen Wochen der Name »Bettina Wulff« mit Autovervollständigungsbegriffen wie »Escort« oder »Rotlicht« ergänzt. Dagegen wehrte sich die einstige First Lady mit Klagen vor Gericht und erhielt in einigen Punkten Recht.

Ein strategischer Fehlschlag, ein Schuss nach hinten, wurde hingegen Bettina Wulffs Buch *Jenseits des Protokolls*. Kritiker warfen ihr vor, sie habe damit nicht nur ihre Sicht der Vorgänge darstellen und eine Rechtfertigung schreiben wollen, sondern es sei ihr in erster Linie um eine geschäftliche Vermarktung gegangen. Tatsächlich taugt das Buch nicht zum Zitieren. Bettina Wulff hat es mithilfe der Journalistin Nicole Maibaum verfasst – ob das Buch trotz oder wegen dieser Zusammenarbeit so missraten ist, sei dahingestellt. Jedenfalls gefällt sich die Autorin darin nicht nur in Klagen über die Schwere ihres Schicksals, die Selbstverleugnung als First Lady, die Zumutungen des Amts, sondern sie fällt auch – zu einer Zeit, als sie mit Christian Wulff offiziell noch zusammenlebte – ihrem Ehemann in den Rücken, das ist zumindest der Eindruck, den viele Leser hatten. »Es war der tödliche Dolchstoß in eine kranke Beziehung«, meinte der Kommentator Thomas Schmoll, »und mitten ins Herz eines schon zur Genüge verletzten Christian Wulff.«[31]

Was als Verteidigung und Rechenschaft gedacht war, mutierte zum Angriff – vor den Augen der Öffentlichkeit, ohne Rücksicht auf intime Bereiche.

Das Publikum, das sich zwei Jahre zuvor noch über Bettina Wulffs Tattoo echauffiert hatte, erwies sich diesmal als erstaunlich mündig und abgebrüht. Das Werk wurde auch ökonomisch offensichtlich ein Flop: Nach Auskunft diverser Buchhändler und Einkäufer großer Buchketten blieb es ein Ladenhüter.[32] Die Autorin sagte auf die negative Resonanz hin denn auch geplante Auftritte im Fernsehen und eine Lesereise ab.[33]
Die Resümees in den Feuilletons reichten von moralischer Verurteilung bis zu allenfalls angedeutetem Verständnis für die Beweggründe Bettina Wulffs, solch ein Buch unter die sie ignorierende Öffentlichkeit zu bringen. David Hugendick bezeichnete auf *ZEIT Online* die Erinnerungen der ehemaligen First Lady als »Gegenschallanlage in Buchform, die den Klatsch mit wahllosem Gerede niederquatscht und zugleich die gerechte Strafe für all jene bedeutet, die ständig ihre Nase überall reinstecken«.[34] Bettina Vestring fällte in der *Berliner Zeitung* ein harsches Urteil: »[...] die Vermarktung des gesamten Privatlebens, wie Bettina Wulff sie betreibt, die verträgt sich nicht mit dem höchsten deutschen Staatsamt, auch nicht im Nachhinein. Andre First Ladys in der Geschichte der Bundesrepublik werden es auch nicht immer leicht gefunden haben, für ihren Mann das Eigene so weit aufzugeben. Aber niemals wären sie auf die Idee gekommen, sich darüber in der Illustrierten [*Bunte, Gala, Brigitte*] auszuweinen.«[35] Nicht minder hart beschied Holger Schmale das Buch in der *Berliner Zeitung*, wobei er Christian Wulff in seine Kritik mit einbezog: »[...] es bleibt der Befund, dass Christian und Bettina Wulff zu wenig Substanz, Reife und Souveränität mitgebracht haben, um mit diesem Amt und ihrer beider Rollen etwas auszurichten. Dafür ist der jetzige Umgang Bettina Wulffs mit ihrer Geschichte der beste Beleg. Den ehrenwerten Versuch, sich nun als eigenständige Persönlichkeit zu zeigen, konterkariert und entwertet sie mit einem maßlosen Exhibitionismus.«[36] Und selbst die sonst gegenüber weiblichen Belangen stets nachsichtige Alice Schwarzer zeigte diesmal Unverständnis: »Mit einem fundierten Interview wäre der Gekränkten allerdings mehr gedient gewesen. Oder der Beschränkung auf drei von 16 Kapiteln: der Zurückweisung der infamen Rotlicht-Gerüchte sowie der Schilderung der dramatischen letzten Monate in Schloss Bellevue aus ihrer Sicht. Zu Recht beklagt Bettina Wulff sich über ihre Entblößung im

Internet und manchen Medien. Nun aber entblößt sie sich selber. Und den Politiker Wulff gleich mit.«[37] Lediglich der Kolumnist Volker Heise hatte Mitleid mit der gedemütigten einstigen First Lady und sah die Hauptschuld bei Gesellschaft und Medien: »Natürlich entschuldigt sich niemand bei Bettina Wulff. Es war ja nur ein Gerücht. Jeder kannte es, viele trugen es weiter, aber niemand konnte es fassen oder dingfest machen oder auf einen Urheber zurückführen. Auch hätte jedes Dementi die üble Nachrede weiter angefeuert. Deshalb sollten sich alle Klatschbasen dieses Landes wenigstens jetzt für einen Augenblick besinnen und es mit einer Entschuldigung versuchen.«[38]

LEHRSTÜCK UND FARCE ▶ Indes ging das Leben für Bettina Wulff weiter: Bereits am 20. Februar 2012 meldete die Presse, Dirk Rossmann, der Geschäftsführer der Rossmann-Drogeriemarktkette, habe seiner einstigen Pressereferentin eine Rückkehr in das Unternehmen angeboten: »Meine Tür steht ihr offen.«[39] Gleichzeitig schränkte er ein: »Sie wird erst mal Zeit brauchen, zu sich selbst zu finden.«[40] Rossmann sollte recht behalten. Nach einer Phase der Besinnung kehrte Bettina Wulff nicht zu ihrem alten Arbeitgeber zurück, sondern nahm eine Stelle als Hospitality-Managerin bei dem Medizintechnikunternehmen Ottobock in Duderstadt an.

Auch privat kam es zu einer Neuorientierung: Am 7. Januar 2013 ließ der Anwalt des Ehepaars verlautbaren, Christian und Bettina Wulff hätten sich einvernehmlich räumlich getrennt. Er bestätigte damit, was die stets und immer noch gut informierte *Bild*-Zeitung bereits zuvor hinausposaunt hatte. Bettina Wulff blieb in dem Haus in Großburgwedel, gemeinsam mit ihren beiden Söhnen. Christian Wulff bezog eine Wohnung in Hannover-Waldhausen.

Die Aufarbeitung der Hintergründe von Aufstieg und Fall Christian Wulffs ist noch nicht zu Ende. Michael Götschenberg hat im Frühjahr 2013 in seinem Buch *Der böse Wulff? Die Geschichte hinter der Geschichte und die Rolle der Medien* den Versuch unternommen, ein erstes Resümee zu ziehen. Er weist eindeutig den Medien eine tendenzielle Absicht zu, in einer beispiellosen Hatz den Bundespräsidenten zu Fall gebracht zu haben. Es

bleibt spannend, wie das noch laufende Verfahren (Informationsstand: Juli 2013) gegen Christian Wulff enden wird.
Schon heute jedoch scheint klar: Christian Wulff und seine Exfrau Bettina werden in der Geschichte der Bundesrepublik Deutschland allenfalls als Marginalie gelten; im besten Fall als ein Lehrstück über Macht und Verführung durch Macht. Ein Lehrstück, das Züge einer Farce trägt.

Daniela Schadt

*1960

Es war der späte Sonntagabend des 19. Februar 2012: Die Zeitungsredakteurin Daniela Schadt hatte das Wochenende gemeinsam mit ihrem Lebensgefährten Joachim Gauck in Wien verbracht. Während er das Flugzeug zurück nach Berlin genommen hatte, saß sie im Zug, um nach Hause, nach Nürnberg zu fahren. Da klingelte ihr Mobiltelefon: Es war eine Kollegin aus der Redaktion der *Nürnberger Zeitung*. Ob sie schon die Neuigkeiten aus Berlin gehört habe? Daniela Schadt verneinte. Joachim Gauck, so die Kollegin, sei soeben von den Parteispitzen von CDU/CSU, FDP, SPD und Grünen zum gemeinsamen Kandidaten für die Wahl des Bundespräsidenten benannt worden. Offensichtlich hatte es in diesem Spitzengespräch eine heftige Kontroverse gegeben: Bundeskanzlerin Angela Merkel hatte sich zunächst gegen Gauck ausgesprochen. Dann jedoch hatte FDP-Chef Philipp Rösler, der Gauck favorisierte, mit dem Bruch der Regierungskoalition gedroht. Die Bundeskanzlerin hatte zähneknirschend einlenken müssen. Joachim Gauck war damit der Kandidat fast aller im Bundestag vertretenen Parteien – von der Partei Die Linke abgesehen.
Daniela Schadt war im ersten Moment sprachlos. Schon einmal war ihr Lebensgefährte, den sie kurz und knapp als »ihren Mann« bezeichnet, bei der Wahl fürs höchste Staatsamt angetreten, am 30. Juni 2010. Damals war er – allerdings erst im dritten Wahlgang – dem Kandidaten von CDU/CSU und FDP Christian Wulff unterlegen, und Daniela Schadt hatte im Nachhinein befreit geäußert: »Als Privatmensch bin ich mehr erleichtert als traurig.«[1]

Nun, nach dem Rücktritt Christian Wulffs, sollte es Joachim Gauck also ein zweites Mal versuchen – und diesmal war an der Wahl überhaupt nicht zu zweifeln. Als Daniela Schadt anderntags, am Montag, dem 20. Februar 2012, in der Redaktion der *Nürnberger Zeitung* erschien, wurde sie von den Kollegen umringt. Die Telefone in der Redaktion standen nicht mehr still. Chefredakteur Raimund Kirch meinte gegenüber der Presse: »Sie ist jetzt völlig aus dem Häuschen. Freudig aus dem Häuschen natürlich.«[2] Sie selbst ließ verlautbaren: »Dass ich innerhalb von nicht einmal zwei Jahren zweimal in der Bundesversammlung sitze und der Bundespräsidentenwahl zuschaue, hätte ich nie zu träumen gewagt.«[3]

Am 18. März war es so weit: In der Bundesversammlung im Berliner Reichstagsgebäude wurde Joachim Gauck im ersten Wahlgang mit 991 von 1 228 gültigen Stimmen zum elften Bundespräsidenten gewählt. Seine Gegenkandidatin für die Partei Die Linke, die deutsch-französische Journalistin Beate Klarsfeld (die einst Bundeskanzler Kurt Georg Kiesinger wegen dessen NS-Vergangenheit geohrfeigt hatte), erhielt lediglich 73 Stimmen.

DIE ERSTE »FIRST FREUNDIN« ❱ Damit war Daniela Schadt First Lady, oder – wie es die Zeitung *Die Welt* bereits tags darauf salopp und treffend zugleich formulierte – die »First Freundin«. Sie selbst zeigte sich für ihre neue Aufgabe sogleich freudig bereit: »Natürlich werde ich Jochen [Joachim Gauck] auf einem Teil seiner Reisen und Termine begleiten, aber wie oft es sein wird, hängt von meinem eigenen ehrenamtlichen Engagement ab, das ich mir aufbauen möchte.«[4] Dabei nahm sie die scheidende First Lady Bettina Wulff und deren Leistung in Schutz: »Ich habe Bettina Wulff als eine ausgesprochen herzliche und liebenswürdige Frau kennengelernt. Das ist für sie bestimmt alles nicht leicht. Ich denke viel und mit guten Gefühlen an sie.«[5]

Diese Äußerung ist typisch für Daniela Schadt. Sie kam ins Bundespräsidialamt als eine Frau mit großem geistigen Horizont und Lebenserfahrung und als ein Mensch mit Bodenhaftung, voller ehrlicher und herzlicher Gefühle. Sie hat sich bis heute ihre Unkompliziertheit und ihre Einfachheit bewahrt (die nicht mit Naivität verwechselt werden darf). Die begeisterte Radfahrerin, die bei Wind und Wetter zum Verlagshaus in der Nürnberger

Marienstraße fuhr, am liebsten in Jeans und Pulli (»das war auch am praktischsten«[6]), gab sich erheitert-gelassen, als sie erfuhr, dass in Zukunft die Hausintendanz von Schloss Bellevue zuständig dafür sei, bei Dienstreisen Koffer zu packen, Wäsche zu bügeln und in Kleidungsfragen zu beraten: »Mir musste erst einmal erklärt werden, was das [die Hausintendanz] ist.«[7] Mit Daniela Schadt zog ein anderer Ton ins Büro der First Lady und ins »Sonderprogramm« (wie das ehemalige »Damenprogramm« heute genannt wird) ein: Anstelle von Glamour wie unter Bettina Wulff trat ein gelöster Stil. Daniela Schadt weiß ebenso wie Bettina Wulff zu bezaubern: Sie ist gescheit, ohne intellektuell zu sein, sie besitzt Humor, lacht gern, weiß sich sicher vor Publikum und Presse zu bewegen – setzt aber all das ohne Kalkül ein. Sie hat ein natürliches Selbstbewusstsein, das weder von großbürgerlicher Herkunft anerzogen noch von außergewöhnlichem Erfolg abzuleiten ist, sondern vielmehr aus einer selbst erarbeiteten Karriere herrührt.

»Ich bin ein Zeitungsmensch« ❱ Geboren wurde Daniela Schadt am 3. Januar 1960 in Hanau als Tochter des Unternehmers Reinhold Schadt und seiner Ehefrau Doris. Nach Daniela kam noch eine weitere Tochter zur Welt. Im Besitz der Familie war die 1927 gegründete Lackfabrik Schadt & Co. KG in Hanau (sie wurde 2003 aufgelöst). Daniela Schadt erinnerte sich später in einem Interview an ein intaktes Leben in der Großfamilie: »Das Grundgefühl meiner Kindheit war die Geborgenheit in einer großen Familie mit Oma, Eltern, Schwester, vielen Onkeln und Tanten, Cousinen und Cousins, die sich sehr nahestanden; wir haben uns ständig gesehen, viel miteinander gefeiert und dabei viel Spaß gehabt. Wie das so ist, lebt die junge Generation inzwischen verstreut über ganz Deutschland, und manche sind sogar im Ausland, aber Kontakt haben wir noch immer, und das erfüllt mich bis heute mit Glück und Dankbarkeit.«[8]

Daniela Schadt besuchte in ihrer Heimatstadt das Karl-Rehbein-Gymnasium, wo sie 1978 das Abitur ablegte. Ihr Deutschlehrer Heinrich Jaskola erinnerte sich an seine ehemalige Schülerin als einer jungen Frau, die »warten kann, sich an der entscheidenden Stelle einzubringen. Ihre Bemerkungen haben es auf den Punkt gebracht.«[9] Die Schülerin spielte einige Jahre lang

begeistert Volleyball bei der Turngemeinde Hanau. Ihr damaliger Trainer Reinhart Schneikart meinte voller Respekt: »Die passte in jede Mannschaft, war immer optimistisch, eine richtige Motivatorin, bloß keine überragende Angreiferin.«[10]
Im nahen Frankfurt am Main studierte Daniela Schadt an der Johann Wolfgang Goethe-Universität Germanistik, Politikwissenschaften und Französische Literaturwissenschaft. 1985 schloss sie das Studium mit dem Magister Artium ab.
Sie betrat die Zeitungsbranche – und blieb darin, wurde eine begeisterte und begeisternde Journalistin und Redakteurin: »Ich wollte Journalistin sein, solange ich denken kann, etwas anderes kam für mich nie in Frage.«[11]
Noch als First Lady betonte sie ihre Liebe zu gedruckten Nachrichten: »Ich bin ein Zeitungsmensch und werde es immer bleiben. Auch im Radio und im Fernsehen gibt es wunderbare und seriöse Berichte, aber sie ›versenden‹ sich leider schnell; eine Zeitungsseite hingegen kann man sich aufheben und bei Bedarf wieder hervorholen, da hat man dann alles Schwarz auf Weiß. Mit dem Internet schließlich kann, was die Masse an Informationen betrifft, sowieso kein Medium mithalten, indes: Was nutzt es mir, bei einem Thema 100 000 ›Treffer‹ oder mehr zu landen, wenn ich nicht davon ausgehen kann, dass die Beiträge auch alle seriös sind? Abgesehen davon finde ich im Netz meist nur, was ich suche. In der Zeitung dagegen finde ich oft, was ich gar nicht gesucht habe, weil ich nicht einmal ahnte, dass es interessant sein könnte.«[12]
Sie stieg im Laufe eines Vierteljahrhunderts auf, nicht als Start-up in einer Branche, die bisweilen an selbsterklärten und selbstverliebten Stars krankt, sondern indem sie mit Geduld und Fleiß ihr Handwerk lernte und dies zuverlässig unter Beweis stellte. Nach einem Praktikum beim *Hanauer Anzeiger* kam sie 1986 als freie Mitarbeiterin zur *Nürnberger Zeitung*. Stadt und Zeitung wurden ihr eine neue Heimat. 1992 wurde sie Redakteurin, später leitende Redakteurin des Ressorts Innenpolitik. Besonders ihr Interesse für die Russlandpolitik und ihre scharfsinnigen, ausgefeilten, bisweilen witzig-ironischen Kommentare verschafften ihr im Laufe der Jahre eine treue Leserschaft, sogar eine Fangemeinde. Von ihrer langjährigen Arbeit bei der Zeitung schwärmt sie noch heute. Auf ihre Karriere angesprochen,

relativierte sie: »Ich habe das nicht ›geschafft‹ im Sinne von angestrebt und dann bekommen. Wie vieles im Leben ist es irgendwann mal so gekommen. Meine Arbeit hat mir immer wahnsinnig Spaß gemacht, ich habe mich hineingekniet, weil ich viele Fragen, mit denen ich mich beschäftigen musste, ohnehin total interessant fand. Wie funktioniert das Zusammenleben von Menschen unterschiedlicher Herkunft, Mentalität und Interessen in einer Gesellschaft, wie die Kooperation oder der Konflikt zwischen Staaten? [...] Ist die Wirklichkeit deckungsgleich mit dem Bild, das wir uns von ihr machen, und wo sind unsere eigenen blinden Flecken? Das wollte ich schon als Jugendliche wissen und habe es genossen, mit einem Bündel Zeitungen auf dem Boden zu sitzen, all diese Informationen in mich aufzusaugen, um dann mit anderen darüber zu diskutieren.«[13]

Sie selbst hat sich vor der Presse stets bedeckt gehalten, ihr Privatleben zu schützen gewusst. Sie unterscheidet zwischen Ereignissen und Personen von öffentlichem Rang und dem Recht auf Privatsphäre – auch bei der eigenen Person. Deswegen sind Interviews mit ihr höchst selten (etwa für »ihre« *Nürnberger Zeitung* oder für die *Frankfurter Allgemeine Sonntagszeitung*), aber auch dann scheidet sie streng zwischen privater und öffentlicher Sphäre, zwischen dem, was Daniela Schadt als Mensch ausmacht, und dem, was sie als First Lady vor der Öffentlichkeit zu sein gewillt ist. Nicht dass sie in ihrem »Amt« eine Rolle spielte, vielmehr erfüllt sie ihre Aufgabe gerade dadurch, dass sie auch darin ganz sie selbst ist. Aber das Private und Persönliche hat unter Verschluss zu bleiben, sobald sie als öffentliche Person Schloss Bellevue betritt oder einen ihrer Besuche und Empfänge absolviert.

VORTRAGSREISENDER IN SACHEN FREIHEIT ❱ Lange glaubte Daniela Schadt, als nichtöffentliche Person gelten zu können – bis zu Joachim Gaucks erster Kandidatur für das Amt des Bundespräsidenten im Jahr 2010. Die beiden blicken bereits auf eine gut zehnjährige Beziehung zurück: Kennengelernt hatten sie sich im Jahre 1999 bei einem Vortrag Joachim Gaucks in Nürnberg. »Das war so interessant«, erinnerte sich Daniela Schadt, »da musste nochmal drüber diskutiert werden.«[14] Gauck war bereits damals eine Berühmtheit – als Pfarrer in der Friedens- und Bürger-

rechtsbewegung der späten DDR, als Beauftragter für die Stasi-Unterlagen (1990–2000), als Vortragsreisender in Sachen Freiheit und Aufarbeitung der DDR-Vergangenheit. Vor kurzem erst nannte Daniela Schadt ihre Beziehung eine »sehr gelungene Ost-West-Verbindung«.[15]
»Freiheit« durchzieht das gesamte Leben und Wirken Joachim Gaucks – als Thema, als Ideal, wofür es zu kämpfen und zu leiden gilt, aber auch als persönliches Schicksal. Geboren wurde Joachim Gauck am 24. Januar 1940 in Rostock. Die Kindheit verbrachte er zum Teil im Haus der Großmutter in Wustrow auf dem Fischland. Im Zweiten Weltkrieg war der Vater Wilhelm Joachim Gauck als Kapitän der Handelsmarine und Oberleutnant zur See im Dienst. Vater und Mutter waren Mitglied der NSDAP. Joachim Gauck war noch zu klein, um den Entzug der Freiheit unter dem Nationalsozialismus zu empfinden. Nach dem Krieg, unter der Sowjetbesatzung und später in der DDR, lernte er die Willkür des kommunistischen Apparats und die Einschränkung von leiblicher und geistiger Freiheit kennen. Der Vater wurde im Juni 1951 verhaftet und wegen »antisowjetischer Hetze« zu fünfundzwanzig Jahren Freiheitsentzug verurteilt. Er wurde nach Sibirien in ein Arbeitslager verschleppt, die Familie wurde lange Zeit in völliger Unkenntnis gelassen. Erst im Oktober 1955 wurde Wilhelm Joachim Gauck infolge der Verhandlungen von Bundeskanzler Konrad Adenauer freigelassen und konnte zu seiner Familie nach Rostock zurückkehren.
Für Joachim Gauck waren die westlichen Gesellschaften Horte der Freiheit. Bereits als Jugendlicher – die Grenzen waren noch offen – besuchte er gern West-Berlin, unternahm Reisen nach Westdeutschland und Frankreich – bis der Mauerbau 1961 dies unmöglich machte. 1959 heiratete Joachim Gauck seine Schulfreundin Gerhild (»Hansi«) Radtke. Aus der Ehe stammen zwei Söhne und zwei Töchter. Joachim Gauck studierte evangelische Theologie und wurde Pastor. Nach der Ordination 1967 war er lange Jahre in Rostock-Evershagen tätig. Seit 1974 wurde er von der Staatssicherheit bespitzelt. In den 1980er Jahren engagierte sich Gauck in der Bürgerrechts- und Friedensbewegung und war zwischen 1982 und 1990 Leiter der Kirchentagsarbeit in Mecklenburg. Zum Kirchentag 1988, der unter dem Motto »Brücken bauen« stattfand, gelang es ihm sogar, den ehemaligen Bundeskanzler Helmut Schmidt als Redner zu gewinnen, der von

der Kanzel der Rostocker Marienkirche herab sprach. Gleichwohl gehörte Gauck nicht zu den ersten und keineswegs zu den führenden Bürgerrechtlern des »Neuen Forums« in der DDR. Eine tiefere politische Bedeutung gewann er erst relativ spät, in der Zeit nach dem Mauerfall und der Wiedervereinigung. Im März 1990 wurde er für das Bündnis 90, zu der das »Neue Forum« gehörte, in die letzte Volkskammer der DDR gewählt. Ende September desselben Jahres wurde er von der Volkskammer zum Sonderbeauftragten für die personenbezogenen Unterlagen des ehemaligen Staatssicherheitsdienstes der DDR gewählt und in dieser Position nach der Wiedervereinigung im Oktober von Bundespräsident Richard von Weizsäcker und Bundeskanzler Helmut Kohl bestätigt. Er übte dieses Amt zehn Jahre lang aus. Seit seinem Ausscheiden im Jahr 2000 war Gauck unter anderem als Vortragsreisender und Publizist, als TV-Moderator einer Talkshow, als Vorsitzender des Vereins »Gegen Vergessen – Für Demokratie«, als Gastprofessor an der medizinischen Universität zu Lübeck, als Mitglied des Verwaltungsrats der europäischen Stelle zur Beobachtung von Rassismus und Fremdenfeindlichkeit in Wien und seit 2007 als Vorsitzender des Unabhängigen Gremiums zur Klärung von Stasi-Fragen des deutschen Olympischen Sportbunds tätig. Er gehört keiner Partei an. 2010 unterlag er bei der Wahl zum Bundespräsidenten dem Kandidaten der CDU/CSU und FDP Christian Wulff.

»WILDE EHE«, MORALAPOSTEL UND DIE MEINUNG DER BÜRGER ›

Joachim Gauck lebt seit 1991 von seiner Frau Gerhild getrennt. Dass dies und seine Beziehung zu Daniela Schadt einmal Gegenstand der öffentlichen Diskussion werden würden, hat er selbst nicht ahnen können. Tatsächlich gab es bereits 2010 bei der Kandidatur für das höchste Amt im Staat eine kurzzeitige öffentliche Diskussion über die »ungeordneten« Lebens- und Eheverhältnisse, die gleichwohl rasch abebbte, als Gauck bei der Wahl unterlag.

Anderthalb Jahre später stand das Thema bereits wieder auf dem Tableau – nicht nur der Regenbogenpresse, sondern auch einiger seriöser Zeitungen – und wurde zudem von mehr oder weniger selbst ernannten Moralwächtern mit nicht immer schönen Kommentaren belegt. Der Präsident

des Zentralkomitees der deutschen Katholiken Alois Glück (CSU) nahm trotz seiner konservativen Grundhaltung Gauck und Schadt in Schutz. In der *Passauer Neuen Presse* meinte Glück: »Herr Gauck benennt seine Lebenssituation offen, das ist zu respektieren.«[16] Bundestagsvizepräsident Wolfgang Thierse war ähnlicher Meinung, relativierte aber: »Ich unterstelle mal, dass er seine Lebenspartnerin auch liebt. Und da bin ich dann wiederum auch konservativ, die Frau, mit der ich zusammenleben und auch weiter zusammenleben will, die kann ich doch auch heiraten.«[17] Anders der CSU-Bundestagsabgeordnete Norbert Geis. Er glaubte, dem künftigen Bundespräsidenten den Rat geben zu müssen, seine Lebensverhältnisse »so schnell als möglich zu ordnen«[18] und zu heiraten. Sicherlich mehr moralisches Gewicht besaß eine Äußerung des Kölner Kardinals Joachim Meisner, der ungeachtet der protestantischen Konfession Gaucks diesen mit dem Selbstverständnis der römisch-katholischen Universalkirche öffentlich maßregelte: »[...] dabei ist er [Joachim Gauck] doch als Präsident dem Grundgesetz verpflichtet, Ehe und Familie zu fördern, weil der Fortbestand unserer Gesellschaft davon abhängt. Das ist kein katholisches Sondergut im Grundgesetz.«[19]
Eine Scheidung Joachim Gaucks scheiterte aber an der Weigerung seiner Ehefrau Gerhild Gauck, die der *Ostsee-Zeitung* zu verstehen gab: »Bisher war das so [eine mögliche Scheidung] nicht abgesprochen. Warum wird das jetzt wichtig?«[20] Die Meinung des Volkes hierzu blieb ohnehin gleichgültig: Einer Forsa-Umfrage für das Magazin *Stern* vom Februar 2012 zufolge äußerten sich 86 Prozent der Befragten, ihnen sei es egal, ob Gauck sich scheiden lasse und sein Lebensgefährtin heirate oder nicht. Das allein schon zeigt, wie überflüssig und absurd die öffentliche Diskussion über die Lebensverhältnisse des künftigen Präsidenten war – und wie lebensfern die Wertvorstellungen einiger Moralhüter.
Daniela Schadt brachte es auf den Punkt, als sie gegenüber der *Bild am Sonntag* sagte: »Nur aus protokollarischen Gründen zu heiraten, das fände ich auch nicht richtig. [...] Nachdem nicht nur Jochen und ich, sondern die ganze Familie mit unserer Regelung gut leben können, kann vielleicht auch der Rest der Gesellschaft damit leben.«[21] Sie konnte. Und Deutschland hatte plötzlich eine »First Freundin«, die sich bald großer Beliebtheit erfreute.

Gleichwohl, schränkte Daniela Schadt mit Augenmaß für die spezifische Staats- und Amtsräson ein, sollte es deswegen ein protokollarisches Problem bei einer Staatsvisite geben, »dann erkenne ich das natürlich an und komme nicht mit«.[22] Es war ein weise gefällter Entschluss, wie sich wenige Monate später herausstellen sollte, als sie im Dezember 2012 ihren Mann nicht auf der Reise in den Vatikan begleitete: Ihre »wilde Ehe« mit Joachim Gauck hätte bei der Begegnung mit Papst Benedikt XVI. zu protokollarischen Unannehmlichkeiten führen können. In jedem Fall freute sie sich auf die neue Aufgabe: »Eine große Portion Anspannung und eine große Portion Neugier halten sich noch die Waage.«[23] Über ihren Lebenspartner meinte sie bereits zwei Jahre vor dessen Amtsantritt: »Das Schöne an Joachim Gauck ist, dass er wirklich mutig ist und dass er nicht flau ist, dass er sehr begeisterungsfähig ist.«[24] Ähnliches könnte man auch über sie sagen.

Ein Karriereverzicht wird zur gesellschaftlichen Debatte)

Bevor Daniela Schadt ihr Büro in Schloss Bellevue beziehen konnte, standen jedoch zwei schwerwiegende Entscheidungen an, die zudem miteinander verknüpft waren: Zum einen die Wahl des künftigen Domizils. Joachim Gauck besitzt eine Wohnung in Berlin-Schöneberg, in der Nähe des Innsbrucker Platzes. Das Paar beabsichtigte dort zu wohnen, doch die Sicherheitsvorkehrungen waren in einem Mehrparteienhaus nur schwer einzuhalten und zudem mit Einschränkungen für die Nachbarn verbunden. Gauck und Schadt sahen das ein und beschlossen, wie auch die Vorgänger im Amt, die Dienstvilla in Berlin-Dahlem zu beziehen. »Wahrscheinlich«, so die künftige First Lady, »macht es Sinn, dass wir die [Dienstvilla] nutzen. Denn für unsere Nachbarn in Schöneberg ist es nicht besonders lustig, dass sie durch die Sicherheitsvorkehrungen nicht mehr vorm Haus parken können.«[25]

Die andere Entscheidung fiel Daniela Schadt weit schwerer – und doch gab es dazu keine Alternative: Sie liebt ihren Journalistenberuf, gehört zu der Generation, für die der Beruf weit mehr ist als nur Sicherung des Lebensunterhalts, sondern Teil der Selbstverwirklichung, der Sinnfindung, der Identifikation. Eine weitere Beschäftigung als Redakteurin der *Nürn-*

berger Zeitung (oder auch eines anderen Blattes) schien indes unmöglich. Erstens, weil es eine räumliche Trennung zum Präsidialamt in Berlin nach sich gezogen hätte und Daniela Schadt deswegen kaum ihren Verpflichtungen als First Lady hätte nachkommen können. Zweitens, weil es zum Konflikt zwischen freier, auch kritischer Berichterstattung und den präsidialen Interessen gekommen wäre. Wenige Wochen vor der Wahl Joachim Gaucks zum Bundespräsidenten ließ Daniela Schadt zwar noch verlauten: »Es gibt keine in der Verfassung vorgesehenen Aufgaben für die First Lady. Man kann das als Partnerin des Staatsoberhaupts also so oder so handhaben.«[26] Die Damen und Herren vom Protokoll sahen das anders. Und auch die First Lady kam rasch zu einer anderen Einsicht: Ihre Arbeit bei der *Nürnberger Zeitung* fortzuführen, »wäre aber von der Sache her kaum möglich. Meine Artikel oder Kommentare wurden bislang alle mir zugerechnet; wenn aber dann immer geguckt wird, ob durch die Zeilen der Bundespräsident durchscheint, wird das nicht mehr gehen.«[27]

Nicht alle Kommentatoren sahen dies als eine persönliche Entscheidung, und nicht alle bewerteten diesen Schritt positiv. Daniela Schadts »Verzicht« auf ein weiteres (bezahltes) Berufsleben wurde von mancher Autorin als Exempel für die Rückschrittlichkeit und das Verhaftetsein in gesellschaftliche Konventionen gegeißelt. Heike Faller ironisierte das im *ZEITmagazin* so: »Stell dir vor, dein Freund wird Bundespräsident, und du musst nach Berlin. Dies ist jetzt einer zweiundfünfzigjährigen Hessin namens Daniela Schadt widerfahren. Ressortleiterin bei der *Nürnberger Zeitung*, einer Frau, die vor zwölf Jahren bei einem Vortrag den braven Behördenleiter Joachim kennengelernt hat und sich nun über Nacht in der Situation wiederfindet, Deutschlands First Lady zu sein. Was wie ein menschenverachtendes neues Reality-Format von Endemol klingt, ist für die heitere Hessin Realität.«[28]

Carmen Böker von der *Berliner Zeitung* stellte die grundsätzliche Frage, ob ein Bundespräsident denn unbedingt eine Frau an seiner Seite haben müsse und das für sein Amt von Relevanz sei: »Dabei ginge es doch noch um einiges avantgardistischer, zumindest bezogen auf das Amt des Bundespräsidenten: dass er gar keine Herzensdame zur Verfügung hat, die ihn beim Begrüßen und Verabschieden in netter Form unterstützt, dass er geschieden oder verwitwet ist, ledig oder beziehungsunlustig. Wäre er dann weniger qualifiziert für sein Amt? Wohl kaum. Aber solange sich die Frau an seiner Seite ins Protokoll zwingen lässt, muss kein Umdenken stattfinden.«[29] Weniger von der heiteren Seite nahm das Antje Sirleschtov vom *Tagesspiegel:* Sie unterstellte Joachim Gauck eine patriarchalische Macho-Ader und drängte Daniela Schadt in eine Opferrolle: »Gauck hat sich allerdings dazu entschieden, das höchste Staatsamt in der Republik zu übernehmen. Und er hat bereits vor zwei Jahren deutlich zu erkennen gegeben, dass er nicht vorhat, diesem repräsentativen Amt nur sein eigenes Leben zu widmen, sondern auch das seiner Lebensgefährtin. Er hätte durchaus allein ins Schloss Bellevue kommen können. Doch für ihn stand fest, Daniela soll First Lady werden. ›Sie würde sich freuen, in diesem Fall an meiner Seite zu stehen und alles, was das Amt braucht, als Begleiterin auch zu leisten.‹ Das hat der Kandidat 2010 über sein Verständnis der künftigen Rolle seiner Lebensgefährtin gesagt. Wobei man sich schon damals über den Tonfall und Duktus gewundert hat, in dem der Freiheitsdenker Gauck über Daniela Schadt gesprochen, oder sollte man besser sagen: über sie hinweg gesprochen hat.

Frau Schadt nämlich ist heute zweiundfünfzig Jahre alt, eine moderne, selbständige Frau, die sich zeitlebens, wie man so schön sagt, durch eigener Hände Arbeit ernährt hat. Und die, um an seiner Seite stehen zu können, ihr berufliches Leben, ihre wirtschaftliche Eigenständigkeit und auch ihr persönliches Umfeld im tiefen Süden Deutschlands aufgeben muss. Man muss weder Feministin noch katholischer Priester sein, um darin Anlass für vielerlei Debatten zu sehen. Ob es angeht, dass ein verheirateter Joachim Gauck mit seiner Lebensgefährtin nach Berlin zieht, ist dabei wohl die am wenigsten drängendste.

Naheliegender wäre es, zum Beispiel den Blick auf Frau Schadt und ihr ›Amt‹ zu lenken. Ein Amt, das in der Vorstellungswelt der Deutschen zwar viele repräsentative Aufgaben vorsieht, das seine Amtsinhaberin allerdings zur unbezahlten Staatsdienerin macht. Schließlich bekommt nur ›er‹ das Geld für den hohen Job. ›Sie‹ soll zwar neben ihm stehen (was den zeitlichen Aufwand des Jobs der First Lady nur sehr verkürzt wiedergibt), hat aber lediglich die Wahl, das aus Liebe und/oder Pflichtgefühl zu tun.«[30]

Die Kommentatorin mag in der Tendenz recht haben, was ihre kritische

Anmerkung zum unbezahlten »Job« der First Lady anbelangt. Gleichzeitig übersieht sie jedoch, dass das »Amt« der First Lady gerade in einer Gesellschaft, in der viele und vieles über Geld und Besitz definiert und bewertet werden, ein angenehmes und nötiges Pendant zum ökonomischen und monetären Prinzip darstellt. Gerade das ehrenamtliche Engagement war seit Elly Heuss-Knapp das zentrale Anliegen der First Ladys (mehr noch als die repräsentativen Pflichten). Und nicht nur das eigene soziale Engagement sollte vorbildlich wirken, sondern auch die ideelle Stärkung von Initiativen, Vereinen, Organisationen und Einzelpersonen, die sich unentgeltlich für das Gemeinwohl einsetzen.

Vorwürfe aus der feministischen Ecke hat Daniela Schadt recht pragmatisch relativiert: »Es ist kein Modell, das ich zur allgemeinen Nachahmung empfehle. Ein eigenständiges Leben ist schon sehr schön. Zu sagen, ich ziehe dem Partner hinterher, gebe alles auf, strecke die Füße von mir und behaupte, es wird schon – dafür muss es sehr gute Gründe geben. Aber bei mir war eine eigenartige, sehr spezielle Situation. Seien wir mal realistisch: ich hätte doch nicht weiter bei der *Nürnberger Zeitung* sitzen und am Wochenende nach Berlin fahren können. Oder wenn ich mir hier etwas gesucht hätte: Jeder Kommentar von mir wäre doch irgendwie dem Bundespräsidenten zugerechnet worden. [...] So blauäugig, das zu ignorieren, kann man nicht sein.«[31]

»KEINE GROSSEN UMSTÜRZE« ❱ Genau in diesem Sinne wirkt Daniela Schadt, seit sie ihr Büro in Schloss Bellevue bezogen hat. Ihr ist wichtig, die Bedeutung ehrenamtlichen Engagements für das Funktionieren unserer Gesellschaft hervorzuheben – auch durch das eigene Vorbild: »Auch diese Erfahrung [eine Charity-Lady zu sein] ist neu für mich, und sie ist schön, denn sie relativiert das Bild von einer Ellenbogengesellschaft, in der sehr viele Menschen nur an ihren Vorteil denken. Die Schirmherrschaften, die Besuche, aber auch die vielen Briefe, die hier ankommen: Überall in der Republik setzen ungezählte Frauen und Männer ihre Zeit und ihre Kraft ein, um Probleme anzugehen – das ist schon bewegend!«[32]

Sie selbst ging und geht mit gutem Beispiel voran: Wie alle ihre Vorgängerinnen übernahm sie die Schirmherrschaften über das Müttergenesungs-

werk und das Deutsche Komitee der UNICEF. Das Engagement Berliner Schüler bei der von UNICEF gesponserten Aktion »Wasser wirkt« wurde von Daniela Schadt mit den Worten gelobt: »Da können sich manche Großen eine ordentliche Scheibe von abschneiden.«[33]
Hinzu kamen die Schirmherrschaften über die Deutsche Kinder- und Jugendstiftung, über den Verein Special Olympics Deutschland und das Patronat über den Windsbacher Knabenchor. Weitere Akzente ihres Engagements sind die temporären Schirmherrschaften über den German Paralympic Media Award der Deutschen Gesetzlichen Unfallversicherung (Dezember 2012), über die Kinderklassikgala des Zukunft Konzerthaus e.V. (Dezember 2012) und über das Internationale UN-Women-Symposium »Hinter verschlossenen Türen – Gewalt hat viele Gesichter« (November 2012). Auch für andere Veranstaltungen engagiert sich Daniela Schadt immer wieder. Sie wählt genau aus, um zu vermeiden, dass ihr Einsatz beliebig wirkt. Sie sieht sich in der Tradition ihrer Vorgängerinnen und will doch auch eigene Wege gehen. »Es gibt ja schon sehr schöne und sinnvolle Projekte, die von Frau Wulff und ihren Vorgängerinnen wahrgenommen wurden. Ich werde womöglich ein paar neue Akzente setzen, aber keine großen Umstürze planen«,[34] sagte sie bereits vor Beginn ihrer »Amtszeit«.
Ihre Neugier, die sie als Journalistin geprägt hat, ist ihr bei ihrer Arbeit in Schloss Bellevue von Vorteil. Sie hat die veränderte Perspektive auf die Gesellschaft lieb gewonnen: »Ich bin nicht mehr in der Rolle der Kommentatorin, die politische Prozesse und Entscheidungen bewertet, ich gehe hin und unterhalte mich mit den Leuten. [...] Die Wahrheit ist konkret, hieß es zu meiner Zeit, und das ist tatsächlich so. Man macht sich deshalb kein völlig anderes Bild von der Welt. Aber man kriegt einen anderen Zugang.«[35] Gegenüber dem Magazin *Der Spiegel* formulierte sie es etwas salopper: »Wer sagt, der 30. Kommentar zur Pflegereform sei spannender als das, was ich jetzt mache, der hat einen an der Waffel. – Oder wie sagt man das jetzt diplomatisch?«[36]
Die Arbeit ihres Mannes unterstützt Daniela Schadt, wo sie kann – wenngleich sie sich bei offiziellen Anlässen keineswegs so in den Mittelpunkt stellt wie einst Wilhelmine Lübke. Das macht die neue First Lady auch so

sympathisch und authentisch. Sie begleitete ihn bereits auf einigen seiner Reisen im In- und Ausland und absolvierte dabei nicht nur »Sonderprogramme«. Umgekehrt machte und macht sie ihn als Journalistin auf die öffentliche Wirkung seiner Reden und gesprochenen Worte aufmerksam. Freilich gilt auch im Austausch mit ihrem Mann, dem Bundespräsidenten, dass die First Lady kein Mandat hat, um offiziell Einfluss auf die Politik zu nehmen. Das hat Daniela Schadt in einem Interview selbst – lachend – betont: »Ich denke, das ist in einer Beziehung normal, dass man über die Dinge redet, die einen gerade beschäftigen. Aber es ist nicht so, dass ich souffliere, was der Bundespräsident zu sagen und zu tun hat. Das sind ganz normale Debatten, und zu meinem großen Leidwesen kann ich ihn nicht in jedem Fall überzeugen.«[37]

Als Höhepunkt ihrer bisherigen Position als First Lady bezeichnete sie die Reisen nach Israel (28.-30. Mai 2012) und Afghanistan (17.-19. Dezember 2012), wo das Paar ein Lager der Bundeswehr besuchte. »Ich war«, sagte sie in einem Interview, »noch nie in einem Bundeswehr-Lager, habe noch nie mit Soldatinnen und Soldaten direkt an ihrem Einsatzort gesprochen. Außerdem war es eine große Freude, afghanische Abgeordnete und Vertreterinnen der Zivilgesellschaft zu treffen – sehr mutige, engagierte und selbstbewusste Frauen. Eine von ihnen berichtete zum Beispiel, wie sie sich in einer öffentlichen Diskussionsrunde von zwei Taliban eingerahmt sah, denen sie entschieden Paroli bot. Natürlich ist das nicht der Alltag in Afghanistan. Aber es ist ein Zipfel Wirklichkeit, von dem man hierzulande fast nichts weiß.«[38]

VOLKSWAGEN, NICHT FERRARI ❱ Äußerlich gilt Daniela Schadt als Pendant zu ihrer Vorgängerin Bettina Wulff (über die sie immer nur warmherzig und voller Achtung spricht): Sie hat nichts Glamouröses, dennoch gehen bei öffentlichen Auftritten von ihr sehr viel Charme und Selbstsicherheit aus. Ihre Kleidung ist gediegen und modern, jedoch weniger extravagant als die Haute Couture ihrer Vorgängerin. In der Zeitung *Die Welt* befasste sich die Styling-Expertin Inga Griese mit dem Outfit der neuen First Lady. Sie brachte es auf die prägnante Formel: »Modisch macht die Journalistin [Daniela Schadt] alles richtig. Wir Deutschen sind VW und

Mercedes, nicht Ferrari und nicht Maserati.«[39] Weiter philosophiert die Kommentatorin: »[...] die zweiundfünfzigährige strahlt eine beruhigende Stilsicherheit aus. [...] Ich glaube, Frau Schadt beruhigt uns. Sie macht was Gutes aus sich. Ohne zu provozieren. Sie ist intelligent und authentisch. So mögen wir Deutschen sein, die Sehnsucht, vielleicht doch noch etwas von den Dichtern und Denkern in uns zu tragen ist, aller Castingshows zum Trotz (oder gerade wegen), groß.«[40] Daniela Schadt weiß sich zu bewegen, ist sicher in Stil, Konversation und Auftritt. Selbst kleine Pannen wie die, als sie am 9. Juli 2012 beim Staatsbesuch von Fürst Albert von Monaco und seiner Frau Charlène der Fürstin kurz auf die Schleppe trat, nimmt sie mit heiterer Gelassenheit: »[...] so dramatisch war das gar nicht: Ein kurzes ›uups‹, und dann haben wir beide gelacht. Allerdings fand das Ganze vor einer Phalanx von Pressefotografen statt. Aber wenn ich ehrlich bin: Als Redakteurin hätte ich das Bild wohl auch in die Zeitung gebracht.«[41]

Man merkt Daniela Schadt an, mit wie viel unverkrampfter, natürlicher Freude sie bei der Sache ist, obwohl oder gerade weil sie ihre Tätigkeit in gesundem Maß relativiert: »Es ist nicht so, dass man in meiner Funktion unentwegt Schwerstarbeit vollbringt. Aber an das Ungeregelte muss man sich schon gewöhnen. Es gibt Tage ganz ohne Termine. Es gibt Tage, da stehe ich um 6 Uhr auf und komme um 22 Uhr zurück [...]. Die Arbeit ist zerklüftet [...]. Ironisch gesagt: Weil es für meine Rolle keine Vorschriften gibt, könnte ich theoretisch auch beschließen, dass ich jetzt fünf Jahre zu Hause auf dem Sofa sitze, mir die Nägel poliere und Casting-Shows gucke.«[42]

Nach ihrem Lebensmotto gefragt, zitiert sie die Worte, die der neu gewählte Papst Johannes Paul II. am 16. Oktober 1978 den Menschen auf dem Petersplatz zurief: »Habt keine Angst!«[43] Oder, in ihren eigenen Worten gesagt: »Aber wenn wir uns am Ohr ziehen und alle unsere Arbeit machen, dann wird das schon.«[44]

Anhang

Anmerkungen

Elly Heuss-Knapp

[1] Elly Heuss-Knapp, Bericht für die Freunde, Bad Godesberg, 24.10.1949. In: Elly Heuss-Knapp: Bürgerin zweier Welten. Ein Leben in Briefen und Aufzeichnungen. Hg. von Margarethe Vater. Tübingen 1961, S. 334 f.
[2] Elly Heuss-Knapp: Ausblick vom Münsterturm. Stuttgart und Leipzig 2008, S. 9.
[3] Elly Heuss-Knapp: Ausblick vom Münsterturm, Stuttgart und Leipzig 2008, S. 19
[4] Elly Heuss-Knapp: Ausblick vom Münsterturm. Stuttgart und Leipzig 2008, S. 19.
[5] Elly Heuss-Knapp: Ausblick vom Münsterturm. Stuttgart und Leipzig 2008, S. 14.
[6] Elly Heuss-Knapp: Ausblick vom Münsterturm. Stuttgart und Leipzig 2008, S. 18.
[7] Elly Heuss-Knapp: Ausblick vom Münsterturm. Stuttgart und Leipzig 2008, S. 71.
[8] Elly Heuss-Knapp: Ausblick vom Münsterturm. Stuttgart und Leipzig 2008, S. 38.
[9] Elly Heuss-Knapp: Ausblick vom Münsterturm. Stuttgart und Leipzig 2008, S. 77.
[10] Elly Heuss-Knapp: Ausblick vom Münsterturm. Stuttgart und Leipzig 2008, S. 77 f.
[11] Elly Heuss-Knapp: Ausblick vom Münsterturm. Stuttgart und Leipzig 2008, S. 79.
[12] Elly Heuss-Knapp: Ausblick vom Münsterturm. Stuttgart und Leipzig 2008, S. 85.
[13] Elly Heuss-Knapp: Ausblick vom Münsterturm. Stuttgart und Leipzig 2008, S. 87.
[14] Brief Elly Knapps an Theodor Heuss, Straßburg, 3.7.1906. In: Elly Heuss-Knapp: Bürgerin zweier Welten. Tübingen 1961, S. 68.
[15] Gesammelt in: Elly Heuss-Knapp: Rat und Tat. Nachklang eines Lebens. Hg. von Friedrich Kaufmann. Tübingen 1964.
[16] Elly Heuss-Knapp: Ausblick vom Münsterturm. Stuttgart und Leipzig 2008, S. 94.
[17] Elly Heuss-Knapp: Ausblick vom Münsterturm. Stuttgart und Leipzig 2008, S. 89.
[18] Elly Heuss-Knapp: Ausblick vom Münsterturm. Stuttgart und Leipzig 2008, S. 89 f.
[19] Elly Heuss-Knapp: Ausblick vom Münsterturm. Stuttgart und Leipzig 2008, S. 97 f.
[20] Elly Heuss-Knapp: Ausblick vom Münsterturm. Stuttgart und Leipzig 2008, S. 101.
[21] Zit. nach: Elly Heuss-Knapp: Bürgerin zweier Welten. Tübingen 1961, S. 169.
[22] Brief Elly Heuss' an Theodor Heuss, Berlin-Friedenau, 12.1.1919. In: Elly Heuss-Knapp: Bürgerin zweier Welten. Tübingen 1961, S. 171 f.
[23] Brief Elly Heuss' an Theodor Heuss, Berlin-Friedenau, 12.1.1919. In: Elly Heuss-Knapp: Bürgerin zweier Welten. Tübingen 1961, S. 171.
[24] Elly Heuss-Knapp: Ausblick vom Münsterturm. Stuttgart und Leipzig 2008, S. 126.

[25] Elly Heuss-Knapp: Ausblick vom Münsterturm. Stuttgart und Leipzig 2008, S. 154.
[26] Elly Heuss-Knapp: Ausblick vom Münsterturm. Stuttgart und Leipzig 2008, S. 167.
[27] Brief Elly Heuss' an Gertrud Stettiner-Fuhrmann, 4.12.1931. In: Elly Heuss-Knapp: Bürgerin zweier Welten. Tübingen 1961, S. 208.
[28] Brief Elly Heuss' an Gertrud Stettiner-Fuhrmann, Berlin-Lichterfelde, 13.2.1932. In: Elly Heuss-Knapp: Bürgerin zweier Welten. Tübingen 1961, S. 211.
[29] Brief Elly Heuss' an Theodor Heuss, Berlin-Lichterfelde, 6.4.1932. In: Elly Heuss-Knapp: Bürgerin zweier Welten. Tübingen 1961, S. 211 f.
[30] Brief Elly Heuss' an Gertrud Stettiner-Fuhrmann, Berlin-Lichterfelde, 2.2.1933. In: Elly Heuss-Knapp: Bürgerin zweier Welten. Tübingen 1961, S. 215.
[31] Brief Elly Heuss' an Gertrud Stettiner-Fuhrmann, Berlin-Lichterfelde, 6.9.1933. In: Elly Heuss-Knapp: Bürgerin zweier Welten. Tübingen 1961, S. 232.
[32] Brief Elly Heuss' an Gertrud Stettiner-Fuhrmann, Berlin-Lichterfelde, 6.9.1933. In: Elly Heuss-Knapp: Bürgerin zweier Welten. Tübingen 1961, S. 232.
[33] Zit. nach: Brief Elly Heuss' an Ernst Ludwig Heuss, Berlin-Lichterfelde, 20.9.1933. In: Elly Heuss-Knapp: Bürgerin zweier Welten. Tübingen 1961, S. 233.
[34] Nach Hans-Heinrich Welchert: Theodor Heuss. Frankfurt/M. und Bonn 1959, S. 108.
[35] Brief Elly Heuss' an Ernst Ludwig Heuss, Heidelberg, 20.3.1944. In: Elly Heuss-Knapp: Bürgerin zweier Welten. Tübingen 1961, S. 289.
[36] Brief Elly Heuss' an Margarethe Vater, Heidelberg, 17.9.1944. In: Elly Heuss-Knapp: Bürgerin zweier Welten. Tübingen 1961, S. 289.
[37] Brief Elly Heuss' an Ernst Ludwig Heuss, Heidelberg, 18.12.1944. In: Elly Heuss-Knapp: Bürgerin zweier Welten. Tübingen 1961, S. 292.
[38] Brief Elly Heuss' an die Freunde, Stuttgart-Degerloch, 21.11.1945. In: Elly Heuss-Knapp: Bürgerin zweier Welten. Tübingen 1961, S. 301.
[39] Brief Elly Heuss' an die Freunde, Stuttgart-Degerloch, 21.11.1945. In: Elly Heuss-Knapp: Bürgerin zweier Welten. Tübingen 1961, S. 301.
[40] Brief Elly Heuss' an die Freunde, Stuttgart-Degerloch, 21.11.1945. In: Elly Heuss-Knapp: Bürgerin zweier Welten. Tübingen 1961, S. 302.
[41] Brief Elly Heuss' an Toni Stolper, Stuttgart-Degerloch, 9.3.1947. In: Elly Heuss-Knapp: Bürgerin zweier Welten. Tübingen 1961, S. 319.
[42] Brief Elly Heuss' an Getrud Stettiner-Fuhrmann, Stuttgart-Degerloch, 25.7.1949. In: Elly Heuss-Knapp: Bürgerin zweier Welten. Tübingen 1961, S. 334.

[43] Brief Elly Heuss' an die Freunde, Bonn, 2.3.1951. In: Elly Heuss-Knapp: Bürgerin zweier Welten. Tübingen 1961, S. 343 ff.
[44] Brief Elly Heuss' an Toni Stolper, Badenweiler, 14.2.1950. In: Elly Heuss-Knapp: Bürgerin zweier Welten. Tübingen 1961, S. 337 f.
[45] Aus dem Vermächtnis von Elly Heuss-Knapp an das Deutsche Müttergenesungswerk, Bonn, 29.5.1952. In: Elly Heuss-Knapp: Bürgerin zweier Welten. Tübingen 1961, S. 351 f.
[46] Brief Rudolf Alexander Schröders an Theodor Heuss, 1952. In: Elly Heuss-Knapp: Bürgerin zweier Welten. Tübingen 1961, S. 355 f.

WILHELMINE LÜBKE

[1] Zitiert nach: Günter Scholz, Martin E. Süskind: Die Bundespräsidenten. Von Theodor Heuss bis Johannes Rau. Stuttgart und München 2003, S. 177.
[2] Zitiert nach: Günter Scholz, Martin E. Süskind: Die Bundespräsidenten. Von Theodor Heuss bis Johannes Rau. Stuttgart und München 2003, S. 177.
[3] Zitiert nach: Günter Scholz, Martin E. Süskind: Die Bundespräsidenten. Von Theodor Heuss bis Johannes Rau. Stuttgart und München 2003, S. 164.
[4] Zitiert nach: Ursula Salentin: Sieben Wege in die Präsidentenvilla. Freiburg i. B. 1995, S. 55.
[5] Zitiert nach: Günter Scholz, Martin E. Süskind: Die Bundespräsidenten. Von Theodor Heuss bis Johannes Rau. Stuttgart und München 2003, S. 161.
[6] Zitiert nach: Dieter Zimmer (Hg.): Deutschlands First Ladies. Stuttgart 1998, S. 64.
[7] Zitiert nach: Ursula Salentin: Sieben Wege in die Präsidentenvilla. Freiburg i. B. 1995, S. 57.
[8] Zitiert nach: Günter Scholz, Martin E. Süskind: Die Bundespräsidenten. Von Theodor Heuss bis Johannes Rau. Stuttgart und München 2003, S. 166.
[9] Zitiert nach: Günter Scholz, Martin E. Süskind: Die Bundespräsidenten. Von Theodor Heuss bis Johannes Rau. Stuttgart und München 2003, S. 167.
[10] Walter Henkels: Die neue Landesmutter Wilhelmine Lübke. In: Ruhr-Nachrichten, 11.7.1959.
[11] Angelika Grunenberg: Von Kind an auf dem ersten Platz. In: Frankfurter Allgemeine Zeitung, 10.5.1975.
[12] Hier und im Folgenden zitiert nach: Wilhelminisches, In: Der Spiegel, 7.10.1959.

[13] Hier und im Folgenden zitiert nach: Wilhelmine Lübke. Aktenzeichen 8 Js. In: Der Spiegel, 2.12.1968.
[14] Zitiert nach: »Wie man eine Kröte zertritt«. In: Der Spiegel, 2.12.1968.
[15] Zitiert nach: Ingelore M. Winter: Ihre bürgerliche Hoheit. Hamburg und Düsseldorf 1971, S. 126.
[16] Zitiert nach dem Artikel »Wilhelmine Lübke«. In: Wikipedia.
[17] Zitiert nach: Rudolf Morsey: Heinrich Lübke. Eine politische Biographie. Paderborn 1996, S. 416.
[18] Zitiert nach: Hubert Georg Quarta: Heinrich Lübke. Buxheim 1978, S. 218.
[19] Carlo Schmid: Erinnerungen. München 1979, S. 675.
[20] Maria Helene Lammers: »Eine große Frau und ein Phänomen«. In: Bayern-Kurier, 10.5.1975.

HILDA HEINEMANN

[1] Zitiert nach: Ruth Bahn-Flessburg: Leidenschaft mit Augenmaß. Fünf Jahre mit Hilda und Gustav Heinemann. München 1984, S. 68.
[2] Ruth Bahn-Flessburg: Leidenschaft mit Augenmaß. Fünf Jahre mit Hilda und Gustav Heinemann. München 1984, S. 64.
[3] Hermann Vinke: Gustav Heinemann. Hamburg 1979, S. 39 f.
[4] Zitiert nach: Günther Scholz, Martin E. Süskind: Die Bundespräsidenten. Von Theodor Heuss bis Johannes Rau. Stuttgart und München 2003, S. 198.
[5] Zitiert nach: Hermann Schreiber: Nichts anstelle vom lieben Gott. In: Der Spiegel, 3.1.1969.
[61] Zitiert nach: Günther Scholz, Martin E. Süskind: Die Bundespräsidenten. Von Theodor Heuss bis Johannes Rau. Stuttgart und München 2003, S. 198.
[7] Zitiert nach: Hermann Schreiber: Nichts anstelle vom lieben Gott. In: Der Spiegel, 3.1.1969.
[8] Zitiert nach: Ursula Salentin: Sieben Wege in die Präsidentenvilla. Von Elly Heuss bis Christiane Herzog. Freiburg i. B. 1995, S. 85.
[9] Zitiert nach: Ruth Bahn-Flessburg: Leidenschaft mit Augenmaß. Fünf Jahre mit Hilda und Gustav Heinemann. München 1984, S. 24.
[10] Zitiert nach: Ruth Bahn-Flessburg: Leidenschaft mit Augenmaß. Fünf Jahre mit Hilda und Gustav Heinemann. München 1984, S. 25.

11 Joachim Braun: Der unbequeme Präsident. Karlsruhe 1972, S. 109 f.
12 Zitiert nach: Günther Scholz, Martin E. Süskind: Die Bundespräsidenten. Von Theodor Heuss bis Johannes Rau. Stuttgart und München 2003, S. 203.
13 Zitiert nach: Uta Ranke-Heinemann: Der BDM-Keller im Hause meines Vaters Meine Jugenderinnerungen an die Hitlerzeit. In: Alfred Neven DuMont (Hg.): Jahrgang 1926/27. Erinnerungen an die Jahre unter dem Hakenkreuz. Köln 2007, S. 95 ff.
14 Zitiert nach: Uta Ranke-Heinemann: Der BDM-Keller im Hause meines Vaters Meine Jugenderinnerungen an die Hitlerzeit. In: Alfred Neven DuMont (Hg.): Jahrgang 1926/27. Erinnerungen an die Jahre unter dem Hakenkreuz. Köln 2007, S. 95 ff.
15 Zitiert nach: Uta Ranke-Heinemann: Der BDM-Keller im Hause meines Vaters. Meine Jugenderinnerungen an die Hitlerzeit. In: Alfred Neven DuMont (Hg.): Jahrgang 1926/27. Erinnerungen an die Jahre unter dem Hakenkreuz. Köln 2007, S. 95 ff.
16 Zitiert nach: Günther Scholz, Martin E. Süskind: Die Bundespräsidenten. Von Theodor Heuss bis Johannes Rau. Stuttgart und München 2003, S. 207.
17 Zitiert nach: Günther Scholz, Martin E. Süskind: Die Bundespräsidenten. Von Theodor Heuss bis Johannes Rau. Stuttgart und München 2003, S. 235.
18 Ruth Bahn-Flessburg: Leidenschaft mit Augenmaß. Fünf Jahre mit Hilda und Gustav Heinemann. München 1984, S. 58 f.
19 Ruth Bahn-Flessburg: Leidenschaft mit Augenmaß. Fünf Jahre mit Hilda und Gustav Heinemann. München 1984, S. 63.
20 Zitiert nach: Ruth Bahn-Flessburg: Leidenschaft mit Augenmaß. Fünf Jahre mit Hilda und Gustav Heinemann. München 1984, S. 103.
21 Zitiert nach: Ruth Bahn-Flessburg: Leidenschaft mit Augenmaß. Fünf Jahre mit Hilda und Gustav Heinemann. München 1984, S. 65.
22 Zitiert nach: Ruth Bahn-Flessburg: Leidenschaft mit Augenmaß. Fünf Jahre mit Hilda und Gustav Heinemann. München 1984, S. 65.
23 Zitiert nach: Günther Scholz, Martin E. Süskind: Die Bundespräsidenten. Von Theodor Heuss bis Johannes Rau. Stuttgart und München 2003, S. 244.
24 Zitiert nach: Ruth Bahn-Flessburg: Leidenschaft mit Augenmaß. Fünf Jahre mit Hilda und Gustav Heinemann. München 1984, S. 273.

MILDRED SCHEEL

1. Zitiert nach: Kandidat Scheel: »Man darf nie aufhören«. In: Der Spiegel, 24.12.1973.
2. Zitiert nach: Mildred Scheel: »Meine fünf Jahre in der Villa Hammerschmidt«. In: Bild am Sonntag, 8.7.1979.
3. Zitiert nach: Dieter Zimmer (Hg.): Deutschlands First Ladies. Die Frauen der Bundespräsidenten und Bundeskanzler von 1949 bis heute. Stuttgart 1998, S. 187.
4. Zitiert nach: Hermann Schreiber: »Tee macht mich munter«. In: Der Spiegel, 30.6.1969.
5. Zitiert nach: Günter Scholz, Martin E. Süskind: Die Bundespräsidenten. Von Theodor Heuss bis Johannes Rau. Stuttgart und München 2003, S. 253.
6. Zitiert nach: Dieter Zimmer (Hg.): Deutschlands First Ladies. Stuttgart 1998, S. 180 f.
7. Hermann Schreiber: »Tee macht mich munter«. In: Der Spiegel, 30.6.1969.
8. Zitiert nach: »Aalt sich«. In: Der Spiegel, 28.9.1970.
9. Kandidat Scheel: »Man darf nie aufhören«. In: Der Spiegel. 24.12.1973.
10. Hans-Roderich Schneider: Walter Scheel. Stuttgart 1974, S. 140.
11. Mildred Scheel: »Meine fünf Jahre in der Villa Hammerschmidt«. In: Bild am Sonntag, 8.7.1979.
12. Zitiert nach: »Grobes Geschütz«. In: Der Spiegel, 21.1.1980.
13. »Kollegiale Schelte für Mildred Scheel«. In: Deutsches Ärzteblatt, Heft 2, 10.1.1980.
14. Zitiert nach: »Die Abtasterei allein reicht nicht aus«. In: Der Spiegel, 11.11.1974.
15. Zitiert nach: »Leider Gottes noch kein Durchbruch«. In: Der Spiegel, 9.10.1978.
16. Zitiert nach: »Leider Gottes noch kein Durchbruch«. In: Der Spiegel, 9.10.1978.
17. Zitiert nach: Nachruf »Mildred Scheel«. In: Der Spiegel, 20.5.1985.
18. Zitiert nach: Nachruf »Mildred Scheel«. In: Der Spiegel, 20.5.1985.
19. Zitiert nach: Dieter Zimmer (Hg.): Deutschlands First Ladies. Die Frauen der Bundespräsidenten und Bundeskanzler von 1949 bis heute. Stuttgart 1998, S. 199.

VERONICA CARSTENS

1. Zitiert nach: »Nachruf auf Dr. Veronica Carstens«. www.carstens-stiftung.de
2. In: Quick, 6.6.1979.
3. Jürgen Leinemann: »Ja, mein Gott, dann muß ich wohl«. In: Der Spiegel, 21.5.1979.

⁴ Zitiert nach: Günther Scholz, Martin E. Süskind: Die Bundespräsidenten. Von Theodor Heuss bis Johannes Rau. Stuttgart und München 2003, S. 305.
⁵ Zitiert nach: Personalien. Veronica Carstens. In: Der Spiegel, 7.3.1983.
⁶ Zitiert nach: Günther Scholz, Martin E. Süskind: Die Bundespräsidenten. Von Theodor Heuss bis Johannes Rau. Stuttgart und München 2003, S. 312.
⁷ Zitiert nach: Günther Scholz, Martin E. Süskind: Die Bundespräsidenten. Von Theodor Heuss bis Johannes Rau. Stuttgart und München 2003, S. 312.
⁸ Zitiert nach: »Die Grande Dame der Naturheilkunde und Homöopathie. Geburt einer Idee«. www.carstens-stiftung.de
⁹ Zitiert nach: www.carstens-stiftung.de
¹⁰ Vgl. hierzu: www.carstens-stiftung.de
¹¹ Zitiert nach: »Die Grande Dame der Naturheilkunde und Homöopathie. Geburt einer Idee«. www.carstens-stiftung.de
¹² Zitiert nach: »Die Grande Dame der Naturheilkunde und Homöopathie. Geburt einer Idee«. www.carstens-stiftung.de
¹³ »Bonner nehmen Abschied von Veronica Carstens«. In: General-Anzeiger Bonn, 3.2.2012.
¹⁴ »Noch einmal nehmen Hunderte Abschied von Veronica Carstens«. In: General-Anzeiger Bonn, 13.2.2012.
¹⁵ Veronica Carstens: Dein Ziel wird dich finden. Rheinbach 2003, S. 176 f.

MARIANNE VON WEIZSÄCKER

¹ Friedbert Pflüger: Richard von Weizsäcker. Ein Portrait aus der Nähe. Stuttgart 1990, S. 456 f.
² Zitiert nach: Friedbert Pflüger: Richard von Weizsäcker. Ein Portrait aus der Nähe. Stuttgart 1990, S. 457.
³ Friedbert Pflüger: Richard von Weizsäcker. Ein Portrait aus der Nähe. Stuttgart 1990, S. 457.
⁴ Friedbert Pflüger: Richard von Weizsäcker. Ein Portrait aus der Nähe. Stuttgart 1990, S. 457 f.
⁵ Zitiert nach: Friedbert Pflüger: Richard von Weizsäcker. Ein Portrait aus der Nähe. Stuttgart 1990, S. 458.
⁶ Richard von Weizsäcker: Vier Zeiten. Erinnerungen. Berlin 1997, S. 356 ff.

[7] Zitiert nach: Ursula Salentin: Sieben Wege in die Präsidentenvilla. Freiburg i. B. 1995, S. 180 f.

[8] Zitiert nach: Dieter Zimmer (Hg.): Deutschlands First Ladies. Stuttgart 1998, S. 248.

[9] Zitiert nach: Dieter Zimmer (Hg.): Deutschlands First Ladies. Stuttgart 1998, S. 248.

[10] Zitiert nach: Ursula Salentin: Sieben Wege in die Präsidentenvilla. Freiburg i. B. 1995, S. 167.

[11] Zitiert nach: Friedbert Pflüger: Richard von Weizsäcker. Ein Portrait aus der Nähe. Stuttgart 1990, S. 464.

[12] Zitiert nach: Ursula Salentin: Sieben Wege in die Präsidentenvilla. Freiburg i. B. 1995, S. 172.

[13] Zitiert nach: Ursula Salentin: Sieben Wege in die Präsidentenvilla. Freiburg i. B. 1995, S. 169.

[14] Richard von Weizsäcker im Gespräch mit Martin Doerry und Klaus Wiegrefe. »Es war grauenhaft.« In: Der Spiegel, 24.8.2009.

[15] Zitiert nach: Ursula Salentin: Sieben Wege in die Präsidentenvilla. Freiburg i. B. 1995, S. 171.

[16] Richard von Weizsäcker, Richard von: Vier Zeiten. Erinnerungen. Berlin 1997, S. 141.

[17] Richard von Weizsäcker, Richard von: Vier Zeiten. Erinnerungen. Berlin 1997, S. 305.

[18] Zitiert nach: Friedbert Pflüger: Richard von Weizsäcker. Ein Portrait aus der Nähe. Stuttgart 1990, S. 469.

[19] Friedbert Pflüger: Richard von Weizsäcker. Ein Portrait aus der Nähe. Stuttgart 1990, S. 358 f.

[20] Zitiert nach: Ursula Salentin: Sieben Wege in die Präsidentenvilla. Freiburg i. B. 1995, S. 175.

[21] Zitiert nach: »Krach um Drogen-Film«. In: Der Spiegel, 7.7.1986.

[22] Zitiert nach: Ursula Salentin: Sieben Wege in die Präsidentenvilla. Freiburg i. B. 1995, S. 176.

[23] Zitiert nach: Dieter Zimmer (Hg.): Deutschlands First Ladies. Stuttgart 1998, S. 259.

CHRISTIANE HERZOG

[1] Hier und im Folgenden zitiert nach: »Das schönere Wort«. In: Der Spiegel, 28.3.1994.
[2] Zitiert nach: Werner Filmer, Heribert Schwan: Roman Herzog. Die Biographie. München 1994, S. 342.
[3] Zitiert nach: Werner Filmer, Heribert Schwan: Roman Herzog. Die Biographie. München 1994, S. 325.
[4] Zitiert nach: Werner Filmer, Heribert Schwan: Roman Herzog. Die Biographie. München 1994, S. 327.
[5] Zitiert nach: Werner Filmer, Heribert Schwan: Roman Herzog. Die Biographie. München 1994, S. 324.
[6] Zitiert nach: Werner Filmer, Heribert Schwan: Roman Herzog. Die Biographie. München 1994, S. 329.
[7] Zitiert nach: Werner Filmer, Heribert Schwan: Roman Herzog. Die Biographie. München 1994, S. 329.
[8] Zitiert nach Ursula Salentin: Sieben Wege in die Präsidentenvilla. Freiburg i.B. 1995, S. 197.
[9] Zitiert nach: Werner Filmer, Heribert Schwan: Roman Herzog. Die Biographie. München 1994, S. 49.
[10] Zitiert nach: Günther Scholz, Martin E. Süskind: die Bundespräsidenten. Von Theodor Heuss bis Johannes Rau. Stuttgart und München 2003, S. 384.
[11] Zitiert nach: Werner Filmer, Heribert Schwan: Roman Herzog. Die Biographie. München 1994, S. 330.
[12] Zitiert nach: Werner Filmer, Heribert Schwan: Roman Herzog. Die Biographie. München 1994, S. 338.
[13] Zitiert nach: Werner Filmer, Heribert Schwan: Roman Herzog. Die Biographie. München 1994, S. 340.
[14] Zitiert nach: Werner Filmer, Heribert Schwan: Roman Herzog. Die Biographie. München 1994, S. 339.
[15] Zitiert nach: Werner Filmer, Heribert Schwan: Roman Herzog. Die Biographie. München 1994, S. 334.
[16] Zitiert nach: Werner Filmer, Heribert Schwan: Roman Herzog. Die Biographie. München 1994, S. 121.

[17] Zitiert nach: Werner Filmer, Heribert Schwan: Roman Herzog. Die Biographie. München 1994, S. 130.
[18] Zitiert nach: Günther Scholz, Martin E. Süskind: Die Bundespräsidenten. Von Theodor Heuss bis Johannes Rau. Stuttgart und München 2003, S. 396.
[19] Zitiert nach: Dieter Zimmer (Hg.): Deutschlands First Ladies. Die Frauen der Bundespräsidenten und Bundeskanzler von 1949 bis heute. Stuttgart 1998, S. 262 f.
[20] Zitiert nach: Werner Filmer, Heribert Schwan: Roman Herzog. Die Biographie. München 1994, S. 323.
[21] Zitiert nach: Dieter Zimmer (Hg.): Deutschlands First Ladies. Die Frauen der Bundespräsidenten und Bundeskanzler von 1949 bis heute. Stuttgart 1998, S. 264.
[22] Zitiert nach: Dieter Zimmer (Hg.): Deutschlands First Ladies. Die Frauen der Bundespräsidenten und Bundeskanzler von 1949 bis heute. Stuttgart 1998, S. 273.
[23] Zitiert nach: Der Spiegel, 13.10.1997.
[24] Frankfurter Allgemeine Zeitung, Beilage 1994. Hier zitiert nach: Günther Scholz, Martin E. Süskind: Die Bundespräsidenten. Von Theodor Heuss bis Johannes Rau. Stuttgart und München 2003, S. 415 f.
[25] Zitiert nach: Der Spiegel, 26.6.2000.

CHRISTINA RAU

[1] Zitiert nach: Dieter Schröder: Ein Mensch der alten Mitte. In: Berliner Zeitung 28.1.2006.
[2] Zitiert nach: Werner Filmer, Heribert Schwan: Johannes Rau. Düsseldorf und Wien 1986, S. 373.
[3] Zitiert nach: Cornelius Bormann: Ein Stück menschlicher. Johannes Rau. Die Biografie. Wuppertal 1999, S. 255.
[4] Zitiert nach: Christoph Wirtz: Was macht eigentlich Christina Rau? In: Stern, 8.3.2005.
[5] Zitiert nach Auskunft Anna und Christina Raus an den Autor, 28.4.2013.
[6] Zitiert nach: Cornelius Bormann: Ein Stück menschlicher. Johannes Rau. Die Biografie. Wuppertal 1999, S. 257.
[7] Neue Ruhr-Zeitung, 23.8.1982..
[8] Westfälische Rundschau, 23.8.1982.
[9] Wolfram Bickerich, Jürgen Leinemann, Hans Leyendecker: Bruder Johannes. Hamburg 1986, S. 156 f.

[10] Zitiert nach Auskunft Christina Raus an den Autor, 28.4.2013.
[11] Wolfram Bickerich, Jürgen Leinemann, Hans Leyendecker: Bruder Johannes. Hamburg 1986, S. 156 f.
[12] Zitiert nach: Christoph Wirtz: »Der Präsident hat Glück mit seiner Frau«. In: Die Welt, 19.5.2002.
[13] Rheinische Post, 23.8.1982.
[14] Björn Engholm: Die First Lady. In: Spiegel Spezial, 1.5.1999.
[15] Zitiert nach: Günther Scholz, Martin E. Süskind: Die Bundespräsidenten. Von Theodor Heuss bis Johannes Rau. Stuttgart und München 2003, S. 423.
[16] Zitiert nach: Günther Scholz, Martin E. Süskind: Die Bundespräsidenten. Von Theodor Heuss bis Johannes Rau. Stuttgart und München 2003, S. 424.
[17] Zitiert nach: Anna von Münchhausen: Was jetzt, Christina Rau? In: DIE ZEIT, 31.12.1999.
[18] Zitiert nach: Anna von Münchhausen: Was jetzt, Christina Rau? In: DIE ZEIT, 31.12.1999.
[19] Zitiert nach: Anna von Münchhausen: Was jetzt, Christina Rau? In: DIE ZEIT, 31.12.1999.
[20] Zitiert nach: Nina Klein: Gut angekommen in der Hauptstadt. In: Die Welt, 2.6.2000.
[21] Björn Engholm: Die First Lady. In: Spiegel Spezial, 1.5.1999.
[22] Zitiert nach: Nina Klein: Gut angekommen in der Hauptstadt. In: Die Welt, 2.6.2000.
[23] Zitiert nach: Christoph Wirtz: »Der Präsident hat Glück mit seiner Frau«. In: Die Welt, 19.5.2002.
[24] Zitiert nach: Christoph Wirtz: »Der Präsident hat Glück mit seiner Frau«. In: Die Welt, 19.5.2002.
[25] Zitiert nach: Anna von Münchhausen: Was jetzt, Christina Rau? In: DIE ZEIT 31.12.1999.
[26] Christina Rau: »Ich will andere anstiften, sich zu kümmern«. In: Die Welt, 10.7.2000.
[27] Christina Rau: »Ich will andere anstiften, sich zu kümmern«. In: Die Welt, 10.7.2000.
[28] Christina Rau: »Geben Sie den Menschen wieder Hoffnung«. In: Die Welt, 6.12.2001.
[29] Inga Griese: Die First Lady liebt das australische Wetterbrausen. In: Die Welt, 6.5.2001.
[30] Zitiert nach: Thorkit Treichel: Eine Gala für die Sterbe-Hospize. In: Berliner Zeitung, 29.9.2001.
[31] Zitiert nach: Christoph Wirtz: »Der Präsident hat Glück mit seiner Frau«. In: Die Welt, 19.5.2002.

32 Zitiert nach: Christoph Wirtz: »Der Präsident hat Glück mit seiner Frau«. In: Die Welt, 19.5.2002.
33 Zitiert nach: »Würde und Bürde einer First Lady«. In: Die Welt, 3.12.2002.
34 Zitiert nach: »Würde und Bürde einer First Lady«. In: Die Welt, 3.12.2002.
35 Zitiert nach: »Würde und Bürde einer First Lady«. In: Die Welt, 3.12.2002.
36 Zitiert nach: Peter Pragal: »Späte Aufmerksamkeit«. In: Berliner Zeitung, 28.1.2005.
37 Zitiert nach: Bettina Vestring, Frank Herold: »Langfristige Hilfe für die Flutregion«. In: Berliner Zeitung, 18.2.2005.
38 Zitiert nach: Regina Kerner: »Fast alle sind vermittelt«. In: Berliner Zeitung, 21.12.2005.
39 Zitiert nach: Holger Schmale: »Abschied im Dom«. In: Berliner Zeitung, 8.2.2006.
40 Zitiert nach: »Wird die Rütli-Schule jetzt zum Vorbild?« In: Bild, 31.1.2008.
41 E-Mail Christina Raus an den Autor, 28.4.2013.
42 E-Mail Christina Raus an den Autor, 28.4.2013.
43 Zitiert nach: Barbara Opitz: »Christina Rau: er fehlt mir‹«. In: Westdeutsche Zeitung, 14.1.2011.
44 E-Mail Christina Raus an den Autor, 28.4.2013.

EVA LUISE KÖHLER

1 Zitiert nach: Rücktritt von Bundespräsident Horst Köhler – Seine Rede im Wortlaut. In: Bild.de, 31.5.2010.
2 Carmen Böker: Ein Händchen für Horst. In: Berliner Zeitung, 2.6.2010.
3 Ursula März: Über den Partnerlook. In: ZEITmagazin, 10.6.2010.
4 Hans Peter Schütz: Warum Horst Köhler wirklich ging. In: Stern, 23.8.2010.
5 Zitiert nach: Martin S. Lambeck: Deutschlands bessere Hälfte. In: Bild am Sonntag 26.12.2009.
6 Vgl. auch: Gerd Langguth: Horst Köhler. Biografie. München 2007, S. 67 f.
7 Zitiert nach: Gerd Langguth: Horst Köhler. Biografie. München 2007, S. 68.
8 Zitiert nach: Katja Gelinsky: Alles unter ihrem Schirm. In: Frankfurter Allgemeine Zeitung, 27.4.2004.
9 Zitiert nach: Gerd Langguth: Horst Köhler. Biografie. München 2007, S. 69.
10 Vgl. Christoph von Marschall: Das Nest des Präsidenten. In: Der Tagesspiegel, 20.3.2004.

[11] Zitiert nach: Christoph von Marschall: Das Nest des Präsidenten. In: Der Tagesspiegel, 20.3.2004.
[12] Zitiert nach: Inga Griese: »Kinder stiften Sinn.« In: Die Welt, 2.3.2005.
[13] Zitiert nach: Inga Griese: »Kinder stiften Sinn.« In: Die Welt, 2.3.2005.
[14] Zitiert nach: Berliner Zeitung, 20.9.2006.
[15] Zitiert nach: Dagmar von Taube: Wenn das Kind mit 10 Jahren sein Augenlicht verliert. In: Die Welt, 13.9.2011.
[16] Zitiert nach: Emil Rennert: Weise im Alter. In: Die Welt, 9.1.2013.
[17] Zitiert nach: Martin S. Lambeck: Deutschlands bessere Hälfte. In: Bild am Sonntag, 26.12.2009.
[18] Zitiert nach: Dagmar von Taube: Wenn das Kind mit 10 Jahren sein Augenlicht verliert. In: Die Welt, 13.9.2011.
[19] Zitiert nach: Dagmar von Taube: Wenn das Kind mit 10 Jahren sein Augenlicht verliert. In: Die Welt, 13.9.2011.
[20] Zitiert nach: Dagmar von Taube: Wenn das Kind mit 10 Jahren sein Augenlicht verliert. In: Die Welt, 13.9.2011.
[21] Zitiert nach: Katja Gelinsky: Alles unter ihrem Schirm. In: Frankfurter Allgemeine Zeitung, 27.4.2004.
[22] Zitiert nach: Katja Gelinsky: Alles unter ihrem Schirm. In: Frankfurter Allgemeine Zeitung, 27.4.2004.
[23] Zitiert nach: Katja Gelinsky: Alles unter ihrem Schirm. In: Frankfurter Allgemeine Zeitung, 27.4.2004.
[24] Zitiert nach: Katja Gelinsky: Alles unter ihrem Schirm. In: Frankfurter Allgemeine Zeitung, 27.4.2004.
[25] Zitiert nach: Katja Gelinsky: Alles unter ihrem Schirm. In: Frankfurter Allgemeine Zeitung, 27.4.2004.
[26] Zitiert nach: Katja Gelinsky: Alles unter ihrem Schirm. In: Frankfurter Allgemeine Zeitung, 27.4.2004.
[27] Zitiert nach: Jochim Stoltenberg: First Lady öffnet Türen und Herzen. In: Die Welt, 13.7.2006.
[28] Zitiert nach: Jochim Stoltenberg: First Lady öffnet Türen und Herzen. In: Die Welt, 13.7.2006.
[29] Martin S. Lambeck: Urlaubsgrüße vom Bundesradler. In: Bild am Sonntag 24.8.2008.

[30] Zitiert nach: Abhotten bei Elvis. In: Focus Online, 25.11.2005.
[31] Zitiert nach: Jochim Stoltenberg: First Lady öffnet Türen und Herzen. In: Die Welt, 13.7.2006.
[32] Zitiert nach: Jochim Stoltenberg: First Lady öffnet Türen und Herzen. In: Die Welt, 13.7.2006.
[33] Zitiert nach: Martin S. Lambeck: Mein Leben mit Horst Köhler. In: Bild am Sonntag, 26.12.2009.
[34] Zitiert nach: Martin S. Lambeck: Deutschlands bessere Hälfte. In: Bild am Sonntag, 26.12.2009.
[35] Zitiert nach: Eva Luise Köhler - auch die First Lady geht. In: Focus Online, 1.6.2010.
[36] Andreas Kurtz: Schuld ist die (Ex-)Lehrerin. In: Berliner Zeitung, 11.8.2004.
[37] Zitiert nach: Patrick Goldstein: Eva Luise Köhler zu Gast bei Johannes B. Kerner. In: Die Welt, 9.11.2005.
[38] Zitiert nach: Mathias Raabe: Padberg gegen Kinderarbeit. In: Berliner Zeitung, 15.11.2208.
[39] Zitiert nach: Patrick Goldstein: Eva Luise Köhler zu Gast bei Johannes B. Kerner. In: Die Welt, 9.11.2005.
[40] Zitiert nach: Martin S. Lambeck: Deutschlands bessere Hälfte. In: Bild am Sonntag, 26.12.2009.
[41] Zitiert nach: Lutz Kinkel: Herzlichen Glückwunsch, Herr Köhler! In: Stern, 21.3.2008.
[42] Zitiert nach: Horst Köhler siegt im ersten Wahlgang. In: Stern.de, 23.5.2009.
[43] Zitiert nach: Gänsehaut im Reichstag. In: Bild am Sonntag, 24.05.2009.
[44] Steffi Graf ist die neue »Mutter der Nation«. In: Stern.de, 9.5.2010.
[45] Zitiert nach: Michael Backhaus: »Ich will noch mehr auf meine Frau hören«. In: Bild am Sonntag, 5.7.2009.
[46] Zitiert nach: Martin S. Lambeck: mein Leben mit Horst Köhler. In: Bild am Sonntag, 26.12.2009.
[47] Zitiert nach: Horst Köhler im Gespräch mit Christopher Ricke: »Sie leisten wirklich Großartiges unter schwierigsten Bedingungen«. In: dradio.de, 22.5.2010.
[48] Zitiert nach: Auslandseinsatz der Bundeswehr - Köhler will es anders gemeint haben In: Focus Online, 27.5.2010.
[49] Zitiert nach: Eva Luise Köhler – auch die First Lady geht. In: Focus Online, 1.6.2010.
[50] Zitiert nach: Das neue Leben der Ex-First Lady. In: Bild.de, 2.12.2010.

⁵¹ Zitiert nach: Das neue Leben der Ex-First Lady. In: Bild.de, 2.12.2010.
⁵² Zitiert nach: Das denkt Eva Luise Köhler über ihre Nachfolgerin Bettina Wulff. In: Bild.de, 30.11.2012.
⁵³ Zitiert nach: Das denkt Eva Luise Köhler über ihre Nachfolgerin Bettina Wulff. In: Bild.de, 30.11.2012.

BETTINA WULFF

1. Michael Backhaus, Beate Krämer, Martin S. Lambeck: Lady Lässig. In: Bild am Sonntag, 4.7.2010.
2. Zitiert nach: Designer: Bettina Wulff ist »German Traumfrau«. In: Berliner Zeitung, 9.11.2011.
3. Michael Backhaus, Beate Krämer, Martin S. Lambeck: Lady Lässig. In: Bild am Sonntag, 4.7.2010.
4. Bettina Wulff – die deutsche Carla Bruni? In: Bild.de, 2.7.2010.
5. Zitiert nach: »Ich fände es traurig, wenn dies das einzige bliebe, was man über mich sagt«. Interview von Tina Hildebrandt und Stephan Lebert mit Bettina Wulff. In: ZEITmagazin, 6.10.2011.
6. Zitiert nach: »Ich fände es traurig, wenn dies das einzige bliebe, was man über mich sagt«. Interview von Tina Hildebrandt und Stephan Lebert mit Bettina Wulff. In: ZEITmagazin, 6.10.2011.
7. Zitiert nach: »Ich fände es traurig, wenn dies das einzige bliebe, was man über mich sagt«. Interview von Tina Hildebrandt und Stephan Lebert mit Bettina Wulff. In: ZEITmagazin, 6.10.2011.
8. Zitiert nach: »Ich fände es traurig, wenn dies das einzige bliebe, was man über mich sagt«. Interview von Tina Hildebrandt und Stephan Lebert mit Bettina Wulff. In: ZEITmagazin, 6.10.2011.
9. Zitiert nach: »Ich fände es traurig, wenn dies das einzige bliebe, was man über mich sagt«. Interview von Tina Hildebrandt und Stephan Lebert mit Bettina Wulff. In: ZEITmagazin, 6.10.2011.
10. Zitiert nach: Bettina Wulff: »Ich werde sicher meine Rolle finden«. In: Bild.de, 3.6.2010.
11. Sebastian Huld: Miss Perfect will nach Bellevue. In: Stern.de, 5.6.2010.
12. Florian Illies: Über unsere First Lady in spe. In: ZEITmagazin, 17.6.2010.
13. Daniel Haas: Sticheln gegen Deutschlands First Lady. In: Spiegel Online, 8.7.2010.

[14] Hier zitiert nach: Sebastian Huld: Miss Perfect will nach Bellevue. In: Stern.de, 5.6.2010.
[15] Zitiert nach: Bettina Wulff sieht Eva Luise Köhler als Vorbild. In: Bild.de, 12.6.2010.
[16] Zitiert nach: Interview Sophie Albers' mit Bettina Wulff. In: Stern.de, 14.6.2010.
[17] Zitiert nach: Interview Sophie Albers' mit Bettina Wulff. In: Stern.de, 14.6.2010.
[18] Zitiert nach: »Ich fände es traurig, wenn dies das einzige bliebe, was man über mich sagt«. Interview von Tina Hildebrandt und Stephan Lebert mit Bettina Wulff. In: ZEITmagazin, 6.10.2011.
[19] Zitiert nach: Interview Sophie Albers' mit Bettina Wulff. In: Stern.de, 14.6.2010.
[20] Zitiert nach: Interview Sophie Albers' mit Bettina Wulff. In: Stern.de, 14.6.2010.
[21] Zitiert nach: Angi Baldauf: Gibt es bald ein Kinderzimmer in Bellevue, Frau Wulff? In: Bild.de, 21.6.2010.
[22] Die neue First Lady im Stylecheck. In: Bild.de, 1.7.2010.
[23] Die neue First Lady im Stylecheck. In: Bild.de, 1.7.2010.
[24] Zitiert nach: »Ich fände es traurig, wenn dies das einzige bliebe, was man über mich sagt«. Interview von Tina Hildebrandt und Stephan Lebert mit Bettina Wulff. In: ZEITmagazin, 6.10.2011.
[25] Zitiert nach: Angi Baldauf: Russen lieben unsere First Lady »Tina«. In: Bild.de, 14.10.2010.
[26] Zitiert nach: »Ich fände es traurig, wenn dies das einzige bliebe, was man über mich sagt«. Interview von Tina Hildebrandt und Stephan Lebert mit Bettina Wulff. In: ZEITmagazin, 6.10.2011.
[27] Zitiert nach: Bettina Wulff will als First Lady das Bild von Politikern verbessern. In: Stern.de, 3.7.2010.
[28] Hier und im Folgenden Bezugnahme auf: Tina Hildebrandt: Die Chronik des Falls Wulff. In: DIE ZEIT, 13.9.2012. Und: Vom Rücktritt bis zur Trennung. In: Die Welt, 8.1.2013.
[29] Zitiert nach: Alfons Kaiser: Schweigen in Schwarz-Weiß. In: Frankfurter Allgemeine Zeitung, 17.2.2012
[30] Katharina Schuler: Aus dem Amt gepfiffen. In: ZEIT Online, 8.3.2012.
[31] Thomas Schmoll: Armer Christian Wulff. In: Stern.de, 8.1.2013.
[32] Vgl. auch: Verena Kuhlmann: Jenseits des Bestsellers. In: Stern.de, 13.9.2012.
[33] Vgl. auch: Deutsche haben kein Mitleid mit Bettina Wulff. In: Spiegel Online, 16.9.2012.

34 David Hugendick: Bettina Wulffs Gegenschallanlage. In: ZEIT Online, 12.9.2012.
35 Bettina Vestring: Weinerlich, aber geschäftstüchtig. In: Berliner Zeitung, 12.9.2012.
36 Holger Schmale: Maßloser Exhibitionismus. In: Berliner Zeitung, 13.9.2012.
37 Alice Schwarzer: Die Entblößung der Bettina Wulff. In: EMMA, Herbst 2012. Hier zitiert nach: www.aliceschwarzer.de.
38 Volker Heise: Ihr Feind war das Gerücht. In: Berliner Zeitung, 9.10.2012.
39 Neuer alter Job für Bettina Wulff? In: Berliner Zeitung, 20.2.2012.
40 Neuer alter Job für Bettina Wulff? In: Berliner Zeitung, 20.2.2012.

DANIELA SCHADT

1 Zitiert nach: Christina Hebel: Daniela wer? In: Spiegel Online, 18.3.2012.
2 Zitiert nach: Eine Hessin wird First Lady. In: Berliner Zeitung, 20.2.2012.
3 Zitiert nach: Uta Keseling: Deutschlands erste »First Freundin«. In: Die Welt, 19.3.2012.
4 Zitiert nach: Angelika Hellemann: Die Volks-Lady. In: Bild.de, 18.3.2012.
5 Zitiert nach: Angelika Hellemann: Die Volks-Lady. In: Bild.de, 18.3.2012.
6 Zitiert nach: Angelika Hellemann: Die Volks-Lady. In: Bild.de, 18.3.2012.
7 Zitiert nach: Angelika Hellemann: Die Volks-Lady. In: Bild.de, 18.3.2012.
8 Zitiert nach: Daniela Schadt: Meine Kleidung bezahle ich selber. In: Nürnberger Zeitung, 2.1.2013.
9 Zitiert nach: Pamela Dörhöfer und Peter Hanack: Die First Lady aus Hanau. In: Berliner Zeitung, 17.3.2012.
10 Zitiert nach: Pamela Dörhöfer und Peter Hanack: Die First Lady aus Hanau. In: Berliner Zeitung, 17.3.2012.
11 Zitiert nach: Daniela Schadt: Meine Kleidung bezahle ich selber. In: Nürnberger Zeitung, 2.1.2013.
12 Zitiert nach: Daniela Schadt: Meine Kleidung bezahle ich selber. In: Nürnberger Zeitung, 2.1.2013.
13 Zitiert nach: Interview mit Daniela Schadt, Frankfurter Allgemeine Sonntagszeitung, 3.2.2013. Hier zitiert nach: www.bundespraesident.de
14 Zitiert nach: Jutta Schütz und Klaus Tscharnke, dpa: Repräsentieren ist nicht ihr Ding. In: Stern.de, 20.2.2012.

[15] Zitiert nach: Jutta Schütz und Klaus Tscharnke, dpa: Repräsentieren ist nicht ihr Ding. In: Stern.de, 20.2.2012.
[16] Hier zitiert nach: Hansi Gauck will von Scheidung nichts wissen. In: Die Welt, 22.2.2012.
[17] Hier zitiert nach: Hansi Gauck will von Scheidung nichts wissen. In: Die Welt, 22.2.2012.
[18] Hier zitiert nach: Hansi Gauck will von Scheidung nichts wissen. In: Die Welt, 22.2.2012.
[19] Joachim Meisner gegenüber dem Sonntag-Express. Hier zitiert nach: Meisner kritisiert Gaucks Familienverhältnisse. In: Die Welt, 8.12.2012.
[20] Hier zitiert nach: Hansi Gauck will von Scheidung nichts wissen. In: Die Welt, 22.2.2012.
[21] Hier zitiert nach: Daniel Friedrich Sturm: Gaucks Freundin lehnt Hochzeit fürs Protokoll ab. In: Die Welt, 18.3.2012.
[22] Hier zitiert nach: Daniel Friedrich Sturm: Gaucks Freundin lehnt Hochzeit fürs Protokoll ab. In: Die Welt, 18.3.2012.
[23] Zitiert nach: Christina Hebel: Daniela wer? In: Spiegel Online, 18.3.2012.
[24] Zitiert nach: Christina Hebel: Daniela wer? In: Spiegel Online, 18.3.2012.
[25] Zitiert nach: Daniel Friedrich Sturm: Gaucks Freundin lehnt Hochzeit fürs Protokoll ab. In: Die Welt, 18.3.2012.
[26] Zitiert nach: Gaucks First Lady gibt Job auf. In: Spiegel Online, 25.2.2012.
[27] Zitiert nach: Daniela wer? In: Spiegel Online, 18.3.2012.
[28] Heike Faller: Über Veränderungen. In: ZEITmagazin, 1.3.2012.
[29] Carmen Böker: Job oder Liebe. In: Berliner Zeitung, 15.3.2012.
[30] Antje Sirleschtov: Das Schlafzimmer des Präsidenten. In: Der Tagesspiegel. Hier zitiert nach: Zeit Online, 23.2.2012.
[31] Zitiert nach: Interview mit Daniela Schadt, Frankfurter Allgemeine Sonntagszeitung, 3.2.2013. Hier zitiert nach: www.bundespraesident.de
[32] Zitiert nach: Interview mit Daniela Schadt, Frankfurter Allgemeine Sonntagszeitung, 3.2.2013. Hier zitiert nach: www.bundespraesident.de
[33] Zitiert nach: Bettina Wulff geht, Daniela Schadt kommt. In: Die Welt, 24.5.2012.
[34] Zitiert nach: Christina Hebel: Daniela wer? In: Spiegel Online, 18.3.2012.
[35] Zitiert nach: Interview mit Daniela Schadt, Frankfurter Allgemeine Sonntagszeitung, 3.2.2013. Hier zitiert nach: www.bundespraesident.de

[36] Zitiert nach: Markus Feldenkirchen: Wider den Weihrauch. In: Der Spiegel, 4.6.2012.
[37] Zitiert nach: Interview mit Daniela Schadt, Frankfurter Allgemeine Sonntagszeitung, 3.2.2013. Hier zitiert nach: www.bundespraesident.de
[38] Zitiert nach: Interview mit Daniela Schadt, Frankfurter Allgemeine Sonntagszeitung, 3.2.2013. Hier zitiert nach: www.bundespraesident.de
[39] Inga Griese: Daniela Schadt – wie viel Styling verträgt ein Land? In: Die Welt, 24.3.2012.
[40] Inga Griese: Daniela Schadt – wie viel Styling verträgt ein Land? In: Die Welt, 24.3.2012.
[41] Zitiert nach: Daniela Schadt: Meine Kleidung bezahle ich selber. In: Nürnberger Zeitung, 2.1.2013.
[42] Zitiert nach: Interview mit Daniela Schadt, Frankfurter Allgemeine Sonntagszeitung, 3.2.2013. Hier zitiert nach: www.bundespraesident.de
[43] Zitiert nach: Daniela Schadt: Meine Kleidung bezahle ich selber. In: Nürnberger Zeitung, 2.1.2013.
[44] Zitiert nach: Holger Schmale: Hauptperson für einen Tag. In: Berliner Zeitung, 11.1.2013.

Sämtliche zitierten Internetseiten wurden im Monat April 2013 abgerufen.

Ausgewählte Literatur

Bahn-Flessburg, Ruth: Leidenschaft mit Augenmaß. Fünf Jahre mit Hilda und Gustav Heinemann. Mit einem Vorwort von Ingeborg Drewitz. München 1984.

Baring, Arnulf: Machtwechsel. Die Ära Brandt-Scheel. Stuttgart 1982.

Bickerich, Wolfram; Jürgen Leinemann; Hans Leyendecker: Bruder Johannes. Hamburg 1986.

Bolesch, Hermann Otto: Typisch Scheel. Geschichten, Anekdoten, Pointen. München 1973.

Bormann, Cornelius: Ein Stück menschlicher. Johannes Rau. Die Biografie. Wuppertal 1999.

Bott, Hans: Theodor Heuss in seiner Zeit. Persönlichkeit und Geschichte, Bd. 42. Göttingen 1966.

Braun, Joachim: Der unbequeme Präsident. Mit einem Vorwort von Siegfried Lenz. Karlsruhe 1972.

Carstens, Karl: Erinnerungen und Erfahrungen. Boppard am Rhein 1993.

Carstens, Veronica: Dein Ziel wird dich finden. Rheinbach 2003.

Donat, Karl: Gefragt: Karl Carstens. Bornheim 1976.

Filmer, Werner; Heribert Schwan (Hg.): Richard von Weizsäcker. Profile eines Mannes. Düsseldorf und Wien 1984.

Filmer, Werner; Heribert Schwan: Johannes Rau. Düsseldorf und Wien 1986.

Filmer, Werner; Heribert Schwan: Roman Herzog. Die Biographie. München 1994.

Fuhrer, Armin: Christian Wulff. Die Biografie. München 2010.

Gauck, Joachim: Winter im Sommer – Frühling im Herbst. Erinnerungen. In Zusammenarbeit mit Helga Hirsch. München 2009.

Genscher, Hans-Dietrich (Hg.): Heiterkeit und Härte. Walter Scheel in seinen Reden und im Urteil von Zeitgenossen. Festschrift zum 65. Geburtstag. Stuttgart 1984.

Götschenberg, Michael: Der böse Wulff?: Die Geschichte hinter der Geschichte und die Rolle der Medien. Kulmbach 2013.

Heuss-Knapp, Elly: Ausblick vom Münsterturm. Erinnerungen. Stuttgart und Leipzig 2008.

Heuss-Knapp, Elly: Bürgerin zweier Welten. Ein Leben in Briefen und Aufzeichnungen. Hg. von Margarethe Vater. Tübingen 1961.

Heuss-Knapp, Elly: Rat und Tat. Nachklang eines Lebens. Hg. von Friedrich Kaufmann. Tübingen 1964.

JÜNGLING, KIRSTEN; BRIGITTE ROSSBECK: Elly Heuss-Knapp. Heilbronn 1993.
KOCH, DIETHER: Heinemann und die Deutschlandfrage. München 1972.
LANGGUTH, GERD: Horst Köhler. Biografie. München 2007.
LINDEMANN, HELMUT: Gustav Heinemann. Ein Leben für die Demokratie. München 1978.
MERSEBURGER, PETER: Theodor Heuss. München 2012.
MORSEY, RUDOLF: Heinrich Lübke. Eine politische Biographie. Paderborn 1996.
PFLÜGER, FRIEDBERT: Richard von Weizsäcker. Ein Portrait aus der Nähe. Stuttgart 1990.
PÖRTNER, RUDOLF (HG.): Mein Elternhaus. Ein deutsches Familienalbum. München 1986.
QUARTA, HUBERT GEORG: Heinrich Lübke. Buxheim 1978.
RANKE-HEINEMANN, UTA: Der BDM-Keller im Hause meines Vaters. Meine Jugenderinnerungen an die Hitlerzeit. In: Alfred Neven DuMont (Hg.): Jahrgang 1926/27. Erinnerungen an die Jahre unter dem Hakenkreuz. Köln 2007, S. 95–100.
SALENTIN, URSULA: Neun Wege in die Präsidentenvilla. Von Elly Heuss-Knapp bis Eva Luise Köhler. Freiburg 2006.
SALENTIN, URSULA: Sieben Wege in die Präsidentenvilla. Von Elly Heuss-Knapp bis Christiane Herzog. Freiburg, Basel, Wien 1995.
SCHMID, ANDREAS: Maßstäbe setzen. Auf den Spuren Richard von Weizsäckers. Berlin 2010.
SCHMID, CARLO: Erinnerungen. München 1979.
SCHNEIDER, HANS-RODERICH: Präsident des Ausgleichs. Bundespräsident Walter Scheel – ein liberaler Politiker. Stuttgart 1975.
SCHNEIDER, HANS-RODERICH: Walter Scheel. Stuttgart 1974.
SCHOLZ, GÜNTHER; MARTIN E. SÜSKIND: Die Bundespräsidenten. Von Theodor Heuss bis Johannes Rau. Stuttgart und München 2003.
SCHREIBER, HERMANN; FRANK SOMMER: Gustav Heinemann, Bundespräsident. Mit einem Vorwort von Günter Grass. Frankfurt/M. 1969.
STRERATH-BOLZ, ULRIKE: Elly Heuss-Knapp: Wie die First Lady ihr Herz für Mütter entdeckte. Berlin 2012.
SZATKOWSKI, TIM: Karl Carstens: Eine politische Biographie. Köln 2007.
VINKE, HERMANN: Gustav Heinemann. Hamburg 1979.
WEIZSÄCKER, RICHARD VON: Vier Zeiten. Erinnerungen. Berlin 1997.
WELCHERT, HANS-HEINRICH: Theodor Heuss. Ein Lebensbild. Bonn 1959.

Wiedemeyer, Wolfgang: Karl Carstens. Im Dienste unseres Staates. Eine Biographie Stuttgart 1980.

Winter, Ingelore M.: Unsere Bundespräsidenten. Von Theodor Heuss bis Johannes Rau. Acht Porträts. 4., aktualisierte und erweiterte Auflage. Düsseldorf 1999.

Winter, Ingelore M.: Ihre bürgerliche Hoheit. Die First Ladies der Bundesrepublik. Hamburg und Düsseldorf 1971.

Wulff, Bettina (mit Nicole Maibaum): Jenseits des Protokolls. München 2012.

Zimmer, Dieter (Hg.): Deutschlands First Ladies. Die Frauen der Bundespräsidenten und Bundeskanzler von 1949 bis heute. Stuttgart 1998.

Internetseiten

WWW.ACHSE-ONLINE.DE

WWW.BUNDESPRAESIDENT.DE

WWW.CARSTENS-STIFTUNG.DE

WWW.CHRISTIANEHERZOGSTIFTUNG.DE

WWW.EINE-CHANCE-FUER-KINDER.DE

WWW.EVALUISEUNDHORSTKOEHLERSTIFTUNG.DE

WWW.KDA.DE

WWW.KREBSHILFE.DE

WWW.MUETTERGENESUNGSWERK.DE

WWW.STIFTUNG-HEUSS-HAUS.DE

WWW.STIFTUNGZUKUNFTBERLIN.EU

WWW.THEODOR-HEUSS-MUSEUM.DE

WWW.WEIZSAECKER-STIFTUNG.DE

Artikel, Interviews und Reportagen aus diversen Zeitungen, Zeitschriften und Magazinen (Print- und Onlineausgaben), u. a. *Bayern-Kurier, Berliner Zeitung, Bild am Sonntag, Bild, Bunte, Der Spiegel, Der Tagesspiegel, Deutsches Ärzteblatt, Die Welt, DIE ZEIT, EMMA, Focus, Frankfurter Allgemeine Sonntagszeitung, Frankfurter Allgemeine Zeitung, General-Anzeiger Bonn, Nürnberger Zeitung, Quick, Rheinische Post, Rhein-Zeitung, Ruhr-Nachrichten, Stern, Süddeutsche Zeitung, taz. die Tageszeitung, Welt am Sonntag, Westdeutsche Zeitung, Westfälische Rundschau, ZEITmagazin.*
Materialien des Bundespräsidialamts Berlin.

BILDNACHWEIS

Wir danken folgenden Rechteinhabern für die freundliche Abdruckgenehmigung:

S.11 © Müttergenesungswerk
S.35 © Presse- und Informationsamt der Bundesregierung, Gert Schütz
S.57, 109 © Presse- und Informationsamt der Bundesregierung, Georg Bauer
S.75 © Deutsche Krebshilfe
S.93 © Carstens-Stiftung
S.127 © Presse- und Informationsamt der Bundesregierung, Arne Schambeck
S.147 © Presse- und Informationsamt der Bundesregierung, Julia Fassbender
S.167 © Mathias Schindler, cc-by-sa
S.187 © Presse- und Informationsamt der Bundesregierung, Sebastian Bolesch
S.207 © Presse- und Informationsamt der Bundesregierung, Steffen Kugler

DANK

Autor und Verlag danken den Mitarbeiterinnen und Mitarbeitern des Bundespräsidialamts Berlin, insbesondere Herrn Michael Kniepen und Frau Kristina Wogatzki.
Ganz besonderer Dank geht an Frau Christina Rau,
Frau Anna Christina Rau, Frau Daniela Schadt.
Dank gebührt auch Frau Marina Sindram (Familienarchiv Heuss, Basel).

Sie wurden von ihren Zeitgenossen und der Nachwelt verkannt und verspottet. Ihre Erfindungen wurden gestohlen, sie selbst als Spinner abgetan, ausgebremst oder weggesperrt: Die Pioniere der modernen Naturwissenschaft und Technik waren zwar geniale Denker, aber meist keine talentierten Geschäftsleute.

Armin Strohmeyr erzählt die Lebensgeschichten von zweiundzwanzig herausragenden Menschen und ihren Erfindungen. Sie lesen sich wie wahre Abenteuerromane: Sie sind spannend, tragisch, haarsträubend, bisweilen auch unfreiwillig komisch. Und beinahe unglaublich, wären sie nicht wirklich passiert.

Armin Strohmeyr
VERKANNTE PIONIERE
Abenteurer | Erfinder | Visionäre

304 Seiten, 13,5 x 21,5 cm
Hardcover mit SU
€ 22,99 · ISBN: 978-3-222-13394-7

styria premium

IMPRESSUM

Die im Buch verwendete Schreibweise des Plurals
»First Ladys« richtet sich nach der neuen deutschen Orthografie.

© 2013 Styria Premium
in der Verlagsgruppe Styria GmbH & Co KG
Wien · Graz · Klagenfurt
www.styriabooks.de

styriabooks

Alle Rechte der Verbreitung, auch durch Film, Funk und Fernsehen,
fotomechanische Wiedergabe, Tonträger jeder Art, auszugsweisen
Nachdruck oder Einspeicherung und Rückgewinnung in Informations-
systemen aller Art, sind vorbehalten.
Bücher aus der Verlagsgruppe Styria gibt es in jeder Buchhandlung
und im Online-Shop.

styriabooks.at

Umschlaggestaltung: Simin Bazargani, Berlin,
unter Verwendung eines Fotos von Fotolia »White Stairs With a
Red Carpet« © Andreas Berheide
Innengestaltung, Satz und Layout: Gabriele Burde, Berlin
Druck und Bindung: Druckerei Theiss GmbH,
St. Stefan im Lavanttal
7 6 5 4 3 2 1

ISBN 978-3-222-13395-4